ANDREAS GESER

Die schönsten Pässe und Bergstraßen

BERG & TAL

Inhalt

Steile Kehren am Stilfser Joch.

Vorbereitung für die nächste Etappe.

Kehre an der Großglockner-Hochalpenstraße.

Vorwort	10
Erläuterungen zu den organisatorischen Angaben	14
Ausländische Verkehrszeichen	17

Die höchsten Pass- und Bergstraßen der Alpen 18

1	Söldener Gletscherstraße Österreich/Nordtirol	20
2	Restefond-/Bonette-Passstraße Frankreich/Provence	22
3	Iseran-Passstraße Frankreich/Savoyen	24
4	Stilfser-Joch-Straße Italien/Südtirol-Lombardei	26
5	Kaunertaler Gletscherstraße Österreich/Nordtirol	28
6	Agnel-Passstraße Italien/Piemont – Frankreich/Dauphiné	30
7	Galibier-Passstraße Frankreich/Savoyen	32
8	Gávia-Passstraße Italien/Lombardei	34
9	Großglockner-Hochalpenstraße (Edelweißspitze bzw. Hochtor) Österreich/Salzburger Land – Kärnten	36
10	Timmelsjoch-Hochalpenstraße Österreich/Nordtirol – Italien/Südtirol	40
11	Umbrail-Passstraße Italien/Lombardei – Schweiz/Graubünden	42

Inhalt

Schnappschuss an der Roßfeld-Höhenringstraße.

Die schwersten Pass- und Bergstraßen der Alpen — 44

12	Roßfeld-Höhenringstraße	46
	Deutschland/Südbayern	
13	Turracher Höhenstraße	48
	Österreich/Kärnten-Steiermark	
14	Niger-Passstraße	50
	Italien/Dolomiten	
15	Prada-Alta-Bergstraße	52
	Italien/Lombardei	
16	Kiental- mit Griesalpstraße	54
	Schweiz/Bern	

Auf der Nordseite der Izoard-Passstraße.

Klassische Berganstiege in den Alpen — 56

17	Madeleine-Passstraße	58
	Frankreich/Savoyen	
18	Croix-de-Fer-Passstraße	60
	Frankreich/Savoyen	
19	Alpe-d'Huez-Bergstraße	62
	Frankreich/Dauphiné	
20	Izoard-Passstraße	64
	Frankreich/Dauphiné	
21	Allos-Passstraße	66
	Frankreich/Provence	
22	Ventoux-Passstraße	68
	Frankreich/Provence	

Inhalt

Im Felsenreich des Cristallo.

Südtirol/ Dolomiten 70

23	Die Brixener Dolomitenstraße	72
	Südtirol/Dolomiten	
24	Seiser-Alm-Straße	74
	Südtirol/Dolomiten	
25	Ultentalstraße	76
	Südtirol/Dolomiten	
26	Tre-Croci-Pass und Drei-Zinnen-Bergstraße	78
	Südtirol/Dolomiten	
27	Um die Civetta	80
	Dolomiten	
28	Um die Palagruppe	82
	Domiten	

Die Ponalestraße über dem Gardasee.

Gardasee 84

29	Monte-Baldo-Höhenstraße	86
	Lombardei	
30	Auf den Passo San Ubalrico	88
	Lombardei	
31	Zum Lago di Tenno	90
	Lombardei	
32	Auf den Monte Tremalzo	92
	Lombardei	
33	Zum Lago d'Idro	94
	Lombardei	

Inhalt

Durch die Kulturlandschaft der Toskana.

Abendstimmung über der Insel Elba.

Reizvolles Bergdorf im Abruzzen-Nationalpark.

Toskana 96

34	Über Raticosa- und Futapass Emilia Romagna/Toskana	98
35	Über den Collinapass Toskana	100
36	Zum Rifugio Carrara Toskana	102
37	Durch die Marmorberge der Toskana Toskana	104
38	Auf den Monte Amiata Toskana	106

Elba 108

39	Elba – Auf den Monte Perone Toskana	110
40	Elba – Um den Monte Capanne Toskana	112
41	Elba – Über den Monte Tambone Toskana	114
42	Elba – Um die Cima del Monte Toskana	116

Abruzzen 118

43	Um den Lago di Campotosto Abruzzen	120
44	Zum Corno Grande Abruzzen	122
45	Durch den Abruzzen-Nationalpark Abruzzen	124
46	Im Schatten des Gran Sasso Abruzzen	126
47	Auf die Maielletta Abruzzen	128

Inhalt

Unterwegs an der Amalfiküste.

Süditalien 130

48 Gargano –
Über dem Golf von Manfredonia 132
Apulien

49 Gargano –
Durch die »Foresta Umbra« 134
Apulien

50 Um den Monte Vulture 136
Basilikata

51 Auf den Vesuv 138
Kampanien

Beschauliche Höhenzüge in den Vogesen.

Vogesen 140

52 Ballon-Passstraße 142
Lorraine/Franche-Comté

53 Hunsruck-Passstraße 144
Alsace

54 Vogesenkammstraße 146
Alsace

55 Platzerwasel-Passstraße 148
Alsace

56 Vogesenstraße 150
Alsace

Inhalt

Auf der Bouitières-Passstraße.

Zentralmassiv 152

57	Baracuchet- mit Supeyres-Pässestraße Rhône-Alpes/Auvergne	154
58	Béal-Passstraße Rhône-Alpes/Auvergne	156
59	Œillon-Passstraße Rhône-Alpes	158
60	Croix-de-Bouitières-Passstraße Rhône-Alpes/Auvergne	160
61	Pré-de-la-Dame-Bergstraße Languedoc-Roussillon	162
62	Finiels-Passstraße Languedoc-Roussillon	164
63	Cevennen-Höhenstraße Languedoc-Roussillon	166

Unterwegs zum Col d'Aubisque.

Pyrenäen 168

64	Aubisque- und Soulor-Pässestraße Aquitaine/Midi-Pyrénées	170
65	Tourmalet-Passstraße Midi-Pyrénées	172
66	Aspin-Passstraße Midi-Pyrénées	174
67	Peyresourde-Passstraße Midi-Pyrénées	176
68	Superbagnères-Bergstraße Midi-Pyrénées	178
69	Ares- mit Portet-d`Aspet-Pässestraße Midi-Pyrénées	180
70	Port-Passstraße Midi-Pyrénées	182

	Register	184
	Notizen	189
	Impressum	192

Vorwort

Zahllose Kehren am Stilfser Joch.

Unterwegs zum Col de la Madeleine.

Die Alpen sind zweifellos eines der interessantesten Gebiete für Pässeradler, aber darüber hinaus gibt es noch eine Vielzahl lohnender Ziele für engagierte Bergradler, die von den Gardaseebergen, der Toskana mit der Insel Elba, den Abruzzen, Bergstraßen in Süditalien über die Vogesen und das Zentralmassiv bis hin zu den Pyrenäen reichen.

Beginnen wollen wir freilich mit den Alpen, wo die höchsten Pass- und Bergstraßen beschrieben werden, die etwa mit der Söldener Gletscherstraße, dem höchsten für uns öffentlich befahrbaren Punkt in den Alpen, bis in eine Höhe von 2829 m führen. Die höchste Passstraße, der Restefond-/Bonettepass in den französischen Seealpen, liegt mit 2802 m Höhe nicht weit darunter und selbst der an elfter Stelle liegende Umbrailpass im schweizerischen Graubünden überschreitet noch, wenn auch knapp, die 2500-m-Marke.

Vorwort

Am Ende der Kaunertaler Gletscherstraße.

Nicht die Höhe, sondern die Steilheit ihrer Passrampen ist das entscheidende Kriterium der schwersten Pass- und Bergstraßen der Alpen. Steigungen von über 20 %, bis hin zu exorbitanten 30 % an der Prada-Alta-Bergstraße am Monte Baldo über dem Gardasee, sind zwar eher ein Kuriosum, nichtsdestotrotz eine interessante Erfahrung für diejenigen, für die die Steigungsverhältnisse an »normalen« Pass- und Bergstraßen schon lange keine Herausforderung mehr darstellen.

An den klassischen Berganstiegen vom Allospass bis zum Mont Ventoux, beide in der französischen Provence, radelt man über Strecken des berühmtesten und schwersten Radrennens der Welt, der Tour de France, auf den Spuren von Fausto Coppi über Eddy Merckx bis hin zu Lance Armstrong und Jan Ullrich, die hier Rennsportgeschichte geschrieben haben.

Über die unvergleichliche Bergwelt Südtirols und der Dolomiten geht es dann in die Berge um den Gardasee. Dort kann man etwa die landschaftlich überaus reizvolle Monte-Baldo-Höhenstraße über die Ostseite oder den Monte Tremalzo auf der Westseite bezwingen, der nun wieder über die spektakulär in den Fels gesprengte Ponalestraße befahrbar ist.

Wer die Toskana nur als welliges, von Weinbergen und Zypressenreihen durchzogenes Hügelland kennt, irrt. Der Tosco-Emilianische Apennin hält mit dem Raticosa- und Futapass zwischen Bologna und Florenz sowie dem Collinapass bei Pistoia schon Bergstrecken bis annähernd 1000 m Höhe für uns bereit. Noch etwas höher hinauf geht es in den Marmorbergen der Toskana, den Apuanischen Alpen über dem Tyrrhenischen Meer bei Carrara, die bezüglich der zu bewältigenden Höhenunterschiede Vergleiche mit Alpenpässen nicht zu scheuen brauchen. Der Monte Amiata, mit 1738 m der

Vorwort

Höher geht's hier nicht.

höchste Berg der Toskana, wird bezwungen, bevor man vielleicht auf die Insel Elba überwechselt, die bergiger ist, als es scheint, und am Monte Perone auch schon auf 500 m über dem Meer führt, und dies bei Steigungen bis 14 %.
Empfehlen möchte ich auch die Abruzzen, wo der Apennin mit dem Gran-Sasso-Massiv seine höchste Erhebung hat, in dem wir zum Albergo Imperatore, zu Füßen des 2912 m hohen Corno Grande, auf respektable 2130 m Höhe vorstoßen. Noch etwas höher hinauf geht es in der Maiellagruppe, dem zweiten großen Gebirgsstock des mittelitalienischen Apennins, nämlich bis in 2142 m Höhe, wobei man, da man aus dem nur 150 m hoch gelegenen Pescaratal startet, stolze 1995 Höhenmeter zu bewältigen hat, die man selbst in den Alpen nur schwer vorfindet. Wenn man schon in dieser Gegend ist, darf man die Fahrt durch den Abruzzen-Nationalpark über Diavolo- und Godipass nicht versäumen und sich nicht vor den dort wild lebenden Wölfen und Braunbären fürchten, scheuen Gesellen, die man nur mit viel Glück und aus weiter Entfernung zu Gesicht bekommen wird.
Süditalien lockt mit den dunklen Bergwäldern der »Foresta Umbra« am Gargano oder der Vulkanlandschaft des Valture in der Basilicata, der freilich im Schatten des Vesuvs bei Neapel steht, des bekanntesten Vulkans der Welt, der versuchen wird, uns mit Steigungsabschnitten bis 14 % die Auffahrt bis in etwas über 1000 m über dem Meer so schwer wie möglich zu machen.
Von Italien wechseln wir nach Frankreich in die Vogesen, die zwar nur mittelgebirgigen Charakter haben, aber auf der 1336 m hohen Ballonpassstraße eine weit reichende Aussicht bieten. Der Ballonpass, franz. Ballon d'Alsace, war im Übrigen der erste echte Berg, der 1905 in das Programm der Tour de France aufgenommen wurde. Mit starren Naben und ohne Gang-

Vorwort

Am Steinbogen bei Vieste im Gargano.

schaltung war es damals gar nicht sicher, ob man diesen überhaupt bezwingen konnte, aber der Franzose René Pottier strafte alle Kritiker Lügen, indem er den Berg in erstaunlichem Tempo bewältigte. Allerdings musste er diesem Parforceritt Tribut zollen und die Tour aus gesundheitlichen Gründen beenden. Mit unseren modernen Rennmaschinen dürfte es aber weder hier noch etwa auf der Hunsrückpassstraße oder der Vogesenkammstraße irgendwelche Schwierigkeiten geben.

Auch das Zentralmassiv wird uns vor keine größeren Probleme stellen, dafür aber eine Landschaft bieten, die von riesigen Vulkankegeln im Norden über phantastische Canyons in der Causse, einem verkarsteten Hochplateau, bis zu den Hängen der Cevennen im tiefen Süden reicht. Teilweise trifft man hier noch auf ein stilles, karges, fast menschenleeres Bergland mit einer rauen, fast melancholischen Schönheit, das aber mit guten Straßen aufwarten kann und so für uns Radler fast ideale Bedingungen bietet. Die Steigungsverhältnisse sind zudem meist ausgeglichen, die Höhenunterschiede moderat, so dass hier auch die weniger Austrainierten unter uns auf ihre Kosten kommen.

Die Pyrenäen bilden den Abschluss, die mit einer fremdartigen Landschaft, mit von der Erosion stark zerklüfteten Kalk- und Granitspitzen, die durch die starke Sonneneinstrahlung nur schwach vergletschert und ansonsten eher kahl wirken, aufwarten kann. In Radsportkreisen tragen vor allem die schon beinahe sagenhaften Geschichten aus den Anfangsjahren der Tour de France dazu bei, diese mit dem Rad zu besuchen. Auf den beschriebenen Passstraßen vom Aubisquepass im Westen über den Tourmalet- bis zur Ares- mit Portet d'Aspet-Pässestraße im Osten radelt man dann auch Tritt um Tritt auf den Spuren der Tour de France.

Aber für uns ist es nicht die Geschwindigkeit, die hier zählt, sondern das Erlebnis und dazu darf ich Ihnen viel Spaß und Erfolg wünschen.

Andreas Geser

Erläuterungen zu den organisatorischen Angaben

Die Geschichte begleitet uns immer.

Um Ihnen Planung und Durchführung der Tour zu erleichtern, wurden zu allen beschriebenen Touren in einer Übersicht Angaben zum Ausgangspunkt, einer Schwierigkeitsbewertung mit Angabe der Höchststeigung, der Streckenlänge, der zu bewältigenden Höhendifferenz, einer Zeitangabe, einem Übersetzungsvorschlag, dem Streckenverlauf sowie den Passöffnungszeiten und eine Kartenangabe gemacht. In der Rubrik »Besondere Hinweise« wird auf Gefahrstellen wie etwa Tunnels oder Galerien hingewiesen und ob Beleuchtung ratsam bzw. notwendig erscheint.

Ausgangspunkt

Neben der Ortsangabe wurde die Höhenangabe vermerkt.

Anfahrt zum Ausgangspunkt

Hier wird der schnellste Weg zum Ausgangspunkt, in der Regel über die nächste Autobahnausfahrt, angegeben.

Schwierigkeitsbewertung/Höchststeigung

Die Einteilung in die Schwierigkeitsgrade leicht, mittelschwer und schwer soll Ihnen einen Überblick über die konditionellen Anforderungen, die die Strecke stellt, verschaffen. Eine Ausnahme von dieser Einteilung bilden dabei die unter der Rubrik schwerste Pass- und Bergstraßen beschriebenen Touren, die aufgrund der dort zu bewältigenden Steigungsmaxima nur ganz außergewöhnlich trainierten Radlern empfohlen werden, die hier einmal ihre Grenzen ausloten wollen.
In allen anderen Fällen erfolgte die Schwierigkeitseinteilung in erster Linie aufgrund der objektiven Streckendaten mit den Parametern Streckenlänge, Höhenmeter und Höchststeigung. Je länger eine Strecke, je mehr Höhenmeter sie aufzuweisen hat und je größer die Steigungsverhältnisse, desto schwieriger wird sie zwangsläufig. Was bei dieser Bewertung allerdings nur unzureichend berücksichtigt werden kann, ist die subjektive Einschätzung jedes Einzelnen aufgrund seines jeweiligen Trainingszustandes. So wird ein sehr gut trainierter Radler eine etwa 100 km lange Rundfahrt mit etwa 2000 Höhenmetern und Höchststeigungen bis 12 % leichter einschätzen als ein weniger gut trainierter Radler. Objektiv betrachtet bleibt eine solche Strecke allerdings als schwer einzustufen. Die gemachte Bewertung der Touren kann somit nicht mehr als ein Versuch sein, diese von ihrem jeweiligen Anforderungsprofil her in Relation zueinander zu stellen und dieses wiederum auf die Leistungsbereitschaft eines durchschnittlich trainierten Radlers abzustellen.
Die nachfolgend gemachten Angaben können deshalb nur eine Hilfestellung zur Bewertung der Tour und dem Schwierigkeitsgrad sein.

Leichte Radtour

Besondere Anforderungen an die Kondition werden aufgrund der Streckenlänge, des Höhenunterschiedes sowie der Steigungen nicht gestellt. Flachere Abschnitte überwiegen und die Höchststeigung bleibt meist unter 10 %. Eine Bewältigung der Strecke sollte auch weniger gut trainierten Radlern möglich sein, wobei leichte Touren im Alpenraum allerdings selten sind und keinesfalls gänzlich unvorbereitet angegangen werden sollten.

Mittelschwere Radtour

Regelmäßiges Training und eine ausreichende Grundkondition, wie man sie nach etwa 3000 bis 4000 Rad-

Erläuterungen zu den organisatorischen Angaben

kilometern mit mittlerer Intensität erwirbt, sollten vorhanden sein. Steigungen von 10 %, kurzzeitig auch etwas darüber, sollten auch über längere Strecken problemlos bewältigt werden. Mittelschwere Touren sind der Regelfall im Alpenraum bzw. den beschriebenen außeralpinen Berggebieten.

Schwere Radtouren

Steigungsabschnitte von 10 % und darüber, die auch über längere Streckenabschnitte beizubehalten sind, erfordern ständigen und erhöhten Krafteinsatz. Die Streckenlänge bei Passanstiegen kann bis zu 20 km und mehr betragen. Flachere Abschnitte zur Erholung bieten sich dabei kaum. Schwere Touren sollten erst nach mehrjährigem Radtraining sowie der Erfahrung aus mehreren mittelschweren Radtouren angegangen werden. Zudem erscheint ein Trainingsumfang von mindestens 4000 km, die teilweise auch mit höheren Intensitäten gefahren werden, unerlässlich.

Streckenlänge

Die Streckenlänge wurde mittels eines Kilometerzählers am Radcomputer ermittelt. Somit können sich geringfügige Abweichungen zu anderen Messungen oder den in Karten verzeichneten Angaben ergeben.

Höhendifferenz

Diese wurde aufgrund der Angaben in Karten bzw. Führern errechnet, wobei kleinere Anstiege und Abfahrten ohne wesentlichen Höhenunterschied nicht berücksichtigt wurden. Somit sind geringfügige Abweichungen zu Höhenmessgeräten möglich.

Durchschnittliche Steigung

Grundsätzlich ist auszuführen, dass der durchschnittliche Steigungswert eine Aussagekraft über die Schwierigkeit der Strecke nur auf Pass- oder Bergstraßen mit relativ gleichmäßigem Streckenprofil hat. Bei Rundtouren und Durchquerungen mit mehrfachem Wechsel von Anstiegen, Abfahrten und Flachstücken wurde dieser deshalb nicht angegeben, da der errechnete Wert die tatsächlichen Steigungsverhältnisse nicht widerspiegelt. Aber auch auf reinen Pass- und Bergstrecken gibt der errechnete Wert nicht in allen Fällen den tatsächlichen Schwierigkeitsgrad wieder. So kann etwa die als schwer einzustufende Nigerpassstraße (Tour 14) nur ein Durch-

Jetzt mal ganz entspannt.

schnittssteigung vom 5,88 % aufweisen und liegt somit rein rechnerisch unterhalb des Wertes von erheblich leichteren Strecken, da eine Durchschnittsangabe nicht das Gesamtverhältnis zwischen schweren und leichteren Abschnitten einer Strecke ausdrückt, sondern lediglich einen Mittelwert bildet. Dies ist etwa auch in Tour 26 ersichtlich, wo die durchschnittliche Steigung des Tre-Croci-Passes mit 9,83 % höher ist als auf der Drei-Zinnen-Bergstraße mit 8,93 %, obwohl diese mit langen Steigungsabschnitten bis 16 % erheblich schwerer zu befahren ist als der Tre-Croci-Pass mit Höchststeigungen bis 11 %.

Besonders deutlich wird dies auch bei den schwersten Pass- und Bergstraßen der Alpen, wo etwa die Südseite der Turracher Höhenstraße (Tour 13) Steigungsmaxima bis 23 % aufweisen kann, die Strecke insgesamt gesehen jedoch nur eine Durchschnittssteigung von 5,73 % hat.

Im Hinblick auf die Streckenschwierigkeiten ist die durchschnittliche Steigung deshalb neben der Streckenlänge, dem zu bewältigenden Höhenunterschied und der Höchststeigung nur einer unter mehreren Anhaltspunkten und kann als Vergleichswert vor allem auf Strecken mit gleichmäßigem Streckenprofil herangezogen werden.

Erläuterungen zu den organisatorischen Angaben

Zeit

Die gemachten Zeitangaben sollen für Sie einen Orientierungswert darstellen, der aufgrund der von mir benötigten Zeit sowie den bei anderen Radlern beobachteten Zeiten aufgestellt wurde. Die erste Zeitangabe ist dabei ein Wert, an dem sich nur gut trainierte Radler orientieren sollten. Sehr gut trainierte Radler können diesen auch unterbieten. Grundsätzlich gilt aber, dass man sich je nach Konditionsstand an einem Zeitraum zwischen den angegebenen Werten orientieren sollte. Ambitionierte Radler sollten also in der Lage sein, die Touren innerhalb des genannten Zeitrahmens zu bewältigen, wenn sie mit einem Rennrad und ohne größeres Gepäck unterwegs sind. Für Tourenradler mit viel Gepäck können diese Angaben nur bedingt Gültigkeit haben. Diese werden sich in der Regel an den zweiten Wert halten und diesen ggf. sogar noch überschreiten. Die erbrachte Leistung ist dabei aber durchaus mit der eines schnelleren Radlers ohne Gepäck zu vergleichen. Pausen sind in den gemachten Zeitangaben nicht enthalten.

Übersetzungsvorschlag

Zu zweit macht es mehr Spaß.

Neben der Kondition ist die Wahl der richtigen Übersetzung das entscheidende Kriterium für das gute Gelingen von Pässetouren. Mit den von den beiden großen Herstellern Shimano und Campagnolo angebotenen Ritzelgrößen bis 28 bei der Neunfach- und 29 bei der Zehnfachgruppe von Campagnolo bzw. 27 bei Shimano dürfte es bei Steigungsverhältnissen bis 10 % keine Probleme geben. Darüber hinaus wird es aber schon schwierig. Längere Anstiege mit 12 % etwa mit 39/27 hochzutreten, erfordert bereits gute Moral und Kondition. Kräfteschonender vorwärts kommt, wer auf ein größeres Ritzel ausweicht, wobei man dann aber auf ein Ritzelpaket aus der Mountainbikegruppe zurückgreifen muss, die mit den Rennradgruppen kompatibel sind und bei Shimano als größtes Ritzel ein 34er in der XT- oder XTR- Gruppe aufweisen.

Dabei ist allerdings zu beachten, dass ein längeres Schaltwerk benötigt wird, um die zusätzliche Kettenlänge anzunehmen, und auch die Sprünge zwischen dem kleinsten und größten Ritzel größer werden, was sich auf die Trittfrequenz auswirken kann. Hier bietet sich deshalb entweder ein Dreifachkurbelsatz mit einem 30er als kleinstem Kettenblatt oder ein so genanntes Kompaktkurbelsatz mit 34 oder 36 Zähnen am Kettenblatt, wie er derzeit von Campagnolo angeboten wird, an. Damit jedoch auch die gewünschte Erleichterung beim Bergauffahren erreicht wird, ist dennoch auf ein entsprechend großes Ritzel zu achten. Die Formel für die Umrechnung lautet dabei: Radumfang (U in Meter) x Verhältnis von Zähnezahl vorne zu Zähnezahl hinten (Entfaltung = U x Zv : Zh), wobei der Radumfang bei Rennrädern durchschnittlich mit 210 cm angegeben wird.

Somit entspricht eine Übersetzung von 39/28 folgender zurückgelegter Wegstrecke pro Pedalumdrehung:
39 : 28 x 2,10 m = 2,925 m

Dies würde etwa einem Dreifachkettenblatt mit dem Kettenblatt-/ Ritzelverhältnis 30/21 (3,0 m) entsprechen, womit bei einem Unterschied von nur ca. 2,5 % aber keine spürbare Erleichterung erreicht wäre. Hier müsste also auf ein 23er oder größeres Ritzel zurückgegriffen werden.

Nach diesen theoretischen Ausführungen zur Übersetzung nun einige Angaben zu deren Ausführung in der Praxis:

Für längere Anstiege mit 10 % Steigung sollte bei einem 39er Kettenblatt mindestens ein 26er Ritzel vorhanden sein. Steigungen bis 12 % erfordern dagegen bei den meisten schon ein 28er Ritzel und wenn es darüber hinausgeht, also 14 oder 16 %, sollte ein noch

Erläuterungen zu den organisatorischen Angaben

größeres Ritzel im Bereich von 39/32–34 oder ein diesem Verhältnis entsprechendes Dreifachkettenblatt (30/25–27) montiert werden.
Für Steigungsverhältnisse von über 20 % bis hin zu 30 %, wie sie bei den schwersten Pass- und Bergstraßen anzutreffen sind, kann als Empfehlung eigentlich nur gegeben werden, das Kettenblatt so klein wie möglich, das Ritzel so groß wie möglich, also etwa 39/34 (= 2,40 m) bei Zweifach- oder dieser Kombination etwa entsprechend 30/27 (= 2,33 m) bei Dreifachkettenblatt. Nicht versäumen möchte ich aber, darauf hinzuweisen, dass sich daran wirklich nur die Trainiertesten unter uns Hobbysportlern wagen sollten, unter denen es allerdings einige gibt, die sich etwa die Nigerpassstraße und die Turracher Höhe mit 39/26 hochgekämpft haben. Als Maßstab sollen diese allerdings nicht dienen, sondern lediglich aufzeigen, welche Leistungen mit entsprechendem Training möglich sind.
Die gemachten Angaben zum Übersetzungsvorschlag sollen lediglich als Anhaltspunkt dienen. Sie basieren auf den von mir gemachten Erfahrungen sowie den Beobachtungen bei anderen Radsportlern. Da die benötigte Übersetzung sehr stark von der körperlichen Leistungsfähigkeit, aber auch vom Fahrstil des Einzelnen abhängig ist, wurden, soweit dies notwendig erschien, zwei Ritzelangaben gemacht. In diesem Fall ist das Vorhandensein des zweiten Ritzels dringend anzuraten. Grundsätzlich empfehle ich, bei längeren Bergstrecken als größtes Ritzel immer ein 28er in Verbindung mit einem 39er Kettenblatt dabeizuhaben, um damit eventuelle Leistungseinbrüche auszugleichen oder besser noch diesen vorzubeugen.

Streckenverlauf

Hier wurden die Ortschaften entlang der Route angegeben. Die jeweiligen Kilometerangaben hierzu finden Sie in der Tourenbeschreibung sowie im Höhenprofil.

Passöffnungszeiten bzw. Befahrbarkeit

Führt die Strecke über Pass- oder Bergstraßen, die winterlichen Einschränkungen unterliegen, wurde hier der jeweilige Befahrbarkeitszeitraum angegeben. Bitte beachten Sie, dass es aber auch auf den ganzjährig geöffneten Pass- und Bergstraßen in den außeralpinen Regionen, aus witterungsbedingten Gründen oder wegen straßenbaulich notwendiger Maßnahmen, zu kurzfristigen Streckensperrungen kommen kann. Für die Pyrenäen gilt, dass der angegebene Befahrbarkeitszeitraum zwar auf amtlichen Toureninformationen beruht, allerdings sind erfahrungsgemäß die Passstraßen dort in der Regel bereits zwei, drei Wochen früher schneefrei und somit befahrbar.
Erkundigen Sie sich deshalb sicherheitshalber vor Fahrtantritt über die Befahrbarkeit der jeweiligen Pass- bzw. Bergstraßen. Eine aktuelle Auskunft erhalten Mitglieder beim ADAC unter der Rufnummer 01 80/5 10 11 12.
Für Italien gibt auch der Automobile Club d'Italia (ACI), Tel. 00 39/06/4 99 81, www.aci.it oder der Touring-Club Italiano (TCI), Tel. 00 39/02/8 52 61, www.touringclub.it, Auskunft. Für Frankreich der Straßenhilfsdienst »AIT-Assistance« mit Deutsch sprechenden Mitarbeitern unter Rufnummer 0800/089 222.

Besondere Hinweise

Hier wurde vor allem auf die Notwendigkeit von Beleuchtung bei Tunnelstrecken verwiesen. Zudem wurden hier, was allerdings die Ausnahme in diesem Führer darstellt, etwaige unbefestigte Straßenabschnitte angegeben.

Karte

Zur Befahrung der Strecke sollten die in den Streckenbeschreibungen gemachten Angaben in Verbindung mit der Kartenskizze und dem Höhenprofil ausreichen. Wer sich darüber hinaus noch weiter über die Landschaft orientieren möchte, sollte eine entsprechende Karte der Region mitführen, zu der hier eine Empfehlung gegeben wurde.

Ausländische Verkehrszeichen

Italien

Deviazione = Umleitung
Tenere la destra = rechts fahren
Rallentare = langsam fahren
Senso unico = Einbahnstraße
Sbarrato = gesperrt
Curva pericolosa = gefährliche Kurve
Strada stretta = unbefestigte Straße
Caduta sassi = Steinschlag

Frankreich

Rappel = Erinnerung (meist an Tempolimits)
Ralentir = langsam fahren
Déviation = Umleitung
Passage inderdit = gesperrt

In Höhen, die normalerweise nur von gut ausgerüsteten und erfahrenen Hochalpinisten erreicht werden, führen uns die höchsten Pass- und Bergstraßen der Alpen. Seil, Pickel und Steigeisen sind nicht notwendig, auch wenn die höchste für uns öffentlich anfahrbare und durchgehend befestigte Alpenstraße, die Söldener Gletscherstraße im österreichischen Nordtirol, erst in 2829 m Höhe, inmitten gewaltiger Gletscherfelder um den Rettenbach- und Tiefenbachferner, endet. Eine gute Straße führt uns in diese als Sommerskigebiet ausgebaute Region, die uns den Gipfelsturm mit einer fast durchgehend 13 %igen Steigung und einem etwa 1700 m langen Tunnel aber nicht gerade einfach macht. Auf der zweithöchsten Alpenstraße, dem Restefond-/Bonettepass in den französischen Seealpen, finden wir weder Tunnels noch Gletscher, aber einen Schlussanstieg von 14 % kann auch diese aufweisen, bevor wir unser Rad an einem Felsklotz in 2802 m Höhe abstellen dürfen. Am Großglockner können wir wählen, ob wir uns mit 2505 m am Hochtor begnügen oder die engen, kopfsteingepflasterten Kehren mit 14 % Steigung zur 2571 m hohen Edelweißspitze noch mitnehmen. Vom schweizerischen Umbrailpass, der die 2500-m-Marke gerade noch übersteigt, sollten wir uns keinesfalls davon abschrecken lassen, dass wir hier teilweise noch auf Naturstraße treffen.

Die höchsten Pass- und Bergstraßen der Alpen

1 TOUR Söldener Gletscherstraße 2829 m

Auf der Söldner Gletscherstraße.

Mit ihrer Höhe von 2829 m ist die Söldener Gletscherstraße der für uns höchste anfahrbare Punkt in den Alpen. Höher hinauf geht es zumindest auf einer für den öffentlichen Verkehr freigegebenen und für Rennräder geeigneten, also gänzlich asphaltierten Straße nicht mehr. Zwar gibt es Straßen, die noch höher in die Bergwelt der Alpen hinaufführen, wie etwa die Sommeiller-Bergstraße im italienischen Piemont, die von Bardonecchia am Ende des Susatales, nahe des Frejustunnels, bis auf 3040 m in ein aufgelassenes Gletscherskigebiet um die Punta Sommeiller hinaufzieht. Für den öffentlichen Verkehr ist die Trasse freigegeben, aber den größten Teil besteht sie aus steiniger Erdstraße, teilweise mit losem Schotter bedeckt und somit für Rennräder ungeeignet. Auch die ebenfalls im Piemont gelegene Chaberton-Bergstraße, die bis auf 3130 m Höhe führt, wird oft genannt, aber zum einen ist diese für den öffentlichen Verkehr schon seit längerem gesperrt, zum anderen befindet sie sich im Verfall, so dass sie ihres Untergrunds und Hangabrutschungen wegen nicht einmal mehr mit Mountainbikes zu befahren ist.

So gebührt also der Söldener Gletscherstraße das Attribut der höchsten für uns befahrbaren Alpenstraße, wobei es allerdings noch wichtig erscheint, auf eine Tatsache hinzuweisen:

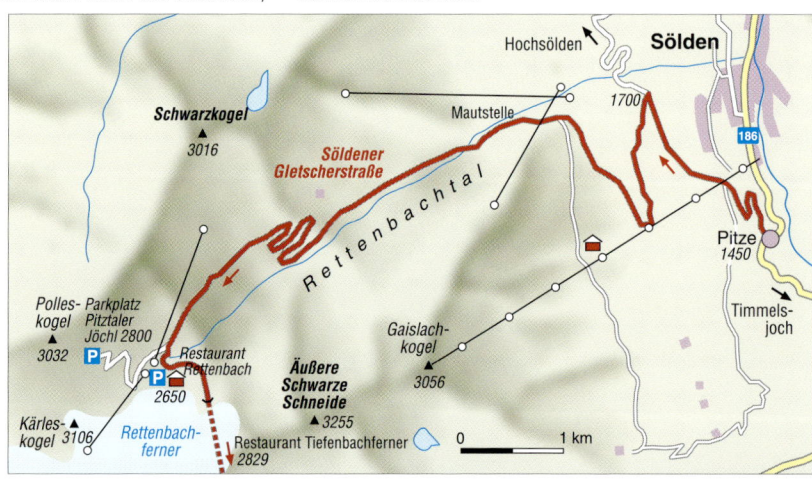

Österreich/Nordtirol

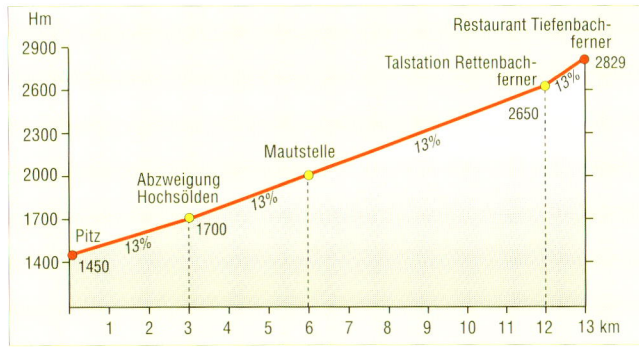

In ihrem obersten Teil gabelt sich die Gletscherstraße, die zu den Gletscherskigebieten um den Rettenbach- und Tiefenbachferner in den Ötztaler Alpen hinaufführt. Dabei endet der Abzweiger zum Parkplatz Pitztaler Jöchl am Rettenbachferner in 2800 m Höhe und wäre damit für sich gesehen zwar schon hoch genug, allerdings noch um 2 m niedriger als der nachfolgend beschriebene Restefond-/Bonettepass, der es auf 2802 m Höhe bringt. Die zum Restaurant Tiefenbachferner abzweigende Trasse führt uns allerdings hinauf bis in eine Höhe von 2829 m und somit noch um einige Höhenmeter über den Restefond-/Bonettepass hinaus. Ein Wermutstropfen sei allerdings nicht verschwiegen: Auf dem Weg dorthin ist ein 1,7 km langer Tunnel zu überwinden, der nach der deutschen Ski-Olympiamedaillengewinnerin Rosi Mittermeier benannt wurde und als höchstgelegener Alpentunnel gilt, andererseits aber eine unangenehme beklemmende Röhre darstellt, die mit Tropfwasser von der Decke und nicht selten einlaufendem Schmutzwasser am Boden eher unangenehm zu befahren ist.

Diesen Tunnel ersparten sich die Radprofis während der Deutschlandtour 2007, als diese einen Abstecher ins benachbarte Tirol machte, und beendeten das Rennen beim Restaurant Rettenbachferner in 2672 m Höhe. Von den Schwierigkeiten der Strecke waren sie dennoch beeindruckt und der für das Team Gerolsteiner startende Radprofi Patrick Sinkewitz meinte in einem Interview sogar: »Das ist der schlimmste Berg, den ich je gefahren bin. Da kommen sämtliche Steigungen der Tour nicht mit.«

Von einer Befahrung der Strecke sollten wir uns aufgrund dieser Aussage aber nicht abhalten lassen, denn es ist schon ein Unterschied, ob man diese im Renntempo bewältigen muss oder ob man nur mit den eigenen Schwächen zu kämpfen hat.

Beleuchtung für den Tunnel, ausreichend Kondition und ein ebensolches Ritzel sollte man allerdings schon mitbringen, wenn man in Pitze (km 0,6), einem Ortsteil der Gemeinde Sölden im hinteren Pitztal, den Hinweisschildern »Gletscherstraße Tiefenbach-/Rettenbachferner« folgt. Die Höchststeigung der 13,0 km langen Strecke mit ihren knapp 1400 Höhenmetern liegt nämlich bei 13 % und wird, dies gleich vorweg, von unten bis oben fast durchgehend gleichmäßig beibehalten. Ansonsten gibt es von der Auffahrt wenig zu vermelden, außer dass nach 3 km eine Straße in den 2090 m hoch gelegenen Hotelort Hochsölden abzweigt und nach etwa 6 km die Mautstelle das einzige flache Stück der Auffahrt bietet. Man überfährt die Baumgrenze und mit nicht nachlassender Steigung geht es anfangs noch etwas am Rettenbach entlang zum Restaurant Rettenbachferner (km 12,0).

Nun heißt es aufpassen, wer geradeaus weiterfährt, befindet sich nach einem weiteren Kilometer am Parkplatz des Gletscherlifts zum Pitztaler Jöchl (km 13,0) in 2800 m Höhe. Wer allerdings in das Nordportal des Tiefenbachtunnels einfährt, der schnurgerade mit Höchststeigungen bis 9 % nach oben verläuft und diesen beim Restaurant Tiefenbachferner nach 1,7 km wieder verlässt, steht in 2829 m Höhe und hat damit den höchsten anfahrbaren Punkt des Alpenraums erreicht. ■

Ausgangspunkt	Pitze im Ötztal, 1450 m, kurz hinter Sölden
Anfahrt zum Ausgangspunkt	Autobahn Innsbruck – Landeck (Inntalautobahn), Ausfahrt 123 Haiming/Ötztal – Richtung Kühtai/Timmelsjoch – Brunau – Oetz – Sölden – Pitze
Schwierigkeitsbewertung/Höchststeigung	Schwere Radtour mit fast durchgehend 13 % Höchststeigung
Streckenlänge	13,5 km
Höhendifferenz	1380 m
Durchschnittl. Steigung	10,61 %
Zeit	2 – 3 Stunden
Übersetzungsvorschlag	39/29
Streckenverlauf	Pitze – Abzweigung Hochsölden – Mautstelle – Talstation Rettenbachferner – Parkplatz Tiefenbachferner
Straßenverhältnisse	Gut ausgebaute Straßen; der Tunnel am Ende der Strecke ist allerdings schmal, mit Fahrbahnunebenheiten und teilweise mit Geröll und Schmelzwasser bedeckt
Passöffnungszeiten	01. Mai bis 31. Dezember
Karte	Euro Cart Regionalkarte 1:300.000, RV-Verlag Blatt Österreich
Besondere Hinweise	Bei der Befahrung des 1700 m langen Tunnels ist Beleuchtung unbedingt notwendig

2 TOUR Restefond-/Bonette-Passstraße

Unterwegs zur Cime de la Bonette.

Der Restefond-/Bonettepass ist mit seinen 2802 m Höhe die höchste Passstraße der Alpen, zumindest wenn man die für uns wichtigen Kriterien wie öffentliche Befahrbarkeit und geeigneter Untergrund, also durchgehende Asphaltdecke, mit einbezieht. Er liegt schon weit im Süden der Alpen, in der französischen Provinz Provence, die hier mit den so genannten Seealpen, auch als Alpes-Maritimes bezeichnet, bald am Mittelmeer, an der Côte d'Azur, enden werden. Wer den Restefond-/Bonettepass auf der Karte sucht, findet ihn, wenn er von Nizza ziemlich genau den nach Norden verlaufenden Tälern der Vésubie und der Tinée folgt. Ziemlich exakt 140 Streckenkilometer wären es, wenn man sich von Nizza aus mit dem Rennrad auf den Weg machen würde, und vom südlichen Ausgangspunkt der Passauffahrt, der Ortschaft St-Etienne-de-Tinée, bis zur Passhöhe wären es dann noch ausreichend fordernde 26,5 km und 1660 Höhenmeter.

Wir allerdings wollen den höchsten Alpenpass von seiner Nordseite her bezwingen und haben hier 23,5 km und 1585 Höhenmeter vor uns. Vielleicht noch kurz zwei Ausführungen theoretischer Art, bevor wir uns in die Pedale einklicken, warum der Restefond-/Bonettepass die höchste Passstraße der Alpen ist, wenn die Söldener Gletscherstraße doch höher ist. Nun, die Söldener Gletscherstraße ist keine Passstraße, sie verbindet nämlich nicht zwei Täler über die Einsattelung eines Berges, sondern ist eine reine Bergstraße, auf der man über dieselbe Strecke wieder zurück muss. Der Restefond/Bonettepass ist dagegen ein reiner Pass, der die Talschaften des Ubaye mit denen der Tinée verbindet. Und noch etwas sollte man wissen: Der eigentliche Passübergang führt über den Restefondpass in 2678 m Höhe, von wo man bereits auf der gegenüberliegenden Bergseite abfahren könnte. Von dieser Restefondpasshöhe führt die Straße allerdings am Bergkegel der Cime de la Bonette etwa 1,5 km nach oben zum Bonettepass in 2802 m Höhe, etwa 60 Höhenmeter unterhalb der Bergspitze der Cime de la Bonette gelegen, um von dort in einer Schleife um den Bergkegel herum wieder abzufallen und praktisch wieder am Restfondpass einzumünden. Diese letzten Höhenmeter sind eigentlich eine reine Panoramastrecke, die man aus rein verkehrsbedeutender Sicht nicht mehr fahren müsste, dem Pass aus touristischer Sicht allerdings das Attribut der höchsten Passstraße eingebracht hat.

In Jausiers (km 0,0), einer kleinen Ortschaft im Ubayetal, ist die Auffahrt zum Restefond-/Bonettepass nicht zu verfehlen. Von der Durchgangsstraße zweigt gleich am nördlichen Ortsanfang eine Straße in westlicher Richtung ab, die mit »Col de la Bonette – Plus Haute Col d'Europe« ausgeschildert ist. Auf breiter, gut ausgebauter und nur mäßig ansteigender Straße radeln wir an einem kleinen Erholungszentrum mit Schwimmbad vorbei, überqueren den Ubaye (km 1,0) und verlassen die Ortschaft über mehrere Kehren, nunmehr auf 10 % ansteigend, die uns in die Feriensiedlung Lans (km 3,5), der letzten Ortschaft vor der Passhöhe, führen.

Kurvig geht es mit Steigungen zwischen 8 und 10 % nach oben, bis nach etwa 6,5 km die Straße deutlich

Frankreich/Provence

2802 m

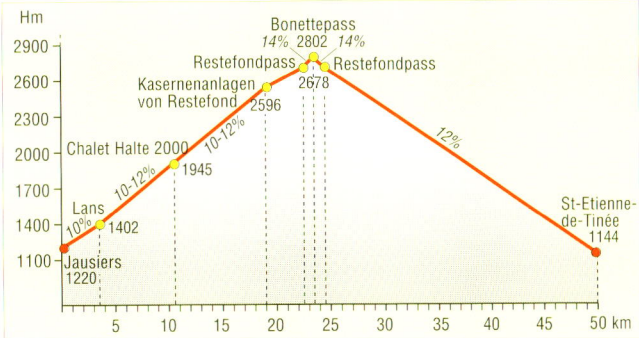

schmaler und vom Belag her leider auch spürbar schlechter wird. Vor uns ist ein Wasserfall, der über eine Felswand herunterschießt, zu erkennen und die Straße weicht über weitere Kehren, nun schon auf 12 % Steigung zunehmend, auf die östliche Talseite aus. Das Tal verbreitert sich etwas, auf der rechten Straßenseite erkennen wir ein Schild mit der Aufschrift »Chalet Halte 2000« (km 10,5), das zu einer kleinen Steinhütte gehört, die sich unterhalb der Straßenböschung fast vor uns versteckt. Fast 800 Höhenmeter liegen hier hinter und nochmals etwa genau so viele noch vor uns.

Über Kehren mit Steigungen bis 10 % geht es aufwärts und wer die Umgebung betrachtet, wird ein kahles Landschaftsbild registrieren mit braunen Erd- und Geröllhalden, die hin und wieder von kleinen Wasserläufen durchzogen werden. Nach etwa 11,5 km dürfen wir auf einer kleinen Abfahrt etwas Schwung sammeln für die nachfolgende Kehrenstrecke, die uns mit 12 %iger Steigung wieder fordert.

Die Straße verändert ihren Verlauf durch Mulden und Talkessel ständig, überwindet Steilstufen und Hangtraversen, fällt dabei aber nicht unter 8 % Steigung, sondern hält sich öfter an der oberen Marke von 12 %. Ein kleiner See (km 15,5) kann noch als Anhaltspunkt dienen, bis plötzlich eine Gruppe verfallener Gebäude (km 14,0) vor uns auftaucht, die Reste ehemaliger Militärunterkünfte, die noch aus dem 18. Jahrhundert stammen und daran erinnern, dass Kaiser Napoleon III. diese Strecke einstmals aus militärischen Gründen errichten ließ. Über uns ist der Einschnitt des Restefondpasses bereits zu erkennen, zu dessen Scheitelpunkt (km 22,5) sich unsere Trasse mit 8 % Steigung recht geradlinig hinaufzieht.

Hier, in 2678 m Höhe, wäre unsere Passauffahrt eigentlich bereits beendet, aber wir folgen selbstverständlich der weiter hochführenden Straße, die deutlich auf 14 % Steigung ansteigt und nach gut 1 km an einem Felsmonument endet, an dem eine Tafel die von uns erreichte Höhe von 2802 m anzeigt.

Der höchste Alpenpass ist bezwungen, um den Bergkegel herum geht es mit gleichem Gefälle und gleicher Länge abwärts zum Restefondpass, wo man entweder über die Ostseite abfährt oder auf der Auffahrtsstrecke zum Ausgangspunkt zurückkehrt. ■

	Nordseite	**Südseite**
Ausgangspunkt	Jausiers, 1220 m	St-Etienne-de-Tinée, 1144 m
Anfahrt zum Ausgangspunkt	Autobahn Mailand – Turin – Savona, Ausfahrt Torino/Canale/Cuneo – Cuneo – Borgo San Dalmazzo – Larchepass/Colle della Maddalena – Larche – Jausiers	Autobahn Genua – Nizza, Ausfahrt 52 Digne/Grenoble – Richtung Digne-les-Bains/Grenoble/Nice-Saint-Isidore – Nizza/Nice – La Condamine – St-Etienne-de-Tinée
Schwierigkeitsbewertung/Höchststeigung	Schwere Radtour mit 14 % Höchststeigung auf ca. 1 km Länge von der Restefond-Passhöhe zur Bonette-Passhöhe; sonst längere Abschnitte bis 12 % Steigung	Schwere Radtour mit 14 % Höchststeigung auf ca. 1 km Länge von der Restefond-Passhöhe zur Bonette-Passhöhe; sonst längere Abschnitte bis 12 % Steigung
Streckenlänge	23,5 km	26,5 km
Höhendifferenz	1585 m	1660 m
Durchschnittl. Steigung	6,74 %	6,26 %
Zeit	2 ¾ – 4 Stunden	3 – 4 Stunden
Übersetzungsvorschlag	39/28	39/28
Streckenverlauf	Jausiers – Lans – Chalet Halte 2000 – Kasernenanlagen von Restefond – Restefondpass – Bonettepass	St-Etienne-de-Tinée – Vens – Bousiéyas – Restefondpass – Bonettepass
Straßenverhältnisse	Kurvenreiche Straße mit vielen engen, bei der Abfahrt schwierig zu befahrenden Haarnadelkehren mit teilweise erheblichen Belagschäden	Auf den ersten 7 km der Nordseite gut ausgebaute Straße, dann kurvenreiche, teils schmale Straße mit Belagschäden
Passöffnungszeiten	15. Juni bis 30. September	15. Juni bis 30. September
Karte	Euro Cart Regionalkarte 1:300.000, RV-Verlag Blatt 8 Provence/Rhône-Alpes/Côte d'Azur	Euro Cart Regionalkarte 1:300.000, RV-Verlag Blatt 8 Provence/Rhône-Alpes/Côte d'Azur

TOUR 3: Iseran-Passstraße 2770 m

Auffahrt zum Iseranpass.

Bis in eine Höhe von 2770 m führt die Iseranpassstraße und nimmt damit den dritten Rang in der Reihe der höchsten Pass- und Bergstraßen der Alpen ein. Er liegt im französischen Département Savoyen und verbindet die Täler der Isère im Norden, im französischen Sprachgebrauch Tarentaise genannt, mit dem Tal der Arc im Süden, das hier auch als Maurienne bezeichnet wird. Weit interessanter ist allerdings, dass die knapp 80 km lange Gesamtstrecke von Séez im Norden bis Lanslebourg im Süden entlang der Grenze zu Italien genau zwischen den beiden Bergmassiven der Vanoise im Westen und den Grajischen Alpen im Osten verläuft, die hier mit dem Vanoise-Nationalpark und dem Gran-Paradiso-Nationalpark im benachbarten Italien einen landschaftlich überaus reizvollen Rahmen bieten. Ein erfreulicher Umstand, denn 45 Streckenkilometer und 1870 Höhenmeter mit Höchststeigungen bis 12 %, die hinauf zur Passhöhe vor uns liegen, wenn wir die Tour von Séez aus beginnen, radeln sich in schöner Umgebung einfach angenehmer.

Séez (km 0,0) ist ein kleiner Verkehrsknotenpunkt am Schnittpunkt des Kleinen-St.-Bernhard-Passes und des Iseranpasses gelegen, dessen Name sich vom lateinischen Wort »Sextus« ableitet, für den sechsten Meilenstein der Konsularstraße Mailand-Lyon, die hier einst verlief. Diese führte allerdings nur über den Kleinen-St.-Bernhard-Pass und nicht über den Iseranpass, der erst 1937 für den öffentlichen Verkehr freigegeben wurde und anfangs militärischen Zwecken diente, um erst später im Zuge des Wintersports ausgebaut zu werden.

Wir beginnen unsere Auffahrt erst einmal mit einer etwa 3,5 km langen leichten Abfahrt an der Isère entlang, bevor die Straße etwa genauso lange leicht ansteigt, um dann über zwei Kehren bis Sainte-Foy-Tarentaise (km 8,5) auf 10 % zuzunehmen.

Es ist ein kleines Bergdorf mit spitzem Kirchturm und grauen Steinhäusern, deren Dächer noch teilweise mit grobem Schiefer oder unregelmäßig übereinander gelegten flachen Steinplatten gedeckt sind. Wir durchqueren es auf mit 12 % ansteigender, schmaler werdender Straße und radeln durch zwei kurze Naturtunnels (km 12,0) in einen schluchtartigen Abschnitt zu Füßen der vergletscherten Kuppe des 3779 m hohen Mont Pourri ein, dessen Schneezungen weit über die steilen Hänge herunterreichen.

Die Steigung lässt etwas nach, noch einmal verengt sich das Tal bei der Boissièresschlucht, bevor wir diesen engen Abschnitt durch einen 300 m langen unbeleuchteten Tunnel verlassen. Das Tal weitet sich und über Anstiege zwischen 10 und 12 % erreichen wir die Staumauer des Lac de Chevril (km 21,5), dessen hellgrünes Wasser von den nahen Gletschern um die Grande Motte gespeist wird. Wir radeln am östlichen Ufer entlang und können an den Hängen der gegenüberliegenden Talseite in einiger Entfernung die Hochhäuser des Wintersportortes Tignes erkennen, die mit ihren modernen Glas- und Betonfassaden so gar nicht in die Landschaft passen wollen.

Wir erreichen auf flacher Straße durch eine Reihe von teils unbeleuchteten Tunnels und Galerien mit teilweise erheblichen Fahrbahnschäden das einstige Bergdorf Val d'Isère (km 27,0), das sich zu einem der bekanntesten Wintersportplätze der Alpen entwickelt hat. Der Ort war 1992 Austragungsort der alpinen Wettbewerbe der

Frankreich/Savoyen

Olympischen Winterspiele von Albertville und kann Skipisten aufweisen, die bis in eine Höhe von 3770 m führen.

So hoch wollen wir nicht mehr hinauf, aber wenn wir den Ort über die kleine Brücke St-Charles (km 33,5) verlassen, liegen auch noch 11,5 km und 880 Höhenmeter vor uns. Mit dem Maße, wie der Straßenzustand der auf 10 % ansteigenden Straße schlechter wird, wird die Landschaft um uns herum schöner. Im Westen sind es die von Gletschern und Firnfeldern durchsetzten Dreitausender des Vanoise-Nationalparks, während sich im Osten die Ausläufer des Gran-Paradiso-Nationalparks mit grauen, schroffen Felsgestalten erheben. Unzählige Gipfel und Spitzen sind es und je höher wir auf der kurven- und kehrenreich ansteigenden Straße kommen, desto mehr werden es.

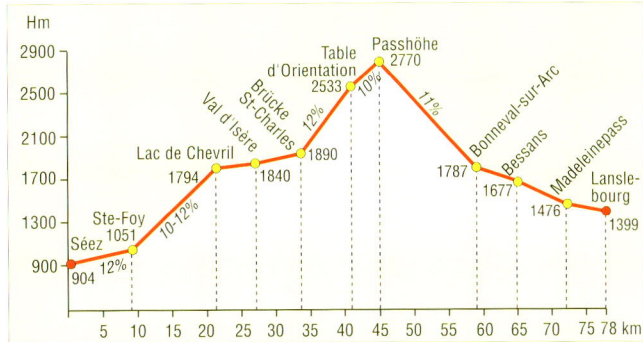

Die schönste Aussicht hat man an einem Parkplatz, »Belvédère de la Tarentaise« genannt, mit einer Orientierungstafel, deren 360-Grad-Panorama über jede einzelne Erhebung informiert. Kurz danach geht die Steigung zurück, die Passhöhe wird sichtbar und über zwei Kehren mit einer Steigung bis 10 % erreicht (km 45,0).

Viel findet man nicht hier oben, aber ein Erinnerungsfoto von der steinernen Passtafel, auf der auch die erreichte Höhe von 2770 m dokumentiert ist, darf nicht fehlen. Vielleicht noch ein Besuch der kleinen Kapelle, die hier Wind und Wetter trotzt, dann wird man sich mit einem letzten Blick auf die Dreitausender der Umgebung an die Abfahrt machen. Landschaftlich gesehen ist diese fast noch schöner als die Auffahrt, wie die formschöne Eispyramide des Dôme du Grand Fond und die Gletscherfelder des Albaron verdeutlichen.

Über 13 kurvenreiche Kilometer erreichen wir mit Bonneval-sur-Arc wieder eine bewohnte Siedlung, dann trennen uns noch 20 km Abfahrt, unterbrochen von einem etwa 1,5 km langen Gegenanstieg mit 6 % Steigung zum Col de la Madeleine, der aber nicht mit dem benachbarten und weit bekannteren Namensvetter am westlichen Rand des Vanoisemassivs verwechselt werden darf, vom Endpunkt der Passstraße in Lanslebourg. ■

	Nordseite	Südseite
Ausgangspunkt	Séez, 904 m	Lanslebourg-Mont-Cenis, 1399 m
Anfahrt zum Ausgangspunkt	Autobahn Mailand – Novara – Courmayeur, Ausfahrt Morgex – Richtung T1/Mont Blanc/Morgex – Morgex – Kleiner-Sankt-Bernhard-Pass – La Rosière – Séez	Autobahn Turin – Susa – Modane, Ausfahrt Susa/SS25/Moncesino – bei Susa – Mont-Cenis-Pass – bei Lanslevillard – Lanslebourg-Mont-Cenis
Schwierigkeitsbewertung/Höchststeigung	Schwere Radtour mit 12 % Höchststeigung auf einigen kürzeren Abschnitten im unteren Teil der Auffahrt	Mittelschwere bis schwere Radtour mit 11 % Höchststeigung
Streckenlänge	45,0 km	33,0 km
Höhendifferenz	1870 m	1375 m
Durchschnittl. Steigung	6,74 %	4,17 %
Zeit	3 1/2 – 5 Stunden	2 1/2 – 3 1/2 Stunden
Übersetzungsvorschlag	39/26	39/26
Streckenverlauf	Séez – Ste-Foy – Lac de Chevril – Val d'Isère – Brücke St-Charles – Table d'Orientation – Passhöhe	Lanslebourg-Mont-Cenis – Lanslevillard – Madeleinepass – Bessans – Bonneval-sur-Arc – Passhöhe
Straßenverhältnisse	Kurvenreiche Straße mit vielen engen, bei der Abfahrt schwierig zu befahrenden Haarnadelkehren mit teilweise erheblichen Belagschäden.	Im unteren Teil der Nordseite gut ausgebaute Straße; vor Val d'Isère unbeleuchtete Tunnels mit teilweise erheblichen Schlaglöchern; dann schmäler werdende, kurvenreiche Straße mit Belagschäden.
Passöffnungszeiten	01. Juli bis 30. September	01. Juli bis 30. September
Karte	Euro Cart Regionalkarte 1:300.000, RV-Verlag Blatt 8 Provence/Rhône-Alpes/Côte d'Azur	Euro Cart Regionalkarte 1:300.000, RV-Verlag Blatt 8 Provence/Rhône-Alpes/Côte d'Azur
Besondere Hinweise	Wegen der bis zu 300 m langen, teilweise unbeleuchteten Tunnels und Galerien bei der Auffahrt über die Nordseite bis Val d'Isère ist Beleuchtung unbedingt notwendig	

4 TOUR Stilfser-Joch-Straße 2757 m

Eine der zahllosen Kehren.

Geografisch gesehen ist die vierthöchste Alpenstraße, das 2757 m hohe Stilfser Joch, eine hochalpine Verbindungsstrecke zwischen dem Vinschgau und dem Veltlin oder, etwas großräumiger ausgedrückt, zwischen Südtirol und der Lombardei. Aus touristischer und landschaftlicher Sicht gesehen ist sie jedoch weit mehr, nämlich eine straßenbautechnische Meisterleistung, die in ihrer Form und Anlage wohl einmalig im gesamten Alpenraum ist und die zudem durch einen der landschaftlich schönsten Gebirgsräume der Alpen führt, die Ortler- und Cevedalegruppe.

Die Entstehungsgeschichte der Straße geht auf das Jahr 1826 zurück, als das österreichische Kaiserreich zu den damals noch der Habsburger Herrschaft unterstellten Landesteilen der Lombardei eine Verbindungsstrecke suchte und Straßenbauingenieure eine Trasse durch alpinstes, teilweise schwierigstes Gelände legten, die jedem Besucher heute nur Bewunderung abverlangen kann. Die Trassenführung mit den Haarnadelkehren, mit denen die knapp 1900 Höhenmeter von Spondinig im Vinschgau bis zur Passhöhe in 2757 m Höhe zu Füßen der Dreisprachenspitze überwunden werden, haben dieser Strecke dann auch nicht ganz zu Unrecht den Beinamen »Königin der Alpenstraßen« eingebracht.

Wenn wir uns nun aufmachen, die »Königin der Alpenstraßen« mit dem Fahrrad zu bezwingen, bleibt auf den ersten beiden flachen Kilometern von Spondinig (km 0,0) bis Prad (km 2,0), im breiten Talboden des Vinschgaus, noch etwas Zeit, uns einzurollen. Wer noch etwas Muße will, kann die versteckt am Dorfrand gelegene kleine romanische Kirche mit Rundapsis aufsuchen, in deren Innerem sich Reste romanischer Freskenmalerei sowie gotischer Malereien aus dem Jahre 1400 befinden. Der Schlüssel zur Kirche ist im Haus an der St. Johann Gasse 21, das an seinem Fresko an der Hauswand gut zu erkennen ist, erhältlich.

Am Ortsende nimmt die Steigung auf 10 % zu und behält diese durch einen schluchtartigen Talabschnitt entlang des Suldenbaches bis zur kleinen Ortschaft Stilfser Brücke (km 7,0) bei. Wer bei Überquerung des Suldenbachs talauswärts blickt, erkennt weit im Nordosten, recht klein und unscheinbar, über vorgelagerten Bergrücken, die schneebedeckte Spitze der Weißkugel, mit 3730 m Höhe immerhin zweithöchster Berg der Ötztaler Alpen nach der 3768 m hohen Ötztaler Wildspitze. Ansonsten bietet sich wenig Aussicht, wenn wir über die Hänge der rechten Talseite mit Steigungen zwischen 8 und 10 % nach Gomagoi (km 8,5) gelangen.

Es ist die größte Ortschaft des Tales, deren alte Häuser die Italiener im Ersten Weltkrieg sprengen ließen, um freies Schussfeld für ihre Kanonen zu haben. Die Österreicher besetzten das Gelände aber wieder und angeblich soll hier im gesamten Kriegsverlauf kein einziger Schuss abgegeben worden sein. In Gomagoi zweigt auch die Straße ins Suldental ab, das uns nach 12 km in die 700 m höher gelegene Ortschaft Sulden und damit an den Fuß der Nordwand des Ortlers bringen würde.

Wir wollen höher hinaus, radeln weiter aufwärts und treffen unvermittelt auf die erste Kehre, die mit einem Kilometerstein mit der Angabe »48« gekennzeichnet ist, was bedeutet, dass exakt so viele bis zur Passhöhe zu bewältigen sind. Die bewaldeten Bergflanken treten langsam zurück, geben Einblick in das Hochgebirge, das nunmehr vor uns liegt, und mit Trafoi (km 12,0) durchfahren wir die letzte Ortschaft vor der Passhöhe.

Über Kehren mit 12 % Steigung geht es aufwärts, majestätisch zeigt der 3905 m hohe Ortler uns seine gletscherbedeckte Krone und bleibt ab dem Gasthof Weißer Knott (km 17,5) ständig in unserem Blickfeld. Auch

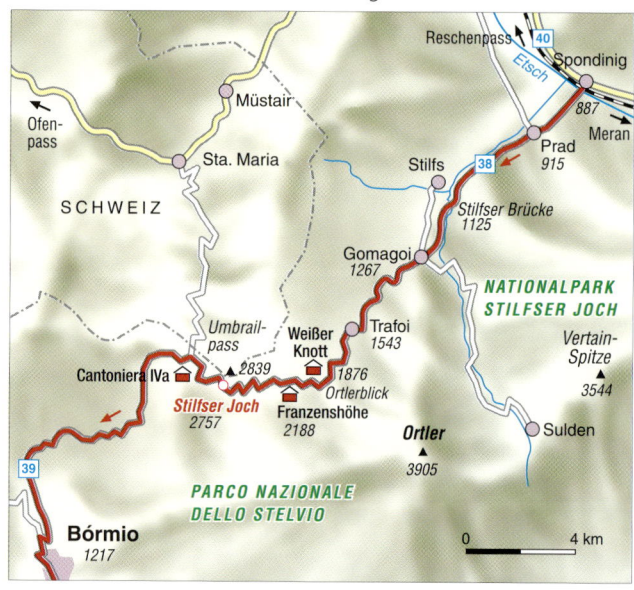

Italien/Südtirol – Lombardei

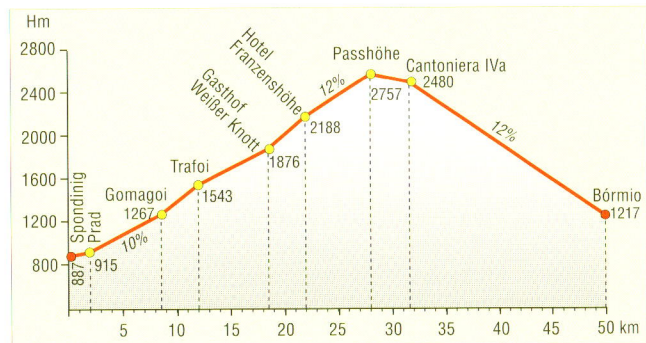

die Steigung ändert sich nicht, liegt weiterhin bei 12 % und lässt allenfalls in den Radien der Kehren, wo man sogar einige Meter leicht abfahren und so etwas Schwung für das folgende Steigungsstück sammeln kann, nach. Bei der Franzenshöhe (km 22,0), einer zur Hotelanlage ausgebauten ehemaligen Nachschubstation für die Ortlerfront, die nach Kaiser Franz I. von Österreich benannt wurde, sind die letzten 21 Kehren hinauf bis zur Passhöhe deutlich zu verfolgen. Diese rückt aber nur langsam näher, denn die Steigung lässt nicht nach und der ein oder andere wird die kleinen Parkplätze neben der Straße gerne als Grund für einen kurzen Halt nutzen. Irgendwann ist man dann aber am Scheitelpunkt (km 28,0), der sich uns in dieser eher abgeschiedenen Gegend als laut und verbaut präsentiert. Es herrscht eigentlich immer einiger Trubel um die Andenkenläden und Imbissstände dort oben, der durch das Sommerskigebiet noch verstärkt wird.

Einsamer wird es, wenn wir als Weiterfahrt die Abfahrt über die Südseite nach Bórmio wählen. Das Brauliotal, durch das die Strecke führt, kann getrost als ursprünglich und wildromantisch bezeichnet werden, verlangt, zweier Tunnels, 50 und 150 m lang, fünf Tunnelgalerien, die längste 200 m, 31 Kehren und ungezählter Schlaglöchern wegen, auf den 22 Abfahrtskilometern über 1500 Höhenmeter aber einige Aufmerksamkeit.

Wer es nicht ganz so extrem mag, könnte auch 3,5 km bis zur Cantoniera IVa und dort über den Umbrailpass ins schweizerische Münstertal abfahren, um von dort wieder zum Ausgangspunkt zurückzugelangen. Allerdings sei darauf hingewiesen, dass der Umbrailpass teilweise noch Naturstraße aufweist, die jedoch auch mit Rennradreifen, vorsichtige Fahrweise vorausgesetzt, gut zu befahren ist. ■

	Nordseite	Südseite
Ausgangspunkt	Spondinig, 887 m	Bórmio, 1217 m
Anfahrt zum Ausgangspunkt	Autobahn Innsbruck – Bludenz (Inntalautobahn), Ausfahrt 144 Reschenpass/Meran/Sankt Moritz – Schwaighof – Pfunds – Nauders – Reschen/Resia – Mals – Spondinig/Spondigna	Am günstigsten über die Nordauffahrt des Stilfser Jochs, siehe Anfahrt oben, zu erreichen. Vom Oberengadin über Pontresina – Berninapass – Livignopass – Eirapass – Foscagnopass nach Bórmio oder Zernez – Richtung Ofenpass – Abzweigung Munt-la-Schera-Tunnel – Livigno – Eirapass – Foscagnopass – Bórmio. Aus dem Etschtal Autobahnausfahrt San Michele all'Adige/Mezzocorona – San Michele all'Adige – Tonalepass – bei Ponte di Legno – Bórmio
Schwierigkeitsbewertung/Höchststeigung	Schwere Radtour mit 12 % Höchststeigung auf langen Abschnitten	Schwere Radtour mit 12 % Höchststeigung auf längeren Abschnitten
Streckenlänge	28,0 km	22,0 km
Höhendifferenz	1870 m	1540 m
Durchschnittl. Steigung	6,68 %	7,00 %
Zeit	3 – 4 Stunden	2 3/4 – 4 Stunden
Übersetzungsvorschlag	39/28	39/26
Streckenverlauf	Spondinig – Prad – Gomagoi – Trafoi – Gasthof Weißer Knott – Hotel Franzenshöhe – Passhöhe	Bórmio – Cantoniera IVa – Passhöhe
Straßenverhältnisse	Kurvenreiche Straße mit vielen engen, bei der Abfahrt schwierig zu befahrenden Haarnadelkehren mit teilweise erheblichen Belagschäden	Auf der Südseite zwei unbeleuchtete Tunnels, 50 und 150 m lang, sowie fünf unbeleuchtete Tunnelgalerien, 100 bis 200 m lang, in den Tunnels Belagschäden
Passöffnungszeiten	01. Juni bis 31. Oktober	01. Juni bis 31. Oktober
Karte	Euro Cart Regionalkarte 1:300.000, RV-Verlag Blatt Südtirol/Venetien	Euro Cart Regionalkarte 1:300.000, RV-Verlag Blatt Südtirol/Venetien
Besondere Hinweise		Wegen der Tunnels und Tunnelgalerien ist auf der Südseite Beleuchtung notwendig

TOUR 5: Kaunertaler Gletscherstraße

Kehre an der Kaunertaler Gletscherstraße.

Etwas südlich von Landeck in Tirol zieht das Kaunertal mitten hinein in die Ötztaler Alpen, die als größtes vergletschertes Areal der Ostalpen gelten und mit der 3768 m hohen Ötztaler Wildspitze ihre höchste Erhebung finden. Ganz so hoch gelangen wir mit dem Rad nicht hinauf, aber die Gletscherstraße zum Skigebiet um den Weißseeferner, das 1980 in Betrieb genommen wurde, führt uns immerhin bis auf eine Höhe von 2750 m und stellt somit den fünfthöchsten für uns anfahrbaren Punkt in den Alpen dar. Es ist kein Passübergang, sondern eine Bergstraße, was bedeutet, dass wir auf derselben Strecke wieder abfahren müssen. Dies tut der Schönheit dieser Tour allerdings keinen Abbruch, wird die Kaunertaler Gletscherstraße, wie sie im allgemeinen Sprachgebrauch auch bezeichnet wird, doch nicht nur zu den höchsten, sondern auch zu den schönsten Hochgebirgsstraßen der Alpen gezählt.

Ganz einfach zu bezwingen ist sie allerdings nicht, denn 40,5 Streckenkilometer und 1884 Höhenmeter sind schon Ausmaße, wie wir sie in etwa bei der dritthöchsten Alpenstraße, dem Iseranpass, vorgefunden haben, und in den Steigungsverhältnissen, die bis 14 % erreichen, kann die Kaunertaler Gletscherstraße diesen sogar noch übertreffen.

Kondition und ein hierzu im Verhältnis stehendes mehr oder weniger großes Ritzel sind also vonnöten, wenn wir uns von Prutz (km 0,0) im Oberinntal aus auf den langen Weg machen.

Die beliebte Sommerfrische mit ihrer alten Pfarrkirche, die mehrfach umgebaut wurde, zuletzt im 15. und 17. Jahrhundert, und der ebenfalls aus dieser Zeit stammenden Antoniuskapelle ist überschaubar und so sind die Hinweisschilder zur »Kaunertaler Gletscherstraße« auch nicht zu verfehlen.

Anfangs radelt man noch eben am Faggenbach entlang, bis man diesen (km 3,0) unterhalb der auf einem bewaldeten Hügelrücken thronenden Burg Bernegg über-

28

2750 m Österreich/Nordtirol

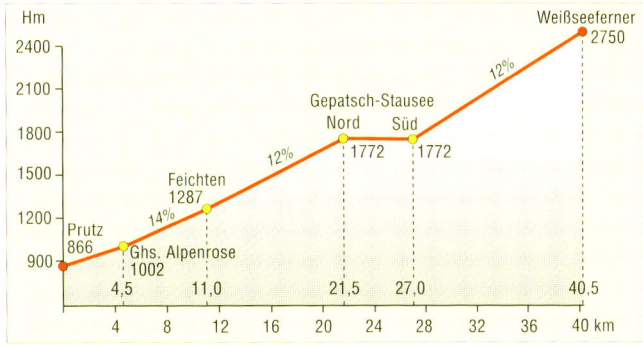

quert. Die 1225 erstmals urkundlich erwähnte Anlage war lange Zeit Sitz des Ministerialengeschlechts Berneck, verfiel aber seit etwa 1930 zur Ruine, obwohl sie von unten gesehen einen durchaus stattlichen Eindruck macht. Viele Sagen ranken sich um diese Anlage, darunter von einem feurigen Hund, der in den Kellern des Gewölbes haust und eine Schüssel im Maul trägt. Wer dem Hund diese Schüssel aus dem Maul schlägt, soll einen Kessel voller Gold erhalten. Wer nun neugierig geworden ist und, da an Sagen, im Gegensatz zu Märchen, immer ein bestimmter Teil an Wahrheit enthalten sein soll, sich näher mit dieser Geschichte befassen will, kann sie den »Sagen aus Tirol«, gesammelt und herausgegeben von Ignaz von Zingerle im Jahre 1891, entnehmen. Wer auf dem Boden der Tatsachen bleiben will, radelt zum Gasthof Alpenrose (km 4,5), an dem die Straße ansteigt, bewältigt zwischen km 6,0 und 7,5 ein bis auf 14% ansteigendes Steilstück und erreicht Feichten (km 11,0). An den Hängen des Kaunergrates entlang radeln wir nun bei nachlassender Steigung mit Blick auf die 3526 m hohe Weißseespitze weit vorne, zur Mautstelle (km 14,5), dem Beginn der eigentlichen Panoramastrecke. Die Steigung nimmt zu und über 10 Kehren, von insgesamt 29, mit 12% Steigung, erreichen wir den Beginn des Gepatschstausees (km 21,5). Dessen 630 m lange und 130 m hohe Staumauer gilt als höchster geschütteter Damm Österreichs und das Kaunertalkraftwerk liefert eine Jahresstrommenge von 600 Gigawattstunden, was etwa dem jährlichen Verbrauch einer Stadt wie Innsbruck entspricht. Unser Weiterweg verläuft am linken, dem östlichen Ufer entlang, aber auch am westlichen Ufer verläuft eine Straße, die im Regelfall zwar für den öffentlichen Verkehr durch eine Schranke gesperrt ist, manchmal allerdings auch befahren werden kann.

Erst am südlichen Ende des Sees steigt die Trasse über Kehren mit 12% Steigung durch urigen Zirbenwald wieder an und gestattet wechselseitig schöne Blicke zurück auf den See oder die Weißseespitze in Fahrtrichtung.

Eine kurze Abfahrt lässt uns etwas verschnaufen, bevor es über Kehren mit 12% wieder anstrengend wird. Wer will, kann am 2000 m hoch gelegenen Gepatschhaus verschnaufen, einer Gastwirtschaft, deren dunkle wettergerbte Holzverkleidung noch aus einer Zeit stammt, als weder Stausee noch Gletscherskigebiet existierte. Vor allem der vorzügliche Kaiserschmarrn ist weit über die Grenzen des Kaunertales hinaus bekannt.

Über weitere Kehren gelangt man bei nicht nachlassender Steigung zum Weißsee und kann mit Blick auf den 10 km langen Gepatschferner im Osten, nach der Pasterze am Großglockner immerhin zweitgrößter Gletscher Österreichs, nochmals rasten, bevor man die letzten fünf Kehren in Angriff nimmt. Das Gletscherrestaurant Kaunertal (km 40,5), direkt am Fuße des Weißseeferners, zeigt sich uns allerdings erst nach der letzten Kehre.

Noch ein Hinweis zur Abfahrt: Vor allem im Bereich um den Gepatschstausee gilt des frei laufenden Weideviehs wegen, wie hier Kühe auf der Fahrbahn bezeichnet werden, besondere Vorsicht. ■

Ausgangspunkt	Prutz, 866 m, 13 km südlich von Landeck, das Inntal einwärts Richtung Nauders an der B 315
Anfahrt zum Ausgangspunkt	Autobahn Innsbruck – Bludenz (Inntalautobahn), Autobahnausfahrt 144 Reschenpass/Meran/Sankt Moritz- Schwaighof – Prutz
Schwierigkeitsbewertung/Höchststeigung	Schwere Radtour mit 14% Höchststeigung auf ca. 1,5 km
Streckenlänge	40,5 km
Höhendifferenz	1885 m
Durchschnittl. Steigung	4,65 %
Zeit	3 1/2 – 4 1/2 Stunden
Übersetzungsvorschlag	39/28
Streckenverlauf	Prutz – Bernegg – Feichten – Gletscherrestaurant Kaunertal
Straßenverhältnisse	Gut ausgebaute Straßen; der Tunnel am Ende der Strecke ist allerdings schmal, mit Fahrbahnunebenheiten und teilweise mit Geröll und Schmelzwasser bedeckt
Passöffnungszeiten	15. Mai bis 15. Oktober
Karte	Euro Cart Regionalkarte 1:300.000, RV-Verlag Blatt Österreich

6 TOUR Agnel-Passstraße 2746 m

Auf der italienischen Seite des Colle dell'Agnello.

Der Agnelpass ist mit seiner Höhe von 2746 m die vierthöchste Passstraße der Alpen und steht in der Liste der höchsten Pass- und Bergstraßen insgesamt an sechster Stelle. Seine italienische Bezeichnung lautet Colle dell'Agnelo, die französische Col Agnel, womit schon ausgedrückt ist, dass es sich um einen Grenzpass zwischen Italien und Frankreich handelt. Wenn die deutsche Übersetzung für Agnello auch Lamm bedeutet, so heißt dies keineswegs, dass daraus Rückschlüsse auf den Schwierigkeitsgrad des Passes zu schließen sind, denn lammfromm gibt er sich mit Steigungen bis 14 % auf der italienischen Seite nicht und auch auf der insgesamt gesehen leichteren französischen Seite sind Steigungen bis 11 % zu bewältigen. Auch in Bezug auf die Landschaft täuscht die italienische Namensgebung, denn man radelt hier in hochalpiner, abgelegener Umgebung von eher rauer Schönheit. Wer die Probe aufs Exempel machen möchte und dabei die landschaftlich interessantere und streckenmäßig schwierigere italienische Auffahrtsseite wählt, muss in die italienische Region Piemont, übersetzt »am Fuße der Berge«, reisen.

Zum Auffinden des Ausgangspunktes Sampéire ist die Provinzhauptstadt Cúneo ein guter Anhaltspunkt. Von dort fährt man auf der Staatsstraße 589 nach Norden Richtung Saluzzo, um nach etwa 23 km bei Costigliole Saluzzo Richtung Westen und französischer Grenze in das Tal der Varáita abzubiegen, bis man nach weiteren 26 km dann das Rad vom Dachständer holen kann.

Wer die Strecke von Cúneo aus mit dem Rad bewältigen möchte, sollte das äußerst starke Verkehrsaufkommen um Cúneo und auf der Staatsstraße in seine Überlegungen mit einbeziehen und die Fahrt besser erst in Costigliole Saluzzo beginnen, wo auf wesentlich angenehmerer Strecke noch etwa 600 Höhenmeter bis zum Ausgangspunkt zu bewältigen sind.

Sampéire (km 0,0), eine Hotelansiedlung mit Restaurants und Einkaufsmöglichkeiten, verlassen wir auf fast eben verlaufender Straße, auf der man sich anfangs Richtung Casteldelfino gemächlich einrollen kann. Etwa 6 km kommt man so im Talboden gut voran, bis sich die Passstrecke besinnt, die Steigung auf 8 % zunimmt und über mehrere Kehren die Ortschaft Casteldelfino (km 10,0) erreicht wird.

Anfangs noch gemächlich ansteigend, nimmt die Steigung nach etwa 2 km über zwei Kehren auf 600 m Länge wieder auf 9 % zu, steigt auf 200 m Länge bis auf 11 % an, um sich nach weiteren 2 km wieder zu-

30

Italien/Piemont – Frankreich/Dauphiné

rückzulegen und Castello (km 16,5) auf nur leicht ansteigender Trasse erreicht wird. Vor uns liegt der Lago di Castello, ein Stausee zu Füßen des 2731 m hohen dicht bewaldeten Monte Pietra Lunga, an dessen nördlichem Ufer wir nun ohne wesentlichen Höhenunterschied zum Hotelort Maddalena (km 18,5) radeln. Kurz nimmt die Steigung auf 10 % zu, legt sich dann aber bis Chianale (km 22,0) wieder auf angenehmere 4 % zurück. Diese Steigung wird noch etwa 1 km aus dem Ort heraus, vorbei an der aufgelassenen italienischen Zollstation, beibehalten, bevor die Trasse über Kehren bis auf 12 %, dann auf 300 m Länge sogar bis auf 14 % ansteigt. Richtig ausruhen kann man sich nun nicht mehr, denn bis knapp unter die Passhöhe (km 32,0) hält sich die Steigung, von einem etwa 300 m langen Flachstück abgesehen, über mehrere Kehrengruppen fast ständig zwischen 10 und 12 %. Hilfreich sind da die in unregelmäßigen Abschnitten aufgestellten Hinweisschilder, die über verbleibende Wegstrecke, die erreichte Höhe sowie die Strecke zum nächsten Hinweisschild mit Durchschnittssteigung informieren. Die knapp 940 Höhenmeter zwischen Chianale und der Passhöhe hat ein Bruno L. übrigens in 36 Min. 15 Sek. zurückgelegt, was einer Durchschnittsgeschwindigkeit von 15,64 km/h entspricht. Örtliche Radsportvereine haben hier nämlich eine permanente Zeitfahrstrecke eingerichtet und Interessierte können am Servizio »Agnello Cronotest Point« im Albergo Taverna del Sole eine Magnetkarte erwerben, mittels welcher über die Start- und Zielkästchen die benötigte Zeit ermittelt wird. Veröffentlicht wird diese dann im Internet unter www.rampignado.com und zum Trost sei gesagt, dass die meisten hier über eine Stunde unterwegs waren. Auf der 21 km langen Abfahrt mit Gefälle bis 11 % über die französische Seite sollte man keinesfalls versuchen, einen Geschwindigkeitsrekord aufzustellen, um wohlbehalten im 1370 Höhenmeter tiefer gelegenen Örtchen Ville-Vieille anzulangen. Wer hier in diesem doch etwas abgelegenen Teil der der französischen Alpen nicht so recht weiß, was er anfangen soll, bietet sich folgende Möglichkeit: Das Guiltal auswärts radelnd gelangt man über Château-Queyras nach nicht ganz 5 km unschwierig zur Abzweigung der Südseite des Izoardpasses, der als klassischer Alpenpass unter Tour 20 beschrieben wird. ■

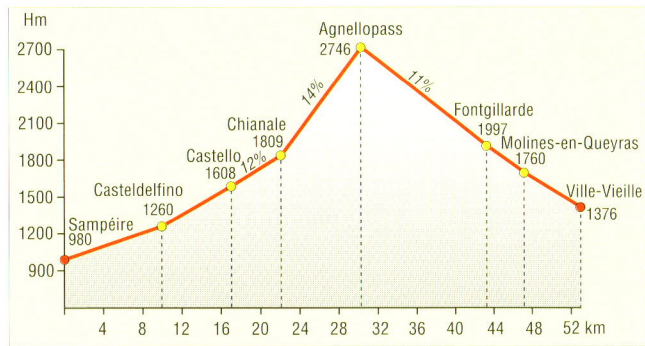

	Ostseite	Westseite
Ausgangspunkt	Sampéire, 980 m	Ville-Vieille, 1376 m, im Guiltal zwischen Château-Queyras und Aiguilles gelegen
Anfahrt zum Ausgangspunkt	Autobahn Mailand – Alessandria – Turin, Ausfahrt Asti Est – Asti – Richtung Torino/Canale/Cuneo – Roreto – Saluzzo – bei Verzuolo – Sampéire	Autobahn Turin – Susa – Modane, Ausfahrt Oulx Est – Richtung Francia/Monginevro – Montgenèvrepass – Briançon – Izoardpass – Ville-Vieille
Schwierigkeitsbewertung/Höchststeigung	Schwere Radtour mit 14 % Höchststeigung auf 300 m Länge sowie längeren Abschnitten bis 12 % Steigung hinter Chianale	Mittelschwere Radtour mit 11 % Höchststeigung
Streckenlänge	32,0 km	21,0 km
Höhendifferenz	1770 m	1370 m
Durchschnittl. Steigung	5,53 %	6,52 %
Zeit	2 1/2 – 3 1/2 Stunden	1 1/2 – 2 1/2 Stunden
Übersetzungsvorschlag	39/26 – 28	39/26
Streckenverlauf	Sampéire – Casteldelfino – Castello – Chianale – Passhöhe	Ville-Vieille – Molines-en-Queyras – Fontgillarde – Passhöhe
Straßenverhältnisse	Kurvenreiche Straße mit vielen engen, bei der Abfahrt schwierig zu befahrenden Haarnadelkehren mit teilweise erheblichen Belagschäden	Vor allem im Scheitelbereich teilweise erhebliche Belagschäden
Passöffnungszeiten	15. Juli bis 30. September	15. Juli bis 30. September
Karte	Euro Cart Regionalkarte 1:300.000, RV-Verlag Italien Blatt Piemont/Aostatal	Euro Cart Regionalkarte 1:300.000, RV-Verlag Italien Blatt Piemont/Aostatal

7 TOUR Galibier-Passstraße 2646 m

Auf der Galibier-Passstraße.

Als »Dach der Tour« wird in Radsportkreisen jeweils der höchste angefahrene Punkt einer Rundfahrt bezeichnet. Bei der Tour de France wurde diese Bezeichnung sozusagen fest dem Galibierpass verliehen, obwohl es in Frankreich höhere Pässe gibt, über die während der Tour de France auch gefahren wird. Keiner dieser hohen Pässe wurde aber seit Bestehen der Tour im Jahre 1903 so oft gefahren wie der Galibier, der 1911 erstmals ins Programm aufgenommen wurde und seitdem bis ins Jahr 2005 53-mal überquert wurde. Die Auszeichnung gebührt dem Galibier also zu Recht, wenn er mit seiner Höhe von 2646 m unter den französischen Alpenpässen auch nur Rang vier hinter dem Restefond-/Bonettepass (Tour 2), dem Iseran (Tour 3) und dem Agnelpass (Tour 6), dem Grenzpass zu Italien, einnimmt und auf den gesamten Alpenraum gesehen unter den Pass- und Bergstraßen insgesamt an siebter und unter den Pässen an fünfter Stelle rangiert.

Während der Tour wird der Galibier meist im Rahmen der so genannten Königsetappe, also der längsten und schwersten Etappe durch die Alpen, befahren, die oft mit dem Schlussanstieg ins nahe gelegene, in Radsportkreisen schon fast legendäre Bergdörfchen Alpe d'Huez (Tour 19) endet. Dabei müssen, wenn die Strecke über den Galibier führt, zwei andere Pässe ebenfalls bewältigt werden, es geht gar nicht anders, denn auf seiner Nordseite ist dem Galibierpass der Télégraphepass

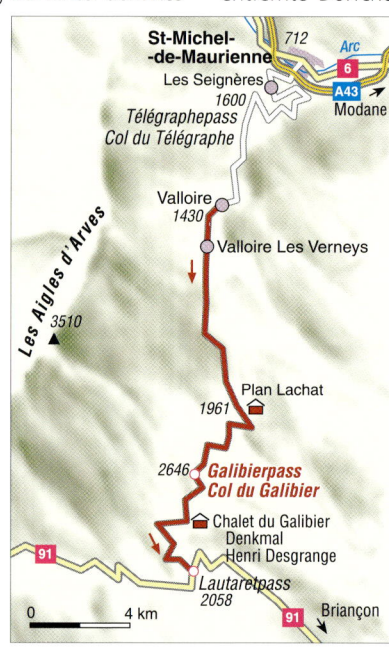

vorgelagert, während die Südseite des Galibier direkt auf der Scheitelhöhe des Lautaretpasses endet bzw. beginnt. Diese beiden Pässe müssen somit zwingend, je nach Fahrtrichtung in der Auf- oder Abfahrt, befahren werden, da man ansonsten gar nicht an den jeweiligen Beginn der Ausgangspunkte zum Galibier gelangt.

Wenn wir also die nördliche und damit längere und schwierigere Auffahrtsseite wählen, wäre dies eigentlich der Fremdenverkehrsort Valloire, schon in 1430 m Höhe, hoch über dem Arctal gelegen. Um dorthin zu gelangen, müssen wir allerdings im kleinen Industriestädtchen St-Michel-de-Maurienne (km 0,0) im Arctal der Beschilderung zum Galibierpass folgen. Über die Rue de Télégraphe verlassen wir den Ort durch eine enge Eisenbahnbrücke, überqueren auf einer ebenfalls nicht sehr breiten Holzbrücke die Arc und sind wenig später in St-Martin-d'Arc. Breit und gut ausgebaut windet sich die Straße nun über Les Seignères (km 2,5) nach oben und nach exakt 14 Kehren mit einer gleichmäßig zwischen 8 und 10 % liegenden Steigung erreicht man unvermittelt eine kleine Waldlichtung in 1600 m Höhe, auf der ein Schild die Passhöhe des Col du Télégraphe (km 12,5) anzeigt. Es folgt eine fast 5 km lange Abfahrt, deren Gefälle meist zum Mittreten auffordert, die 170 Höhenmeter tiefer in Valloire (km 17,5) endet. Hier beginnt nun der eigentliche Anstieg zum Galibierpass, und dies gleich einmal mit einer 12 %igen Rampe, die diese Steigung bis ins 2 km entfernte Dörfchen Les Verneys (km 19,5) durchhält. Im Talboden der Valloirette rollt es nun leichter, zwei Kehren (km 22,5) mit 8 % Steigung sind schnell überwunden und auch bis zum Restaurant Plan Lachat (km 27,5) erwarten uns keine größeren Schwierigkeiten.

Kurz danach überqueren wir die Valloirette und mit dem Wechsel auf die Hänge des Grand Galibier wird es schweißtreibender, wofür zum einen die auf 12 % anziehende Steigung, zum anderen die Sonne, denen diese Hänge meist schutzlos ausgesetzt sind, verantwortlich sind. Bei km 30,0 geht die Steigung auf 10 % zurück und auch die Kehren werden von einem fast geradlinigen Streckenverlauf abgelöst. Über diesen nähern wir uns nun dem Gipfelbereich, den wir im Vorblick bereits gut im Blickfeld haben.

Frankreich/Savoyen

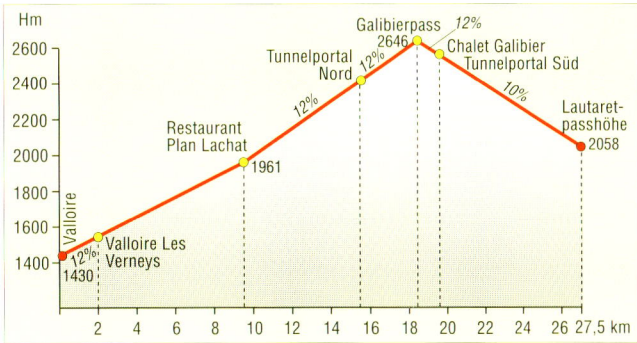

Plötzlich stehen wir vor einer Ampel, die die Einfahrt in das Nordportal des in 2556 m Höhe gelegenen Gipfeltunnels (km 34,0) regelt und wohl die höchstgelegene Ampel im Alpenraum sein dürfte. Egal was sie anzeigt, wir dürfen den Tunnel nicht befahren, denn für Wohnwagen, Fußgänger und Radfahrer ist die einspurige, unbeleuchtete etwa 370 m lange Röhre, die nach einer Generalsanierung im Jahre 2002 wieder für den öffentlichen Verkehr geöffnet wurde, gesperrt. Also gehen wir auch noch die letzten 90 Höhenmeter des Gipfelhangs über vier Kehren mit einer gleichmäßig zwischen 10 und 12 % liegenden Steigung an und werden 2 km später auf der Passhöhe (km 36,0) mit einer imponierenden Aussicht auf die Pelvouxgruppe im Süden, nach ihrem höchsten Berg, der 4102 m hohen Barre des Ecrins, auch Ecrinsgruppe oder Massif des Ecrins genannt, belohnt. Man könnte Aussicht und Höhe vom 2700 m hohen Gipfel mit der Orientierungstafel noch etwas steigern, den man allerdings nicht mit dem Rad, sondern nur zu Fuß in etwa 15 Min. für Hin- und Rückweg erreicht.

Über drei enge Kehren mit 12 % Gefälle geht es abwärts zum Restaurant am Südportal des Tunnels mit der Steinsäule, die zu Ehren des »Vaters der Tour de France« Henri Desgrange errichtet wurde, dann endet die Passstrecke 8 km weiter mit Gefälle bis 10% auf der 2508 m hohen Lautaretpasshöhe. Dessen Westseite senkt sich durch das Tal der Romanche hinunter nach Le-Bourg-d'Oisans, Ausgangspunkt der Auffahrt nach L'Alpe-d'Huez (Tour 19), während die Ostabfahrt in Briançon endet, wo mit dem Izoardpass (Tour 20) ebenfalls ein klassischer Touranstieg beginnt. ∎

	Nordseite	Südseite
Ausgangspunkt	Valloire, 1430 m	St-Etienne-de-Tinée, 1144 m
Anfahrt zum Ausgangspunkt	Autobahn Turin – Modane – Chambery, Ausfahrt Frejus – Richtung Bardonecchia/Torino – Autobahnausfahrt 29 Richtung Saint-Michel-de-Maurienne – La Colombette – Saint-Michel-de-Maurienne – Télégraphepass – Valloire.	Autobahn Turin – Susa – Modane, Ausfahrt Oulx Est – Richtung Francia/Monginevro – Montgenèvrepass – Briançon – Lautaretpasshöhe
Hinweis	Valloire, der Ausgangspunkt über die Auffahrt der Nordseite des Galibierpasses, ist nur über die Télégraphe-Passstraße zu erreichen. Ausgangspunkt ist hier Saint-Michel-de-Maurienne, 712m, im Arctal (Anfahrt siehe oben). Die Auffahrt ist als mittelschwer einzustufen. Die Streckenlänge von Saint-Michel-de-Maurienne bis Passhöhe beträgt 12,5km, die Höhendifferenz 890 m. Die Höchststeigung liegt bei 10%. Zeitaufwand 1 1/4 bis 2 Stunden. Übersetzungsvorschlag 39/26.	
Schwierigkeitsbewertung/Höchststeigung	Mittelschwere bis schwere Radtour mit 12% Höchststeigung	Leichte bis mittelschwere Radtour mit 12% Höchststeigung auf dem letzten Kilometer der Auffahrt
Streckenlänge	18,5 km	9,0 km
Höhendifferenz	1220 m	590 m
Durchschnittl. Steigung	6,59 %	6,53 %
Zeit	1 3/4 – 2 1/2 Stunden	1 1/4 – 2 Stunden
Übersetzungsvorschlag	39/26	39/26
Streckenverlauf	Valloire – Valloire Les Verneys – Restaurant Plan Lachat – Tunnelportal Nord – Passhöhe	Lautaretpasshöhe – Chalet Galibier Süd/Tunnelportal Süd – Passhöhe
Straßenverhältnisse		Vor allem im Scheitelbereich teilweise erhebliche Belagschäden
Passöffnungszeiten	15. Juni bis 15. Oktober	15. Juni bis 15. Oktober
Karte	Euro Cart Regionalkarte 1:300.000, RV-Verlag Blatt 8 Provence/Rhône-Alpes/Côte d'Azur	Euro Cart Regionalkarte 1:300.000, RV-Verlag Blatt 8 Provence/Rhône-Alpes/Côte d'Azur

Gávia-Passstraße 2621 m

TOUR 8

Mit seiner Scheitelhöhe von 2621 m Höhe nimmt der Gáviapass zwar »nur« den achten Rang in der Höhenliste der Pass- und Bergstraßen der Alpen ein, vom Erlebniswert mit seiner Streckenführung, den fahrerischen Anforderungen und den landschaftlichen Attributen ist er jedoch viel weiter vorne anzusiedeln. Die italienisch als Passo Gávia bezeichnete Strecke durchquert die Bergwelt des Stilfser Nationalparks zwischen Bórmio im Norden und Ponte di Legno im Süden, und dies auf äußerst eindrucksvolle Weise. Noch bis Ende der 1990er Jahre hätte man sogar sagen können, auf äußerst spektakuläre Art und Weise, denn da war der Gáviapass noch nicht durchgehend asphaltiert, sondern teilweise eine unbefestigte, von Schlaglöchern und Felsbrocken übersäte Schotterpiste. Auf der Südseite gab es dabei einen Abschnitt, der im ganzen Alpenraum gefürchtet war, eine kaum mehr als 3 m breite Engstelle, die sich unmittelbar an einer Felswand entlangschlängelte und auf der anderen Seite, kaum randgesichert, mehrere 100 Meter tief ins Valle delle Messi abstürzte. Diese Zeiten sind vorbei, schmal ist der Gávia zwar über weite Streckenteile immer noch, aber gänzlich asphaltiert und der gefährliche Abschnitt auf der Südseite wurde durch einen neu gebauten Tunnel völlig entschärft. Geblieben ist allerdings die einsame, fast urwüchsige Naturlandschaft, durch die er uns führt und uns den Eindruck einer verlassenen, abgelegenen Bergstrecke vermittelt, wie man sie in den Alpen ansonsten nur noch selten vorfindet.

Nicht so sehr landschaftlich, aber vom Verkehrsaufkommen, das hier deutlich geringer ist, bietet er schon einen erheblichen Kontrast zum Stilfser Joch, an das der Gávia nach Süden hin direkt anschließt, denn unser Ausgangspunkt Bórmio ist auch südlicher Endpunkt des Stilfser Jochs. Wer will, kann also beide Pässe unmittelbar hintereinander fahren, sollte dafür allerdings schon einiges in Trainingskilometern investiert haben, denn die gut 26 km lange Auffahrt überwindet nicht nur knappe 1450 Höhenmeter, sondern hat auch Steigungsspitzen bis 16 % zu bieten.

Einiges mehr, allerdings an Gefälle, hatten die Skirennläufer bei den im Jahre 2005 in Bórmio stattfindenden alpinen Skiweltmeisterschaften zu bewältigen, deren Sieger bei den Männern in den verschiedenen Disziplinen Bode Miller, Hermann Maier und Benjamin Raich hießen, bei den Frauen Janica Kostelic und Anja Pärson. In Bórmio folgen wir den braunen Hinweisschildern »Passo Gávia« ins Valfurva. Gefordert werden wir erst kurz vor Uzzá (km 2,5), wo die Steigung auf 9 % zunimmt, aber schon bei San Nicolò (km 3,0) rollt es wieder leicht abwärts und Sant' António erreichen wir auf ebener Trasse. Durch den Ort leitet uns die Straße in einen engen, schluchtartigen Talabschnitt, durch den die Steigung auf 10 % zunimmt und diese bis Santa Catarina (km 11,5) auch beibehält.

Die durch einen kurzen Tunnel aus dem Ort herausführende Straße wird schmaler und steigt auf 12 % an, wobei kurze Steigungsspitzen sogar 16 % erreichen. Etwa 1,5 km müssen wir uns so hinaufmühen, bevor sich die Straße zurücklegt und uns mit gemäßigten 9 % zum Rifugio Plaghera (km 17,5) führt. Eine Rast hier kann in keinem Fall schaden, denn es wird wieder mühsam.

Die Straße zieht, entlang der westlichen Talseite verlaufend, wieder bis auf 16 % an, wobei diese Steigungsspitzen glücklicherweise immer wieder von längeren flacheren Abschnitten unterbrochen werden. Dennoch, mit einer Strecke von 5 km zieht sich dieser Abschnitt doch beachtlich in die Länge und lässt erst 1,5 km vor dem Rifugio A. Berni (km 24,0) spürbar nach. Das Schlimmste haben wir überwunden und können so die Hochgebirgslandschaft genießen, die uns ihre Gefahren allerdings deutlich vor Augen führt. Ein Steinmonument erinnert an eine Gruppe von Alpinisoldaten, die hier mit einem Lkw verunglückten. Dies mag manchen auf den letzten, unschwierigen Kilometern zur Passhöhe (km 26,5), mit den beiden Restaurants und

Italien/Lombardei

TOUR 8

dem kleinen Lago Bianco, in dem nicht selten auch im Hochsommer noch Eisbrocken schwimmen, etwas nachdenklich stimmen. Diese Nachdenklichkeit sollte auf der folgenden 17 km langen Abfahrt mit Gefälle bis 16% ins knapp 1400 Höhenmeter tiefer gelegene Ponte di Legno dann aber Konzentration und Vorsicht weichen. Die erheblichen Geschwindigkeiten, die aufgrund des starken Gefälles erreicht werden, müssen durch Kurven und spitzwinklige Haarnadelkehren, insgesamt 15 gibt es auf dieser Seite im Gegensatz zu 10 bei der Auffahrt, immer wieder eingebremst werden. Die mit 3, höchstens 4 m Breite schmale Straße fordert ihr übriges und entgegenkommende Autos werden hier schon als Hindernis empfunden. Nicht sehr angenehm ist auch der etwa 200 m lange unbeleuchtete Tunnel im oberen Teil der Abfahrt, oftmals durch Schmelz- und Tropfwasser glitschig, der Beleuchtung dringend angeraten erscheinen lässt. Sicherer als die Alternative, der alte Streckenabschnitt entlang am Steilabbruch zum Valle delle Messi, der sich schon vom Augenschein her verbietet, ist er aber immer noch.

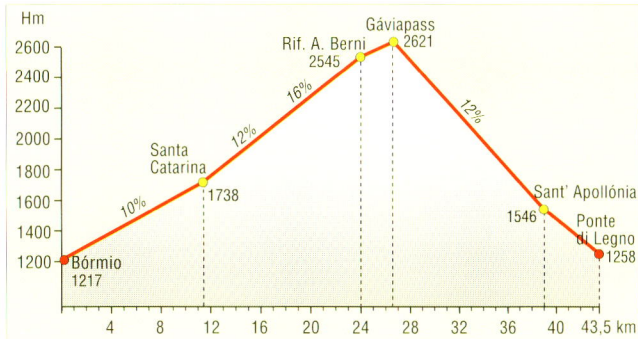

Hinweis: Die offizielle Höhe des Gáviapasses wird mit 2621 m Höhe angegeben, auch wenn an den Gebäuden auf der Passhöhe 2652 m vermerkt sein kann. ■

	Nordseite	**Südseite**
Ausgangspunkt	Bórmio, 1217 m	Ponte di Legno, 1258 m
Anfahrt zum Ausgangspunkt	Am günstigsten über die Nordauffahrt des Stilfser Jochs zu erreichen: Autobahn Innsbruck – Bludenz (Inntalautobahn), Ausfahrt 144 Reschenpass/Meran/Sankt Moritz – Schwaighof – Pfunds – Nauders – Reschen/Resia – Mals – Spondinig/Spondigna – Stilfser Joch – Bórmio. Vom Oberengadin über Pontresina – Berninapass – Livignopass – Eirapass – Foscagnopass nach Bórmio oder Zernez – Richtung Ofenpass – Abzweigung Munt-la-Schera-Tunnel – Livigno – Eirapass – Foscagnopass – Bórmio. Aus dem Etschtal Autobahnausfahrt San Michele all'Adige/Mezzocorona – San Michele all'Adige – Tonalepass – bei Ponte di Legno – Bórmio	Brennerautobahn, Ausfahrt San Michele all'Adige/Mezzocorona – San Michele all'Adige – Tonalepass – Ponte di Legno
Schwierigkeitsbewertung/Höchststeigung	Schwere Radtour mit 14% Höchststeigung auf ca. 1 km Länge von der Restefond-Passhöhe zur Bonette-Passhöhe; sonst längere Abschnitte bis 12% Steigung	Schwere Radtour mit 16% Höchststeigung auf 800 m Länge; 14% Steigung auf zwei Abschnitten über 200 m und 500 m Länge
Streckenlänge	26,5 km	17,0 km
Höhendifferenz	1435 m	1395 m
Durchschnittl. Steigung	5,42%	8,03%
Zeit	2 – 3 Stunden	2 – 3 Stunden
Übersetzungsvorschlag	39/28	39/28
Streckenverlauf	Bórmio – Uzzà – San Nicolò – Sant'António – Santa Catarina – Rifugio Plaghera – Rifugio A. Berni – Passhöhe	Ponte di Legno – Sant'Apollónia – Passhöhe
Straßenverhältnisse	Kurvenreiche Straße mit vielen engen, bei der Abfahrt schwierig zu befahrenden Haarnadelkehren mit teilweise erheblichen Belagschäden	Die Strecke ist nunmehr durchgehend asphaltiert. Die gefährliche Engstelle im oberen Bereich der Südseite wurde durch einen Tunnel völlig entschärft. Der vielen Kurven, des starken Gefälles und der teilweise schmalen Fahrbahn wegen ist bei den Abfahrten Vorsicht geboten.
Passöffnungszeiten	01. Juli bis 15. Oktober	01. Juli bis 15. Oktober
Karte	Euro Cart Regionalkarte 1:300.000, RV-Verlag Blatt Südtirol/Venetien	Euro Cart Regionalkarte 1:300.000, RV-Verlag Blatt 8 Provence/Rhône-Alpes/Côte d'Azur
Besondere Hinweise		Wegen des Tunnels im oberen Bereich ist Beleuchtung ratsam

35

9 TOUR Großglockner-Hochalpenstr. 2571

Unterwegs in hochalpiner Landschaft am Großglockner.

Es gibt drei anfahrbare Hochpunkte entlang der Großglockner Hochalpenstraße: die Edelweißspitze, das Hochtor und die Gletscherstraße zur Franz-Josephs-Höhe. Der eigentliche Passübergang am Hochtor liegt auf 2505 m, die Parkplätze auf der Franz-Josephs-Höhe auf 2369 m Höhe, aber die Edelweißspitze erreicht 2571 m Höhe und stellt somit den höchsten Punkt der Großglockner-Hochalpenstraße dar. Dabei stört es nicht, dass der Abzweiger von den Parkplätzen am Fuscher Törl hinauf zur Edelweißspitze nur eine 2,0 km lange Stichstraße ist, die wir auf gleicher Strecke wieder abfahren müssen, denn wir befassen uns ja mit dem höchsten anfahrbaren Bergstraßen allgemein und beschränken uns nicht nur auf Passübergänge. Diese Tatsache lässt die Großglockner-Hochalpenstraße einen Platz vor der Timmelsjoch-Hochalpenstraße liegen, obwohl der eigentliche Passübergang hier 4 m niedriger liegt als am 2509 m hohen Timmelsjoch.

Nun aber weg von eher trockenen, statistischen Ausführungen und hin zur Strecke, die landschaftlich und vom Abwechslungsreichtum gesehen zu den schönsten der Alpen gezählt werden kann und die Bezeichnung »Traumstraße der Ostalpen« nicht zu Unrecht erhielt.

Unsere Tour beginnt in Bruck an der Glocknerstraße (km 0,0) auf ebener Straße und auf einigen Kilometern können wir einen Radweg auf der linken Straßenseite benutzen, was kein Nachteil ist, denn wenn es an der Großglocknerstraße etwas Störendes auszusetzen gibt, dann ist es das starke Verkehrsaufkommen. Hinter Fusch (km 7,0), dem Hauptort des Tales, erkennen wir rechter Hand die kleine Embachkapelle, die Steigung nimmt nun auf 10 % zu und hält diese durch den engen

Österreich/Salzburger Land – Kärnten

Talabschnitt der Bärenschlucht bis zur Mautstelle Ferleiten (km 14,5) bei.

Vor uns eröffnet sich ein grandioses Hochgebirgspanorama, bestehend aus Almmatten, Bergwänden, Fels und Gletschern, deren markanteste Erhebung das 3564 m hohe Große Wiesbachhorn im Westen und die vergletscherte Nordwand des 3331 m hohen Fuscherkarkopfs im Vorblick sind. Nachdem wir die Schranken der Mautstelle auf einer eigens für uns Radfahrer freigehaltenen Fahrspur passiert haben, nimmt die Steigung auf 12 % zu und diese, dies kann hier gleich vorweggenommen werden, hält auf den folgenden 12,5 km hinauf zum Törlgrat mit dem Fuscher Törl (km 27,0) an.

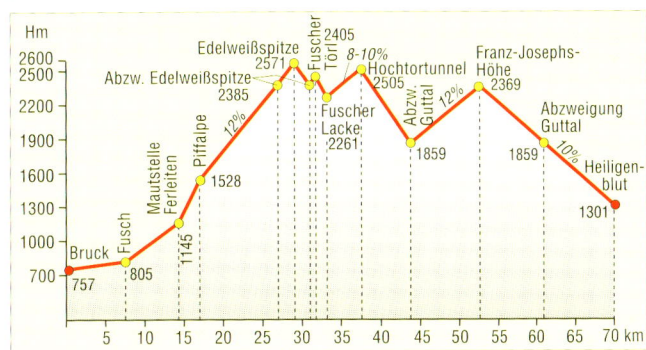

Die ersten Kehren sind in ihrem Radius noch kopfsteingepflastert, dann schlängelt sich die breit und gut ausgebaute Straße vorbei am Schleierwasserfall und der Raststätte Hochmais aufwärts und wir fahren in das Felsabbruchgebiet der »Hexenküche« ein. Bei Nieselregen und wenn der Wind hier Nebelfetzen durch die dunklen Felsbrocken entlang der Strecke jagt, ein wirklich schauerlicher Abschnitt, der seinen Namen schon erklären kann. Verstärkt wird dieser Eindruck, wenn man weiß, dass hier bei Bauarbeiten im Jahre 1977 Ketten und Halseisen von Häftlingen aus dem 17. Jahrhundert gefunden wurden, an denen gefesselt diese bedauernswerten Gestalten als Galeerensträflinge nach Venedig verbracht wurden. Der Törlgrat wird nun sichtbar, allerdings zieht sich der Weg dorthinauf über die

Heiligenblut auf der Südseite des Großglockners.

TOUR 9: Großglockner-Hochalpenstr. 2571

Kehrengruppe des Oberen Nassfeldes, der nicht nachlassenden Steigung wegen, doch noch in die Länge. Endlich sind die Parkplätze am Beginn des Törlgrates und damit auch das sehnlichst erwartete Nachlassen der Steigung erreicht. Allerdings währt diese Freude nur kurz, zumindest wenn wir unser Vorhaben, den höchsten Punkt der Gletscherstraße zu bezwingen, in die Tat umsetzen. Die hier ansetzende, knapp 2 km lange Stichstraße zur 170 m höher gelegenen Edelweißspitze weist nämlich neben sechs kopfsteingepflasterten Kehren eine fast durchgehende Steigung von 14% auf. Der Lohn für die Mühen dieser Auffahrt ist dann aber eine unvergessliche Aussicht auf mehr als 30 Dreitausender der Umgebung.

Vom Abstecher zurück sind es nur noch wenige Pedalumdrehungen zum Fuscher Törl, mit der steinernen Gedenkstätte, die zu Ehren der Männer errichtet wurde, die beim Bau der Straße in den Jahren 1930 bis 1935 verunglückten. Mehr als 3000 Arbeiter wurden hier eingesetzt, die als »Glockner-Baraber« in die Geschichte der Glocknerstraße und des alpinen Straßenbaus eingingen.

Wir können uns auf der kurzen Abfahrt hinab zur Fuscher Lacke (km 24,0) etwas erholen, bevor wir durch die unwirtliche öde Geröllregion zu Füßen des Brennkogels den Anstieg zum Scheitelpunkt in Angriff nehmen. Zwischen 8 und 10% liegt die Steigung durch diesen »Elendboden« genannten Abschnitt, in Erinnerung an eine Pilgergruppe, die sich hier im Jahre 1683 verirrte und ins Beinkar abstürzte.

Durch den 117 m langen Mittertörltunnel (km 30,5) vorbei an den verfallenen Stolleneingängen und Abraumhalden der Knappenstube, letzten Spuren des hier oben ehemals betriebenen Goldbergbaus, tauchen wir ein in

Rast am Fuscher Törl.

(Edelweißspitze); 2505 m (Hochtor) Österreich/ Salzburger Land Kärnten

TOUR 9

den 311 m langen Hochtortunnel (km 33,5), der nicht nur die Ländergrenze zwischen Salzburg und Kärnten darstellt, sondern mit 2505 m Höhe auch den Scheitelpunkt der Großglockner-Hochalpenstraße bildet.
Noch wartet die Gletscherstraße und vorbei am Wallackhaus, benannt nach dem Erbauer der Straße, dem österreichischen Diplomingenieur Franz Wallack, rollen wir 6,5 km bis zur Abzweigung Guttal (km 40,0) abwärts. Dann geht es nochmals 510 Höhenmeter auf 8,5 Streckenkilometern mit Höchststeigungen bis 12 %, meist jedoch weit darunter, über die Gletscherstraße zur 2369 m hohen Franz-Josephs-Höhe, die direkt am Fuße des Großglockners, mit dem Eisstrom der Pasterze, endet und den wohl imponierendsten Punkt an der Glocknerstraße bildet.
Zurück an der Abzweigung Guttal, sind es dann noch 8,5 km Abfahrt mit Gefälle bis 10 % zum südlichen Endpunkt der Glocknerstraße ins Kirchdorf Heiligenblut. ■

	Nordseite	Südseite
Ausgangspunkt	Bruck an der Glocknerstraße, 757 m	Heiligenblut, 1301 m
Anfahrt zum Ausgangspunkt	Autobahn Kufstein – Innsbruck, Ausfahrt 6 Kufstein-Süd/Felbertauern – Richtung Sankt Johann in Tirol/Felbertauern – bei Söll – bei Sankt Johann in Tirol – Kitzbühel – Mittersill – Zell am See – Bruck an der Glocknerstraße	Autobahn Kufstein – Innsbruck, Ausfahrt 6 Kufstein-Süd/Felbertauern – Richtung Sankt Johann in Tirol/Felbertauern – bei Söll – bei Sankt Johann in Tirol – Kitzbühel – Felbertauerntunnel – Matrei in Osttirol – Lienz – Debant – Döllach – Heiligenblut
Schwierigkeitsbewertung/Höchststeigung	Schwere Radtour mit 12 % Höchststeigung auf ca. 12,5 km Länge von der Mautstelle Ferleiten bis Fuscher Törl
Abstecher Franz-Josephs-Höhe 12 % Höchststeigung an kurzen Abschnitten	Mittelschwere Radtour mit 10 % Höchststeigung an längeren Abschnitten;
beim Abstecher zur Franz-Josephs-Höhe (siehe Hinweis Nordseite) 12 % Höchststeigung an kurzen Abschnitten
Streckenlänge	Die Streckenlänge von Bruck bis Hochtortunnel beträgt 33,5 km; durchschnittliche Steigung 5,63 %; der Abstecher vom Fuscher Törl bis Edelweißspitze 2,0 km für die Auffahrt, durchschnittliche Steigung 11,33 %; Abstecher über die Gletscherstraße von der Abzweigung Guttal bis Franz-Josephs-Höhe 8,5 km für die Auffahrt. Durchschnittliche Steigung 6,0 %	15,0 km
Höhendifferenz	Bruck bis Hochtor 1885 m;
Abstecher Fuscher Törl bis Edelweißspitze 170 m;
Abstecher Abzweigung Guttal bis Franz-Josephs-Höhe 510 m	1205 m
Durchschnittl. Steigung	5,42 %	8,03 %
Zeit	Bruck bis Hochtor 3 $^{1}/_{4}$ – 5 Stunden;
Fuscher Törl bis Edelweißspitze $^{1}/_{4}$ – $^{1}/_{2}$ Stunde;
Abzweigung Guttal bis Franz-Josephs-Höhe $^{3}/_{4}$ – 1 $^{1}/_{2}$ Stunden.	1 $^{3}/_{4}$ – 2 $^{1}/_{2}$ Stunden
Übersetzungsvorschlag	39/28	39/26
Streckenverlauf	Bruck – Fusch – Mautstelle Ferleiten – Piffalpe – Abzweigung Edelweißspitze – (Abstecher Edelweißspitze hin und zurück 4 km) – Fuscher Törl – Fuscher Lacke – Hochtortunnel – (Abfahrt bis Abzweigung Guttal 6,5 km) – (Auffahrt Abzweigung Guttal bis Franz-Josephs-Höhe 8,5 km)	Heiligenblut – Mautstelle Roßbach – Abzweigung Guttal – (Abstecher Franz-Josephs-Höhe siehe Hinweis Nordseite) – Hochtortunnel
Straßenverhältnisse	Kurvenreiche Straße mit vielen engen, bei der Abfahrt schwierig zu befahrenden Haarnadelkehren mit teilweise erheblichen Belagsschäden	Gut ausgebaute Straßen; bei der Auffahrt zur Edelweißspitze einige kopfsteingepflasterte Kehren
Passöffnungszeiten	01. Mai bis 01. November
Auffahrt Edelweißspitze und Franz-Josephs-Höhe 15. Mai bis 01. November	01. Mai bis 01. November
Karte	Euro Cart Regionalkarte 1:300.000, RV-Verlag Blatt Österreich	Euro Cart Regionalkarte 1:300.000, RV-Verlag Blatt Österreich
Besondere Hinweise	Bei der Auffahrt über die Nordseite ist wegen des 117 m langen Mittertortunnels und des 311 m langen Hochtortunnels Beleuchtung ratsam. Die Strecke ist in der Regel stark befahren. Ein früher Aufbruch ist deshalb ratsam.	

10 TOUR Timmelsjoch-Hochalpenstraße

Der Schnee hält sich bis in den Sommer.

Das Timmelsjoch, ital. Passo del Rombo, ist ein hochalpiner Übergang aus dem Tiroler Inntal nach Südtirol. Sein Scheitelpunkt, der die Grenze zwischen Österreich und Italien bildet, befindet sich in 2509 m Höhe und macht es somit zum zehnthöchsten für uns anfahrbaren Punkt in den Alpen. Von österreichischer Seite her verläuft die Strecke zuerst durch das Ötztal, das von der Abzweigung der B 171 im Inntal, beim Bahnhof Ötztal, 48 km und gut 1220 Höhenmeter in die Bergwelt zwischen den Stubaier Alpen im Osten und den Ötztaler Alpen im Westen hineinzieht. Die österreichische Seite des Timmelsjochs beginnt an einer »Timmelseck« genannten Kreuzung, kurz hinter dem Ort Untergurgl, in 1820 m Höhe, wo noch 11,5 Streckenkilometer und 823 Höhenmeter hinzukommen, da nach einer Abfahrt einige Höhenmeter zusätzlich erradelt werden müssen.
Wir aber wollen uns mit der italienischen Seite der Timmelsjoch-Hochalpenstraße befassen, die sowohl landschaftlich als auch vom Streckenverlauf gesehen zum Schönsten zu zählen ist, das der Alpenraum zu bieten hat.

Mit einer Länge von knapp 30 km, guten 1800 Höhenmetern und Steigungen bis 13%, die auch über längere Abschnitte beibehalten werden, allerdings auch zum Schwersten, zumindest aus Sicht der Radler. Dabei sei noch darauf hingewiesen, dass das Timmelsjoch auf italienischer Seite bis ins Jahr 1999 für Radfahrer gesperrt war, der teilweisen engen Straßenverhältnisse mit spitzwinkligen Kehrenverläufen, vor allem aber der teils unbeleuchteten Tunnels im oberen Bereich wegen, die die Strecke für Radler schon gefährlich machen. Seit 2000 ist die Sperrung zwar aufgehoben, die Befahrung erfolgt allerdings auf eigene Gefahr und eine funktionierende Beleuchtungsanlage muss am Rad angebracht sein.
So ausgestattet sollten wir es wagen, uns in der Marktgemeinde St. Leonhard in Passeier, ital. San Leonardo in Passiria, einzufinden, die auch Ausgangspunkt der Auffahrt zum Jaufenpass ist. In St. Leonhard finden wir auch das Geburtshaus Andreas Hofers, des berühmten Südtiroler Freiheitskämpfers, das Gasthaus Sandwirt. Er war Anführer der Tiroler Bauern, die sich gegen die französisch-bayerischen Besatzer unter der Regentschaft des Franzosenkaisers Napoleon wehrten, mit dem Ziel, das 1805 Bayern zugeschlagene Tirol wieder Österreich und dem Hause Habsburg zuzuführen. Wie bekannt, misslang der anfangs siegreiche Aufstand letztendlich und Andreas Hofer wurde von den Franzosen nach Mantua gebracht und 1810 dort durch Erschießen hingerichtet.
Das Gasthaus, zu dem nunmehr auch eine Gedenkkapelle, das Andreas-Hofer-Museum und ein Bauernmuseum gehören, befindet sich allerdings etwas außerhalb des Ortskerns, am entgegengesetzten Dorfausgang Richtung St. Martin oder Meran, während wir die Passer aufwärts, Richtung Moos radeln. Also verlassen wir den Ort (km 0,0) auf der gut ausgebauten Umgehungsstraße und schon am Ortsausgang, beim Hotel Passeierhof, nimmt die Steigung auf 10% zu. Im weiteren Verlauf wird diese immer

Österreich/Nordtirol – Italien/Südtirol

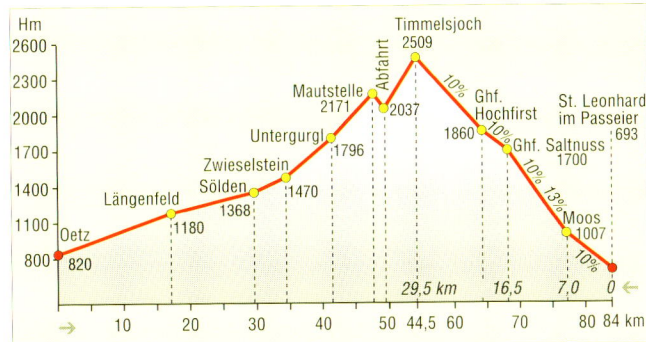

wieder von längeren flacheren Abschnitten unterbrochen, so dass wir Moos (km 7,0) relativ zügig erreichen. Nun legt die Steigung zu, gleich auf 13% und hält diese über eine Kehrengruppe auch auf den nächsten 3 km bei. Der einzige Trost ist, dass wir danach das, zumindest von den Steigungsprozenten gesehen, schwierigste Stück hinter uns haben. Leicht wird es dennoch nicht, denn zwei Drittel der Strecke und etwa 1300 Höhenmeter liegen noch vor uns.

Diese gehen wir auf 10% zurückgehender Steigung an, die sich bald noch weiter zurücklegt, überqueren den Schneebergbach und erreichen den Gasthof Saltnuss (km 16,5). Die nächste Kehrengruppe bereits im Blick können wir entweder hier, beim Gasthof Schönberg, oder beim folgenden Gasthof Hochfirst (km 20,5), der letzten Gaststätte vor der Passhöhe, rasten, zu dem sich die Straße noch in gemäßigter Steigung hinzieht.

Dann wird es wieder ernst, denn mit Beginn der Kehrengruppe (km 22,0) nimmt die Steigung auf 10% zu und behält diese nun längere Zeit bei. Über weit auseinander gezogene Kehren geht es an den kahlen, von Geröll überzogenen Hängen des Banker Jochs nach oben und unwillkürlich drängen sich vom Streckenverlauf her Vergleiche mit dem Stilfser Joch (Tour 4) auf, das diesbezüglich allerdings noch etwas spektakulärer anzusiedeln ist.

Uns genügt der Anstieg hier aber vollkommen und man wird froh sein, wenn die Kehrenstrecke bei km 27,0 endlich bewältigt ist. Angenehmer wird es aber nicht, auch wenn die Steigung nun nachlässt, denn das Kehrenende fällt mit dem Beginn der Tunnelstrecke zusammen. Beklemmend enge, teils unbeleuchtete Bauwerke bis 555 m Länge sind dies, die auf den nächsten 1,5 km unsere ständigen Begleiter sind. Man wird froh sein, diese hinter sich gebracht zu haben und den letzten Kilometer zur Passhöhe (km 29,5) wieder im Tageslicht zurücklegen zu können. ■

	Südseite	Nordseite Ötztal- und Timmelsjochstr.
Ausgangspunkt	St. Leonhard im Passeiertal, 693 m	Oetz im Ötztal, 820 m
Anfahrt zum Ausgangspunkt	Brennerautobahn, Ausfahrt Bozen/Brenner – Richtung Vipiteno/Sterzing – Jaufenpass – Sankt Leonhard im Passeier	Autobahn Innsbruck – Bludenz (Inntalautobahn), Ausfahrt 123 Haiming/Ötztal – Richtung Kühtai/Timmelsjoch – Brunau – Oetz
Schwierigkeitsbewertung/Höchststeigung	Schwere Radtour mit 13% Höchststeigung auf ca. 3 km Länge; sonst lange Steigungsabschnitte mit 10%	Schwere Radtour mit 12% Höchststeigung an zwei Abschnitten auf je 3 und 4 km Länge; sonst lange Steigungsabschnitte mit 10%
Streckenlänge	29,5 km	54,0 km
Höhendifferenz	1820 m	1815 m
Durchschnittl. Steigung	6,17%	3,36%
Zeit	3 – 4 Stunden	5 – 7 Stunden
Übersetzungsvorschlag	39/26 – 28	39/26
Streckenverlauf	St. Leonhard – Moos – Gasthof Saltnuss – Gasthof Hochfirst – Passhöhe	Oetz – Habichen – Tumpen – Au – Längenfeld – Aschbach – Sölden – Zwieselstein – Untergurgl – Kreuzung Timmelseck – Mautstelle – Passhöhe
Straßenverhältnisse	Enge Kehren, viele unbeleuchtete Tunnels und Belagschäden	Von Engstellen bei Brückenüberfahrten abgesehen gut ausgebaute Straßen
Passöffnungszeiten	15. Juni bis 15. Oktober Der Grenzübergang ist von 20.00 Uhr bis 07.00 Uhr geschlossen	15. Juni bis 15. Oktober Der Grenzübergang ist von 20.00 Uhr bis 07.00 Uhr geschlossen
Karte	Euro Cart Regionalkarte 1:300.000, RV-Verlag Blatt Österreich	Euro Cart Regionalkarte 1:300.000, RV-Verlag Blatt Österreich
Besondere Hinweise	Bei der Abfahrt über die Südseite des Timmelsjochs ist Beleuchtung unbedingt notwendig	

11 TOUR Umbrail-Passstraße 2503 m

Ich hab's geschafft.

Eigentlich würde es sich ja anbieten, die Liste der höchsten Pass- und Bergstraßen der Alpen mit den ersten Zehn zu beenden, aber der Umbrailpass ist es aus mehreren Gründen wert, hier an elfter Stelle noch aufgenommen zu werden. Der wichtigste ist wohl der, dass er mit seinen 2503 m die 2500-m-Marke überspringt und somit alle Pass- und Bergstraßen über 2500 m Höhe aufgelistet sind. Des Weiteren handelt es sich beim Umbrailpass, in früheren Zeiten auch Wormser Joch genannt, um den höchsten Schweizer Pass, der noch dazu eine sehr interessante Lage aufweist. Vom schweizerischen Münstertal (Val Mustair) ausgehend, stellt er nämlich eine weitere Auffahrtsmöglichkeit von Norden her auf das Stilfser Joch (Tour 4) dar und da der Ausgangspunkt Santa Maria bereits 1375 m hoch gelegen ist, sind hier erheblich weniger Höhenmeter zu bewältigen als von den Auffahrten aus dem Vinschgau bei Spondinig oder dem Veltlin von Bórmio aus.

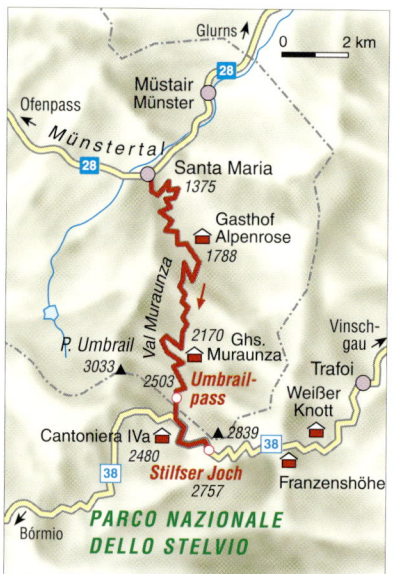

Noch eine Besonderheit ist beim Umbrailpass einzuplanen: Wenn die Straße auch schon 1901 fertig gestellt wurde, ist sie bis heute noch über ein längeres Teilstück unbefestigte Naturstraße. Diese ist allerdings in solch gutem Zustand, dass sie auch mit schmalen Rennradreifen ohne weiteres befahren werden kann. Bei der Abfahrt sei allerdings, des ungewohnten Belags wegen, vor allem beim Abbremsen eine vorsichtige Fahrweise empfohlen.

In Santa Maria/Val Müstair (km 0,0), an der Auffahrt zum Ofenpass im Schweizer Kanton Graubünden, nahe der Grenze zu Italien gelegen, beginnen wir unsere Auffahrt. Obwohl der Ort mit seinen nur knapp 350 Einwohnern recht klein und überschaubar ist, müssen wir dennoch aufpassen, um die von der Ortsmitte nach Süden abzweigende enge Straße nicht zu übersehen. Schon am Ortsausgang nimmt die Steigung auf 11% zu und an einem kleinen Campingplatz vorbei erreichen wir

Italien/Lombardei – Schweiz/Graubünden

TOUR 11

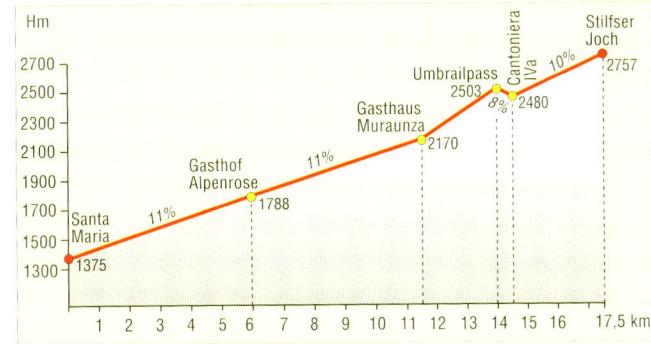

nach etwa 2 km Fahrt die erste von insgesamt 33 Kehren. Zuerst über Almwiesen, dann durch Wald geht es schleifenartig nach oben und bald bieten sich uns schöne Rückblicke auf den grünen, von Blumenwiesen übersäten Talboden des Münstertales.
Die Steigung lässt nicht nach, dafür rollen wir aber unvermittelt auf Naturstraße und auch am Gasthaus Alpenrose (km 6,0) hält sowohl die Steigung als auch der Belag weiter an. Das Tal wird enger und gut 1 km legt sich die Trasse nun erstmals spürbar zurück. Wir überqueren das Flüsschen Muraunza über eine kleine Steinbrücke, die Steigung nimmt wieder auf 10 % zu, bis man nach einer weiteren Überquerung des Baches (km 9,5) wieder auf Asphalt rollt. Die Steigung nimmt bis auf 14 % zu, wird aber immer wieder von flacheren Abschnitten unterbrochen. Ab dem Gasthaus Muraunza (km 11,5) ist aber wieder Naturpiste angesagt und auch eine 11%ige Steigung, die beide bis zur Passhöhe nunmehr fast ununterbrochen beibehalten werden. Auf der Passhöhe (km 14,0) befindet sich sowohl die schweizerische Grenzstation als auch ein Gasthaus, für dessen Öffnungszeiten aber keine Garantie übernommen werden kann. Auch die Grenzstation, die offiziell nur zwischen 06.30 Uhr und 22.00 Uhr geöffnet ist, ist nicht immer besetzt.

Die Passhöhe wäre nun erreicht, damit allerdings im Regelfall noch nicht das Ende unserer Auffahrt, denn die allermeisten werden noch zum Stilfser Joch hoch wollen. Dazu müssen wir, nunmehr wieder durchgehend auf Asphalt, etwa 500 m zu einer Kreuzung mit einem verfallenen Straßenwärterhäuschen hinabrollen, das als Cantoniera IVa (km 14,5) bezeichnet wird. Die etwa 20 Höhenmeter, die wir auf der Abfahrt verlieren, fallen dabei nicht allzu sehr ins Gewicht und so liegen genau noch 277 Höhenmeter bis zum Stilfser Joch vor uns.
Die 3 km lange Strecke dorthinauf ist von hier unten bereits gut einsehbar, wobei die Steigung bei recht gleichmäßigen 10 % liegt. Steht man dann auf der reichlich verbauten Passhöhe (km 17,5), hat man sozusagen den zweiten Pass des Tages bewältigt. Wer nun nicht auf gleicher Strecke wieder zurückfahren will, für den bie-

tet sich eine interessante Alternative. Man kann über die 26 km lange und mit 48 Haarnadelkehren gespickte Ostseite des Stilfser Jochs bis Prad abfahren. Von dort geht es dann 7 km auf ebener Strecke bis Glurns das Etschtal aufwärts, wo man Richtung Taufers abbiegt. Hinter Taufers überquert man die schweizerische Grenze und gelangt so wieder zum Ausgangspunkt zurück. Von Prad sind dabei 20,5 km mit 460 Höhenmetern zurückzulegen, wobei sich die Höchststeigung von 8 % auf eine Geländestufe vor Taufers beschränkt. ■

Nordseite

Ausgangspunkt	Santa Maria im Münstertal, 1375 m
Anfahrt zum Ausgangspunkt	Autobahn Innsbruck – Bludenz (Inntalautobahn), Ausfahrt 144 Reschenpass/Meran/Sankt Moritz – Schwaighof – Pfunds – Nauders – Reschen/Resia – Mals – Tubre – Münster/Müstair – Santa Maria im Münstertal
Schwierigkeitsbewertung/Höchststeigung	Mittelschwere Radtour mit 11 % Höchststeigung auf längeren Abschnitten
Streckenlänge	14,0 km
Höhendifferenz	1130 m
Durchschnittl. Steigung	8,07 %
Zeit	1 3/4 – 2 1/2 Stunden
Übersetzungsvorschlag	39/26
Streckenverlauf	Santa Maria – Gasthaus Alpenrose – Gasthaus Muraunza – Passhöhe

Südseite

	Auf der Südseite fällt die Passstraße 0,5 km mit 8 % Gefälle zur Cantoniera IVa, ca. 3 km unterhalb der Passhöhe auf der südlichen Auffahrtsseite zum Stilfser Joch, ab.
Straßenverhältnisse	Knapp die Hälfte der Auffahrtsstrecke ist unbefestigt; die feste Erdstraße ist jedoch auch mit schmalen Rennradreifen befahrbar
Passöffnungszeiten	15. Mai bis 15. November Schweizer Zoll vom 01. Juli bis 30. September von 22.00 Uhr bis 06.00 Uhr geschlossen; außerhalb dieses Zeitraumes von 20.00 bis 06.00 Uhr geschlossen
Karte	Euro Cart Regionalkarte 1:301.000, RV-Verlag Blatt Schweiz

Für alle, die das Besondere auf dem Rad suchen, sind diese Pass- und Bergstraßen gedacht. Wen das Stilfser Joch nicht mehr schreckt, den Großglockner locker um die zwei Stunden bewältigt oder etwa in den Dolomiten gar nicht genug Pässe an einem Tag aneinander reihen kann, der findet hier sicherlich noch ein Betätigungsfeld. Aber Achtung, Steigungsstrecken über 20 % bringen auch austrainierte Radler an ihre Grenzen und ob es so richtig Spaß macht, muss eigentlich auch dahingestellt werden. Ganz wichtig ist es hier, sich mit dem Material, insbesondere der richtigen Übersetzung, auseinanderzusetzen, und ein Dreifachkettenblatt sollte schon vorhanden sein. Aber selbst mit einer 30/34er-Untersetzung ist die Befahrung der Prada-Alta-Bergstraße an Hängen des Monte Baldo am Gardasee nicht gesichert. Egal, für welche dieser Pass- oder Bergstraßen Sie sich entscheiden, ein unvergessliches Erlebnis wird deren Bewältigung bleiben, schon alleine des Muskelkaters wegen, den Sie nicht nur in den Beinen haben werden, sondern auch in den Armen und Fingern, vom Ziehen am Lenker beim Bergauffahren und beim Bremsen bergab.

Die schwersten Pass- und Bergstraßen der Alpen

TOUR 12 — Roßfeld-Höhenringstraße 1540 m

Schnappschuss am höchsten Punkt der Roßfeld-Höhenringstraße.

Unter Hangabtriebskraft versteht man in der Physik die Kraft, die auf einer schiefen Ebene hangabwärts gerichtet ist. Diese steigt mit zunehmendem Neigungswinkel der Ebene und ist bei 90 Grad maximal, nämlich gleich der Gewichtskraft des Körpers. Die Normalkraft hingegen ist bei 0 Grad maximal und nimmt mit steigendem Neigungswinkel ab. Bleibt der Vollständigkeit halber noch die Formel der Hangabtriebskraft nachzutragen, die $F_H = F_G \times \sin(\alpha)$ lautet.

Dem Radfahrer begegnet die Hangabtriebskraft fast auf Schritt und Tritt, nämlich wenn er sich mittels Rad eine Steigung hochbewegen will. Dabei wird schnell klar, dass mit zunehmender Prozentzahl der Steigung die Kraft, die zu deren Bewältigung aufzuwenden ist, immer größer wird. Nach Newton ist Kraft das Produkt aus Masse und Beschleunigung ($F = m \times a$), wobei die Masse in unserem Fall in der Regel die einzige Konstante ist. Kraft und Beschleunigung sind Variablen, die sich im Normalfall umso schneller nach unten bewegen, je größer der Neigungswinkel der schiefen Ebene, in unserem Fall die Prozentzahl der Pass- und Bergstraßen, ist.

Für den Radsportler bedeutet dies in der Praxis, dass es mit zunehmender Prozentzahl der Steigung schwerer wird, sein Rad höher zu bewegen, und mit zunehmender Länge dieser Steigung wird es nochmals schwerer. An Prozentzahl herrscht auf den nachfolgend beschriebenen Touren nun wahrlich kein Mangel und jeder kann die oben beschriebenen theoretischen Ausführungen so in der Praxis ausprobieren.

Die Kenntnis der physikalischen Zusammenhänge ist dabei zwar interessant, aber nicht so nützlich wie ein großes Ritzel, möglichst in Verbindung mit einem hervorragenden konditionellen Zustand. Über beides sollte man auf jeden Fall verfügen, wenn man sich entschließt, einmal seine Grenzen auf dem Fahrrad auszuloten.

Wer im Süden Deutschlands wohnt, muss dabei gar nicht weit fahren, nur bis ins Berchtesgadener Land, unmittelbar an der österreichischen Grenze zum Salzburger Land gelegen, das für seine landschaftlichen Attraktionen wie Watzmann und Königssee weit über die bayerischen Grenzen hinaus bekannt ist. Was vielleicht nicht so bekannt ist, ist die Tatsache, dass es dort eine Bergstrecke gibt, die mit 24% Steigung zu den steilsten Alpenstraßen überhaupt zu zählen ist. Es ist die Roßfeld-Höhenringstraße, die von Berchtesgaden aus in die Berchtesgadener Alpen hineinzieht, wo diese mit dem Nationalpark Berchtesgaden am schönsten sind. Sie führt dabei bis in eine Höhe von 1540 m, zum so genannten Hennenköpfl/Roßfeld und ist damit Deutschlands höchste Alpenstraße.

Wie aus der Bezeichnung Ringstraße bereits abzuleiten ist, handelt es sich hier um eine Panoramastraße, die in

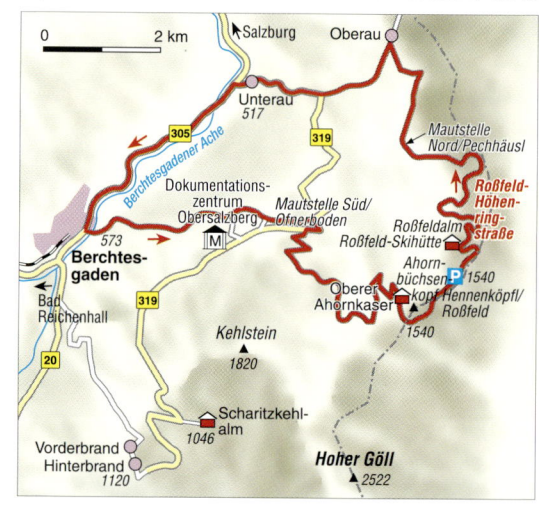

Deutschland/Südbayern

TOUR 12

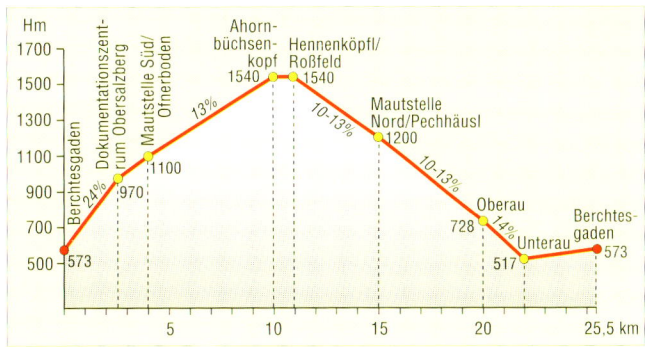

einer Schleife oder Rundfahrt wieder zum Ausgangspunkt zurückführt, und man könnte also zwischen zwei Auffahrtsstrecken wählen, die sich von ihrem Steigungsverhältnis erheblich unterscheiden. Legt man die Auffahrtsstrecke sozusagen im Uhrzeigersinn über die nördliche Auffahrtsseite mit den Ortschaften Unterau und Oberau, ist sie mit Steigungsspitzen bis 14 % noch schwer genug. Beginnt man allerdings gleich mit der südlichen Zufahrt, liegt ein Steigungsstück von 24% vor uns, das auf einer Länge von gut 2,5 km beibehalten wird und somit dem extremen Bereich zuzuordnen ist. Hier trifft es sich gut, dass Berchtesgaden (km 0,0) ein Luftkurort ist, denn Luft wird man brauchen, wenn wir im Ort Richtung »Marktschellenberg« radeln, aber noch vor dem Ortsende den Hinweisschildern zum Obersalzberg folgen. Noch ein paar Pedalumdrehungen bis zur Brücke über die Berchtesgadener Ache und dann geht es auch schon los, die Steigung nimmt auf 24 % zu. Zu sagen gibt es nun eigentlich nicht mehr sehr viel: Die Straße, die über die Bundesstraße 119 verläuft ist gut ausgebaut, leider häufig auch stark befahren und windet sich in leichten Kurven an bewaldeten Hängen wenig aussichtsreich nach oben. Aber allzu viel sehen wird man ohnehin nicht, vielleicht noch die nächsten Meter vor dem Vorderrad, auf das meist der Blick des über den Lenker gesenkten Kopfes gerichtet ist, an dem man mächtig zerrt, um den Tritt auf die Pedale zu unterstützen. Dieser wird im Übrigen immer schwerer, quälender und unrunder und nur mit Mühe gelingt es, den Kopf hin und wieder zu heben, um zumindest den Straßenverlauf bis zur nächsten Kurve einsehen zu können. Diese rückt nur langsam näher und wer wissen möchte, wie lange sich 2,5 km so hinziehen können, der muss diese Strecke schon selbst gefahren sein.

Natürlich ist der Schwierigkeitsgrad zusätzlich auch vom gefahrenen Ritzel abhängig und wer sich mit 39/28, was für sehr gut trainierte Radler durchaus machbar ist, hochmüht, wird anders leiden als jemand, der vielleicht eine Dreifachkombination mit 30/34 tritt. Das Leiden desjenigen mit der kleineren Übersetzung wird vielleicht etwas kürzer sein, weil er pro Pedalumdrehung einen größeren Weg zurücklegt und so den Parkplatz beim Dokumentationszentrum Obersalzberg (km 2,5) eher erreicht. Sicher ist das allerdings nicht, denn mit einer größeren Übersetzung könnte man diesen Nachteil durch häufigeres Treten wettmachen.

Das Steilstück ist überwunden und wem es nur darum ging, der könnte nun wieder umdrehen und abfahren, würde aber den schönsten Teil der Strecke versäumen. Nicht mehr als 13% beträgt die Steigung, wenn wir über die Mautstelle Süd/Ofnerboden (km 4,0) zum höchsten Punkt am Ahornbüchsenkopf (km 10,0) hochradeln. Immer großartiger schiebt sich dabei das gewaltige Bergmassiv des Hohen Göll ins Blickfeld und auf dem etwa 1 km langen Flachstück hinüber zum Hennenköpfl (km 11,0) kommt noch die Aussicht nach Osten bis zum Hohen Dachstein hinzu. Kurven- und kehrenreich geht es nun mit Gefälle bis 14% 11 km abwärts bis Unterau (km 22,0), wo man die restlichen 3,5 km zurück nach Berchtesgaden (km 25,5) auf fast ebener Strecke zurücklegt. ■

Ausgangspunkt	Berchtesgaden, 573 m
Anfahrt zum Ausgangspunkt	Autobahn München – Salzburg, Ausfahrt 8 Salzburg Süd/Berchtesgaden – Richtung Berchtesgaden/Gröding – Neu-Anif – Marktschellenberg – Berchtesgaden
Schwierigkeitsbewertung/Höchststeigung	Sehr schwere Radtour mit 24% Höchststeigung auf ca. 2,5 km Länge am Beginn der Auffahrt
Streckenlänge	25,5 km
Höhendifferenz	970 m
Durchschnittl. Steigung	10,2 %
Zeit	2–3 Stunden
Übersetzungsvorschlag	Mindestens 39/29, besser 39/34 oder Dreifachkettenblatt 30/27
Streckenverlauf	Berchtesgaden – Mautstelle Süd/Ofnerboden – Ahornbüchsenkopf – Parkplatz Hennenköpfl/Roßfeld – Roßfeldalm – Mautstelle Nord/Pechhäusl – Oberau – Unterau – Berchtesgaden
Straßenverhältnisse	Gut ausgebaute Straßen
Passöffnungszeiten	Ganzjährig befahrbar
Karte	Euro Cart Regionalkarte 1:300.000, RV-Verlag Blatt 12, Bayern

Tour 13 — Turracher Höhenstraße 1763 m

Das ideale Gefährt für längere Touren.

Die Turracher Höhenstraße überquert die Nockberge, wie der westliche Teil der Gurktaler Alpen ihrer charakteristischen sanften, runden Formen wegen genannt wird. Sie stellt eine Verbindung vom steirischen Oberen Murtal im Norden mit dem in Kärnten gelegenen Oberen Gurktal im Süden dar. Sie kulminiert in 1763 m Höhe auf der Turracher Höhe, einem etwa 2 km breiten Sattel, auf dem sich eine kleine Ortschaft mit etwa 100 Einwohnern, einigen Hotels, einer Bank sowie kleineren Souvenir- und Sportgeschäften befindet. Zudem gibt es drei Seen auf der Passhöhe, deren größter, der Turracher See, eine Fläche von knapp 20 Hektar hat, bis zu 33 m tief ist und an bis zu sechs Monaten im Jahr vollständig zugefroren ist. Was sollte man sonst noch über die Turracher Höhe wissen? Vielleicht, dass der Name Turrach von der alten Bezeichnung »Durrach« stammt, die für eine Waldgegend verwendet wird, in der viele Bäume umgestürzt sind und »dürr« herumliegen.

Als Verkehrsweg spielte die Turracher Höhe lange Zeit keine besondere Rolle, was sich erst mit der Zunahme des Fremdenverkehrs, vor allem der Wintersportler, änderte. In den Jahren 1928/29 wurde der Omnibusverkehr aufgenommen. Die Straße wurde in den folgenden Jahren immer mehr den Anforderungen des modernen Verkehrs angepasst und präsentiert sich heute als gut ausgebaute Bundesstraße. Sie hat nur einen kleinen Schönheitsfehler, ihre Südseite ist bis zu 23% steil. Früher waren es sogar noch mehr, 34% steil war die Straße und damit zeitweise steilste Alpenstraße Europas. Nicht verwunderlich ist es deshalb, dass die Straße zu Testzwecken des damals noch in Kärnten, im nahen Gmünd produzierenden Automobilherstellers Porsche benutzt wurde, und im Januar 1978 stellte Audi die Vorzüge seines neu entwickelten Allradantriebes auf den steilen Passstraßen unter Beweis.

Wer also beweisen will, dass er dieser Steilheit auch mit einfacheren Hilfsmitteln, also einem Fahrrad, gewachsen ist, muss sich in die kleine Ortschaft Patergassen (km 0,0) südwestlich von Klagenfurt, an der Bundesstraße 95 gelegen, begeben. Bis Ebene Reichenau (km 5,5) kann er sich auf ebener Strecke noch einrollen, bevor er sich auf dem nach dem Ort ansetzenden Steigungsstück mit 12% schon einmal warm fahren kann. Ein richtiger Prüfstein ist dieser 200 m lange Abschnitt aber noch nicht und bis zur Abzweigung der Nockalm Höhenstraße (km 7,0) rollt es wieder leichter.

Nur wenig später ist es damit aber vorbei und es wird ernst. Über eine kleine Brücke wird der Stangenbach überquert und die Steigung setzt fast ansatzlos bei 23% an. Teufelsbrücke wird diese im Volksmund genannt, wobei allerdings nicht überliefert ist, ob diese Bezeichnung in irgendei-

48

Österreich/Kärnten – Steiermark
TOUR 13

nem Zusammenhang mit der Steilheit der Straße steht. 1 km hält die Straße diese Steilheit bei und wer diesen Abschnitt geschafft hat, wird das nun folgende fast flache Stück mit höchster Freude zur Kenntnis nehmen. Diese Freude währt aber nur kurz, denn nach nur 300 m steigt die Straße wieder an, zwar »nur« auf 18 %, aber das ist steil genug. 600 m lang ist dieser Aufschwung, bevor sich die Straße auf 10 % zurücklegt, die nach den vorhergegangenen Schwierigkeiten schon fast gar nicht mehr als Steigung empfunden werden.

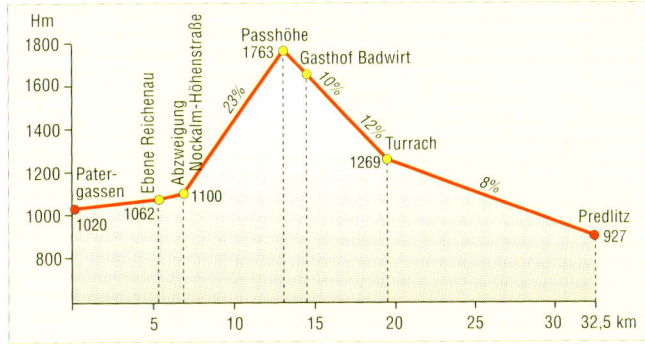

Es ist zumindest schon ein deutlicher Unterschied zu verspüren zu dem bald wieder ansetzenden Steigungsstück von 23 %, das auf 500 m Länge beibehalten wird. Endlich hat die Straße auch hier wieder ein Einsehen, legt sich zurück, aber so richtig erholsam wird es über Aufschwünge bis 12 % auch weiterhin nicht. Etwa 2,5 km liegen nach Bewältigung des letzten steilen Abschnitts bis zur Passhöhe noch vor uns und die haben es wieder in sich. Nochmals wartet ein 700 m langer Abschnitt mit 23 % Steigung auf uns und fordert nun auch noch die allerletzten Könner.

Die einzige Kehre (km 12,5) auf der Südseite wird durchfahren, die Steigung geht etwas zurück und endlich hat man den Beginn der Passhöhe (km 13,0) erreicht. Wer sich auf ein Bad im Turracher See, zu dem sich die Straße noch etwas eben dahinzieht, freut, wird höchstwahrscheinlich enttäuscht, denn selbst im Hochsommer steigt die Wassertemperatur selten über 18 Grad. Dafür kann man sich an der Landschaft mit den ausgedehnten Zirbenbeständen, den größten Kärntens, erfreuen.

Wer sich dagegen mit der nördlichen Passrampe beschäftigen will, dem sei gesagt, dass diese im Vergleich zur bewältigten Südseite fast eine Spazierfahrt ist. Zwar sind vom 927 m hoch gelegenen Predlitz im Murtal bis zur 19,5 km entfernten Passhöhe auch 840 Höhenmeter zu überwinden, die aber »nur« eine Höchststeigung von 12 % aufzuweisen haben. Diese wird erst im oberen Abschnitt, hinter der Ortschaft Turrach, an einigen Stellen erreicht und liegt meist weit darunter. Empfangen wird man oben von einer Tafel mit der Aufschrift »Fremdenverkehrsgebiet Turracher Höhe«, während die amtliche Schreibweise am Ortsbeginn auf der Südseite »Turracherhöhe« lautet. Im Gegensatz zu den unterschiedlichen Schwierigkeitsgraden ist der Unterschied in der Schreibweise der Passstraßen allerdings nur marginal. ■

	Südseite	Nordseite
Ausgangspunkt	Patergassen, 1020 m	Predlitz an der Mur, 927 m
Anfahrt zum Ausgangspunkt	Autobahn Salzburg – Villach (Tauernautobahn), Ausfahrt Burg Sommeregg/Stift Millstatt – Richtung Radenthein/Millstätter See – Radenthein – Bad Kleinkirchheim – Patergassen	Autobahn Salzburg – Villach (Tauernautobahn), Ausfahrt 104 /Sankt Michael – Höf – Sankt Michael im Lungau – bei Tamsweg – Predlitz
Schwierigkeitsbewertung/Höchststeigung	Sehr schwere Radtour mit 23 % Höchststeigung an drei Abschnitten auf 1 km, 500 m und 700 m Länge	Mittelschwere Radtour mit 12 % Höchststeigung am Ortsende von Turrach auf ca. 4,5 km Länge
Streckenlänge	13,0 km	19,5 km
Höhendifferenz	745 m	840 m
Durchschnittl. Steigung	5,73 %	4,31 %
Zeit	1 – 1 3/4 Stunden	2 – 2 1/2 Stunden
Übersetzungsvorschlag	Mindestens 39/29, besser 39/34 oder Dreifachkettenblatt 30/27	39/26
Streckenverlauf	Patergassen – Ebene Reichenau – Abzweigung Nockalm-Höhenstraße – Passhöhe	Predlitz – Turrach – Gasthof Badwirt – Passhöhe
Straßenverhältnisse	Gut ausgebaute Straßen	Gut ausgebaute Straßen
Passöffnungszeiten	Ganzjährig befahrbar	Ganzjährig befahrbar
Karte	Euro Cart Regionalkarte 1:300.000, RV-Verlag Blatt Österreich	Euro Cart Regionalkarte 1:300.000, RV-Verlag Blatt Österreich

14 TOUR Niger-Passstraße 1774 m

Bei St. Cyprian im Tierser Tal.

Der Nigerpass war für mich aber nicht nur der schwerste, sondern landschaftlich gesehen der schönste dieser drei. Dies ist nicht unbedingt verwunderlich, wenn man weiß, dass er in den Dolomiten liegt und dort noch in einen der schönsten Teile, nämlich die Rosengartengruppe über Bozen, hineinführt.

Ausgangspunkt für eine Befahrung ist die kleine Ortschaft Blumau (km 0,0) im Eisacktal, ca. 8 km nordöstlich von Bozen gelegen und über die Autobahnausfahrt Bozen/Nord gut zu erreichen. Der Name des Ortes hat nichts mit Blumen zu tun, auch wenn der italienische Name Prato all'Isarco übersetzt so viel wie Wiese am Eisack bedeutet. Eine Wiesenlandschaft findet sich hier im engen Eisacktal nicht, der Name geht vielmehr auf die alte Bezeichnung »Plumme« für Holzfloß zurück, da das in der Umgebung gefällte Holz hier zur Verflößung in die Poebene zusammengestellt wurde. Der wilde Breibach schießt aus dem engen Tierser Tal östlich des Dorfes heraus und verstärkt so das Wasser der Eisack. Und in dieses Tal hinein müssen wir, der Beschilderung »Brie/Breien« folgend, denn es gäbe auch noch eine Umgehungsstraße in nordöstlicher Richtung nach Seis/Kastelruth, von der eine Straße zum Nigerpass abzweigt, dabei allerdings den steilsten Abschnitt durch die Breischlucht umgeht.

Möglicherweise findet man die Beschilderung nach »Brie/ Breien« nicht gleich, im Berichtsjahr war das Hinweisschild nur von einer Befahrungsseite lesbar, aber ein größeres Problem sollte die Wegfindung in der kleinen Ortschaft nicht sein. Auch die ersten Kilometer gestalten sich nicht sonderlich aufregend, mit einer recht gleichmäßigen Steigung von 10 % radeln wir

Mit einer Höchststeigung von 24 % ist der Nigerpass, ital. Passo Nigra, noch einen kleinen Tick steiler als die beiden vorher beschriebenen schweren Touren. Ein richtig messbarer Unterschied besteht zwischen einer 23 %igen und einer 24 %igen Steigung eigentlich nicht, dennoch ist mir der Nigerpass als schwerster der bisher beschriebenen in Erinnerung geblieben. Das steilste Stück hätte nicht wirklich auch nur einen Meter länger sein dürfen und ich hätte die Schuhe aus den Pedalen klicken müssen, wenn ich dies in diesem Moment überhaupt geschafft hätte, um nicht mitsamt Rennrad auf die Seite umzukippen. An solche Schwierigkeiten erinnere ich mich bei den beiden vorhergegangenen Strecken nicht, wobei ich allerdings keine Reihenfolge in der Schwierigkeitsbewertung aufstellen möchte, sondern den Einfluss der Tagesform oder des subjektiven Empfindens hervorheben möchte. Gefahren bin ich den Nigerpass im Übrigen mit einer Übersetzung von 39/26, was ich aber keinesfalls zur Nachahmung empfehlen möchte. Ich war damals schlicht und einfach zu bequem, einen größeren Ritzelsatz zu montieren.

50

Italien/Dolomiten

TOUR 14

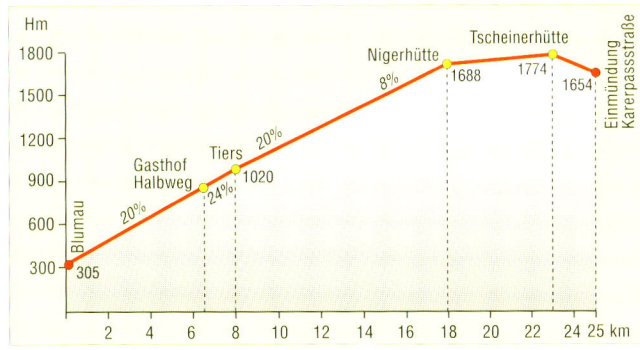

bergan. Nach 3 km dann allerdings ein Schild am Straßenrand mit der Aufschrift »20 %«. Man legt den leichtesten Gang ein, geht konzentriert zur Sache, tritt einige Male fest in die Pedale und schon ist dieses Steilstück überwunden.

Die Steigung geht auf 10 % und teilweise noch weiter zurück und wir erreichen das Gasthaus Halbweg (km 6,5), das sich hier in die enge Schlucht zwängt. Mit dem Gasthaus erreichen wir aber auch den Beginn des wohl steilsten Streckenabschnitts in den Dolomiten, auf dem uns ein Schild mit der Aufschrift »24 %« hinweist. Wer gehofft hat, auch diese Steigung werde, wie die vorhergegangene, rasch überwunden sein, wird schnell eines Besseren belehrt. Anfangs mögen es vielleicht noch gar keine echten 24 % sein, mit denen sich die Trasse aufbäumt, aber die Steigung genügt bei weitem, uns aus dem Sattel zu zwingen und, da ein Höherkommen in der Direttissima bald nicht mehr möglich sein wird, uns durch Ausnutzen der gesamten Fahrbahn zumindest etwas Erleichterung zu verschaffen.

Allzu viel bringt es nicht, denn die Strecke ist schmal zwischen der Felswand zur Linken und der Schlucht des Breibaches zur Rechten und lässt so nicht viel Platz, den wir meist aber für uns alleine haben, denn stark befahren ist die Strecke nicht.

Wir kämpfen uns also höher, verlassen die Schlucht und ein grüner Wiesenhang tut sich auf, über den die Steilheit, so scheint es zumindest, vielleicht ist dies auch nur auf das Nachlassen der Kräfte zurückzuführen, nochmals etwas zunimmt. Nach etwa 1,5 km taucht dann eine kleine Brücke auf und das dazugehörige Geländer erscheint wie ein Rettungsanker, an dem man sich nun festhalten und verschnaufen kann.

Das Steilstück ist überwunden, wir treffen auf die Umgehungsstrecke, die hier aus einem Tunnel herausführt, und werden mit einem herrlichen Blick auf die Felsbastionen der Rosengartengruppe mit den markanten Zacken der Vajolettürme belohnt. Fast eben rollen wir zur kleinen Kapelle St. Zyprian, an der vorbei die Straße bis Tiers (km 8,0) leicht abfällt. Durch das Dorf mit dem markanten roten Zwiebelturm seiner Kirche wird es nochmals kurz schwer, die Steigung nimmt wieder bis auf 20 % zu, hält diese aber nicht lange bei und legt sich dann auf 10 % zurück. Diese werden im weiteren Verlauf der kurven- und kehrenreichen Strecke auch nicht mehr überschritten, allerdings zieht es sich noch lange nach oben, bis man die Passhöhe bei der Nigerhütte (km 18,0) tangiert. Man bemerkt es eigentlich nur an einem fast völligen Abflachen der Strecke, die an der Tscheinerhütte (km 23,0) vorbei, direkt am Fuße des Rosengartens, nun bis zur Einmündung in die Karer-Passstraße (km 25,0) verläuft. Den einen Kilometer hoch zur Karer-Passhöhe, 1752 m, nimmt man auch noch mit. ■

	Nordseite
Ausgangspunkt	Blumau, 305 m
Anfahrt zum Ausgangspunkt	Brennerautobahn, Ausfahrt Bozen/Nord – Blumau/Prato all'Isarco
Schwierigkeitsbewertung/Höchststeigung	Sehr schwere Radtour mit 24 % Höchststeigung auf ca. 1,5 km Länge; kurze Abschnitte mit 20 % Steigung vor dem Gasthaus Halbweg und durch Tiers
Streckenlänge	25,0 km
Höhendifferenz	1470 m
Durchschnittl. Steigung	5,88 %
Zeit	2 3/4 – 4 Stunden
Übersetzungsvorschlag	Mindestens 39/29, besser 39/34 oder Dreifachkettenblatt 30/27
Streckenverlauf	Blumau – Gasthaus Halbweg – Tiers – Nigerhütte – Tscheinerhütte – Einmündung Karerpass
	Südseite
	Die Nigerpassstraße mündet ca. 1 km unterhalb der Passhöhe in die westliche Auffahrtsstrecke zum Karerpass ein
Straßenverhältnisse	Von Blumau bis Tiers teilweise schmale Straßen mit Fahrbahnverengungen (Ausweichen); unübersichtliche Kurven, teilweise mit Verkehrsspiegeln; ab Tiers guter Ausbauzustand
Passöffnungszeiten	Ganzjährig befahrbar
Karte	Euro Cart Regionalkarte 1:300.000, RV-Verlag Blatt Südtirol/Venetien
Besondere Hinweise	Der schwierige Abschnitt im unteren Teil der Auffahrt kann umfahren werden, wenn man in Blumau der nach Tiers ausgeschilderten Straße folgt

15 TOUR Prada-Alta-Bergstraße 1009 m

Blick auf das Westufer des Gardasees

Eigentlich ist es verwunderlich, dass die Auffahrt nach Prada Alta, an den Hängen des Monte Baldo über dem Ostufer des Gardasees gelegen, noch nicht für den Giro d'Italia entdeckt worden ist. Ist man dort doch immer auf der Suche nach spektakulären Steigungsabschnitten wie etwa am Monte Zoncolàn im Friaul, der 2003 erstmals aufgesucht wurde und auf dessen Ostrampe mit 22 % Steigung selbst der Etappensieger Gilberto Simoni gehörig ins Schwitzen kam. Oder der Mortitolopass im Veltlin, dessen Westseite mit Steigungsabschnitten bis 19 % unter den Radprofis ebenfalls gefürchtet ist. Auch die Auffahrt zum Plan de Corones, dem Kronplatz, über Bruneck in Südtirol, soll nicht unerwähnt bleiben, die im Schlussanstieg, auf unbefestigter Trasse, 24 % Steigung aufweisen kann, wenngleich dieser Leistungstest den Profis aufgrund widriger Wetterverhältnisse bei der Premiere im Jahre 2006 noch erspart blieb.

Mit einer Höchststeigung von 30 % stellt die Auffahrt nach Prada Alta die vorgenannten jedoch alle in den Schatten und ob es sinnvoll ist, solche Steigungen mit dem Fahrrad bezwingen zu wollen, möchte ich einmal dahingestellt lassen. Da die Rubrik der schwersten Alpenstraßen allerdings ohnehin vor allem für die Leistungsbereiteren, um das Wort Extremeren zu vermeiden, unter uns Radlern in Frage kommt, steht für diese aber auch nichts dagegen, hier ihre Grenzen auszuloten bzw. aufgezeigt zu bekommen.

Man kann die Auffahrt von Zignano aus hoch nach Prada Alta zu einer schönen Rundtour verbinden, wenn man von dort über Prada, San Zeno di Montagna und Albisano bis Torri del Benaco abfährt und von dort auf der Uferstraße nach Zignano zurückkehrt. Knappe 45 Streckenkilometer und 1080 Höhenmeter kommen hier zustande. Da allerdings nicht sicher ist, dass man die 30 % Auffahrtsstrecke von Zignano aus auch tatsächlich schafft, hätte ich folgenden Vorschlag: Die Tour in Gegenrichtung zu befahren, das Steilstück somit bei der Abfahrt zu besichtigen, und wer dann nicht schon genug abgeschreckt ist, es fordert nämlich bereits genügend Kraftanstrengung, sich alleine dieses Steilstück hinabzubremsen, der kann sich in Gegenrichtung an der Auffahrt versuchen.

Also beginnen wir unser Experiment in Torri del Benaco (km 0,0), indem wir der Beschilderung nach »Albisano/San Zeno di Montagna« folgen. Villen mit blumenreichen Vorgärten begleiten uns auf kaum einmal über 6 % ansteigender Straße nach Albisano (km 3,5), wo wir uns weiter an die Beschilderung »S. Zeno di Montagna« halten. Durch Olivenhaine geht

Italien/Lombardei
TOUR 15

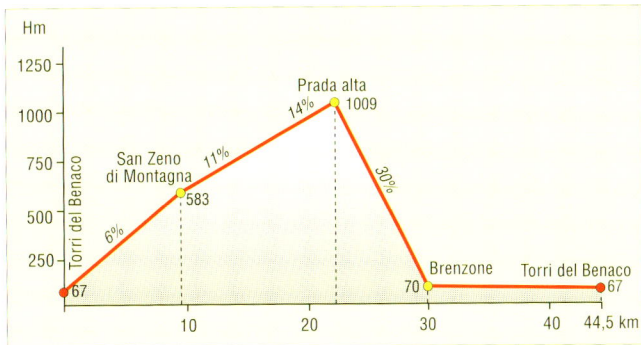

es weiterhin mit gemächlichen 6% Steigung aufwärts nach San Zeno di Montagna (km 9,5), das sich als lang gestreckte Siedlung erweist, dessen weit verstreute Häuser uns länger begleiten. Am Ortsende (km 12,0) müssen wir der scharf nach rechts Richtung Prada abzweigenden Straße folgen und nicht etwa dem geradeaus verlaufenden Sträßchen, das uns wieder zum See hinabführen würde.

Die 6%ige Steigung geht bald zurück und wir erreichen eine Gabelung beim Albergo Scariffo (km 14,5), wo wir uns nunmehr an der Beschilderung »Prada« orientieren. Ein 11%iger Anstieg zum Albergo Capriolo (km 16,0) erfordert erstmals richtigen Krafteinsatz, bevor es über Steigungen bis 10%, meist jedoch deutlich darunter, zur Häusergruppe von Prada, um die Talstation der Costabella-Seilbahn (km 19,5) gelegen, höher geht.

Die Umgebung trägt nun schon mittelgebirgigen Charakter mit Almwiesen, vereinzeltem Strauchwerk und verstreuten Felsbrocken, durch die die Trasse leicht abfällt und sich unvermittelt zu einem schmalen Fahrweg (km 21,0) verengt, bevor sie mit respektablen 14% zu einer kleinen Wiesenfläche (km 22,5) ansteigt. Der höchste Punkt, auf etwas über 1000 m Höhe, ist erreicht und das eigentliche Ziel unserer Tour liegt vor uns.

Ein Schild weist dann auch auf das zu erwartende Gefälle von 30% hin, aber die abfallende Trasse erreicht vielleicht die Hälfte davon und nach einer Biegung radelt man in einem kleinen Tal bei der Grotte Trovai sogar auf ebener Trasse dahin. Schon fühlt man sich über die angesagten Schwierigkeiten getäuscht, aber die Straße fällt nun immer mehr ab, bis sie schier ins Bodenlose abzustürzen scheint. Alle Kraft ist nun darauf zu verwenden, unserem Vorwärtsdrang durch Einsatz aller Verzögerungswerte Einhalt zu gebieten. Ein auch nur kurzes Lösen der Bremsen hätte hier fatale Folgen und so bremst man sich Kehre um Kehre, auf grobkörnigem, teilweise welligem Asphalt abwärts. Bald verspannt der Oberkörper ob der ungewohnten Haltung, aber am schlimmsten betroffen sind die Handgelenke, die den beim Zug auf die Bremsgriffe auftretenden Kräften auf Dauer nicht gewachsen sind. Mit jedem Meter hofft man auf ein Nachlassen des Gefälles, das aber nicht zu kommen scheint. Fast 6 km lang dehnt sich die Gefällstrecke, bis endlich das erste Haus von Brenzone (km 30,0) auftaucht. Wer nun will oder noch Lust dazu verspürt, kann hier umdrehen und sich an der Auffahrt versuchen.

Alle anderen bremsen noch zu einem Stoppschild (km 31,0) hinab, rollen nach links durch den Ort zum Seeufer (km 32,0) hinunter, um auf flacher Straße über Marniga (km 33,5) und Castelletto (km 34,5) unseren Ausgangspunkt (km 44,5) wieder zu erreichen. ■

Ausgangspunkt	Torri del Benaco, 67 m, am Ostufer des Gardasees. Bei Auffahrt in Gegenrichtung über die steile Seite ist Brenzone, 70 m, der Ausgangspunkt. Vom Hafen von Brenzone die Borgo Castellari hoch in den Ortskern bis zur Einmündung in die Via Santa Maria. Diese aufwärts in die Via Ugo Foscolo, die nach einer engen Kehre in die Via del Sole, den Beginn des Steilstücks, übergeht.
Anfahrt zum Ausgangspunkt	Brennerautobahn, Ausfahrt Affi/Lago di Garda Sud – Affi – Costermano – Garda – Torri del Benaco – oder Weiterfahrt auf der Uferstraße über Castelletto – Marniga – Brenzone
Schwierigkeitsbewertung/Höchststeigung	Sehr schwere Radtour mit 30% Höchststeigung auf knapp 6 km Länge
Streckenlänge	44,5 km
Höhendifferenz	942 m
Durchschnittl. Steigung	Bei Auffahrt von Torri del Benaco 4,17%; bei Auffahrt von Brenzone 15,6%
Zeit	2 ¾ – 3 ¾ Stunden bei Auffahrt von Torri del Benaco; bei Auffahrt von Brenzone bis Prada Alta 1 ½ bis 2 Stunden
Übersetzungsvorschlag	Mindestens 39/34 oder Dreifachkettenblatt 30/27
Streckenverlauf	Torri del Benaco – Albisano – San Zeno di Montagna – Prada – Prada Alta – Brenzone – Marniga – Castelletto – Torri del Benaco
Straßenverhältnisse	Das Steilstück ist bei der Auffahrt trotz schmaler, kehrenreicher Straße mit grobkörnigem Asphaltbelag gut zu befahren; bei der Abfahrt vorsichtige Fahrweise; im oberen Bereich teilweise Belagschäden.
Passöffnungszeiten	Ganzjährig befahrbar
Karte	Euro Cart Regionalkarte 1:300.000, RV-Verlag, Italien, Blatt Lombardei

16 TOUR Kiental- mit Griesalpstraße 1407 m

Im oberen Teil ist die Straße unbefestigt.

Die Schweiz bietet dem Rennradler, der auf seinem Rad das Außergewöhnliche sucht, zumindest in Bezug auf die Steigungsverhältnisse, die steilste Postautolinie Europas. Sie führt von Reichenbach im Berner Oberland durch das Kiental, eines der größten Seitentäler des Kandertales, über die Ortschaft Kiental durch den Gornerengrund hinauf zur Griesalp und kann dabei Steigungsprozente bis 28% aufweisen. Die Strecke gilt als landschaftlich reizvoll und wird in Fremdenverkehrsprospekten mit »malerisch« und »von erhabener Schönheit« gepriesen. Worauf allerdings meist nicht hingewiesen wird, ist die Tatsache, dass die Strecke auf den letzten beiden, steilsten Kilometern unbefestigt, also Erdstraße ist. Der Untergrund ist dabei allerdings so fest, dass er durchaus auch mit schmalen Rennradreifen befahren werden kann, und in den Kehren ist auch dieser Streckenabschnitt asphaltiert. Der Untergrund sollte also nicht das entscheidende Problem sein, wenn man sich entschließt, die Strecke zu befahren, dies liegt weiterhin bei der Steilheit, wobei als Entscheidungshilfe noch zu geben wäre, dass die Höchststeigung von 28% »nur« auf einer Länge von etwa 100 m beibehalten wird und sonst bei 24% liegt. Die kleine Kirchengemeinde Reichenbach (km 0,0) gewann bereits im 16. Jahrhundert an Bedeutung, als vor allem der Durchgangsverkehr zu den Bädern in Leuk im Wallis zunahm, und aus dieser Zeit stammt auch noch der Gasthof Bären (erbaut 1542), an dem vorbei wir der Beschilderung »Kiental/ Scharnachtal« folgen. Wir erkennen den 2326 m hohen Niesen, den Hausberg des Ortes, und sollten vielleicht dessen Spitze im Auge behalten. Eine alte Wetterregel hier besagt nämlich »Hat der Niesen einen Hut, so wird das Wetter gut, hat er einen Kragen, kannst heraus dich wagen, hat er hingegen einen Degen, kommt bestimmt Regen«. Letzteres können wir auf dieser Strecke bestimmt nicht brauchen.

Die ersten Kilometer gestalten sich unproblematisch,

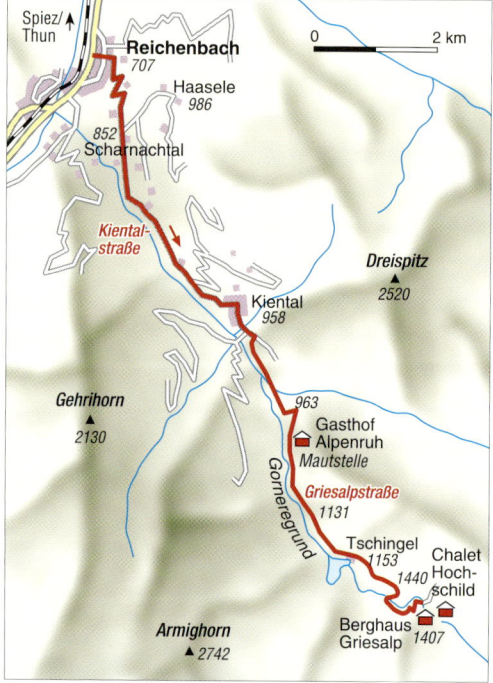

Schweiz/Bern

TOUR 16

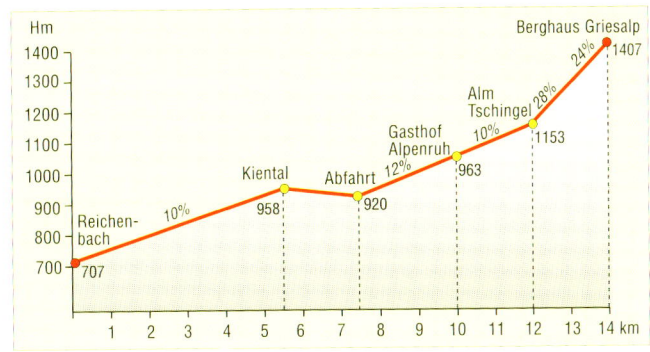

über drei Kehren mit 10% Steigung wird ein Wiesenhang hinauf nach Scharnachtal (km 1,0) überwunden und auch bis Kiental (km 5,5) sind nur Anstiege bis 8%, die mit längeren flacheren Abschnitten abwechseln, zu verzeichnen. Auch der Beginn der eigentlichen Talstraße in den Gornerengrund gibt uns Gelegenheit, noch mal unsere Kräfte zu sammeln, die wir später auch brauchen werden.

Wir folgen den Hinweisschildern »Gorneren/Griesalp« und die Straße fällt bis km 7,5 in einen kleinen Talboden ab, um von dort mit einem etwa 1km langen Anstieg bis 12% wieder herauszuführen. 12% sind durchaus bereits eine ernst zu nehmende Steigung, hier allerdings nur ein unwesentliches Vorspiel zum Kommenden.

Noch werden wir aber auf die Folter gespannt. Bis zum Gasthof Alpenruh (km 10,0), mit der Mautstelle, wechseln Anstiege bis 10% mit längeren flacheren Abschnitten ab und wir erreichen den Beginn des Gornerengrundes, ein lang gestrecktes Hochtal, das wir auf fast ebener Trasse bis zur Alm von Tschingel (km 12,0) durchfahren.

Etwas versteckt liegt hier der kleine Tschingelsee, der 1972 nach einem Unwetter aufgestaut wurde und seit 1987 sogar unter Naturschutz steht. Aber nicht ihm gilt unser Interesse, sondern der Straße, die um einen Felsblock herum unvermittelt in Erdstraße übergeht. Dies ist zwar nicht sehr angenehm, aber das wahre Problem liegt darin, dass die Steigung gleichzeitig auf 24% hochgeht.

In engen Kehren windet sich die Trasse über einen mit Fels durchsetzten Steilhang nach oben und der einzige Lichtblick für uns ist, dass zumindest die meisten dieser Kehren im Radius asphaltiert sind. Etwa 1,5 km lang ist dieser Abschnitt und damit mit dem Steilstück am Nigerpass (Tour 14) zu vergleichen, der allerdings durchgehend asphaltiert ist. Und noch ein wesentlicher Unterschied besteht: Im Gegensatz zum Nigerpass legt sich die Trasse nicht etwa zurück, sondern legt noch einmal zu, und zwar um deutlich spürbare 4% auf 28%. Etwa 100m wird diese außergewöhnliche Steilheit beibehalten, bis zu einer kleinen Kreuzung (km 13,5), mit deren Erreichen man endlich wieder verschnaufen kann.

Die Steigung geht zurück und auf den letzten 500 m bis zum Endpunkt der Straße mit den beiden Gasthäusern Chalet Hochschild und dem Berghaus Griesalp stellen sich uns dann keine Schwierigkeiten mehr in den Weg.

Wer plötzlich neue Kräfte in sich verspürt, hat dies vielleicht der Umgebung zu verdanken, die seit alters her als magischer kraftspendender Ort gilt, zu dem die teils jahrhundertealten Ahornbäume der Umgebung sicherlich ihren Teil dazu beigetragen haben. Für uns ist es aber in jedem Fall sicherer, sich nicht nur auf die Einflüsse der Umgebung zu verlassen, sondern sich hier oben in den Gasthäusern kräftig zu stärken. Verdient hat man sich zumindest eine gute Brotzeit sicherlich und außerdem ist zu bedenken, dass auf dem Rückweg noch ein Gegenanstieg zu bewältigen ist. Das sind zwar insgesamt kaum 40 Höhenmeter, aber diese können sich nach dieser Tour auch ganz schön bemerkbar machen. ■

Ausgangspunkt	Reichenbach im Kandertal, 707 m, ca. 5 km südlich von Spiez am Thuner See
Anfahrt zum Ausgangspunkt	Autobahn Luzern – Interlaken – Bern, Ausfahrt Kandersteg/Adelboden – Emdthal – Mülenen – Reichenbach im Kandertal
Schwierigkeitsbewertung/Höchststeigung	Sehr schwere Radtour mit 28% Höchststeigung auf ca. 100m Länge im oberen Bereich; davor 24% Steigung auf ca. 1,5km Länge, sonst Wechsel der Steigungen zwischen 10 und 12%
Streckenlänge	14,0 km
Höhendifferenz	740 m
Durchschnittl. Steigung	5,29%
Zeit	1 1/4 – 2 Stunden
Übersetzungsvorschlag	Mindestens 39/29, besser 39/34 oder Dreifachkettenblatt 30/27
Streckenverlauf	Reichenbach – Scharnachtal – Kiental – Gasthof Alpenruh – Alm Tschingel – Berghaus Griesalp
Straßenverhältnisse	Auf den ersten 12 km bis Tschingel Asphalt, dann feste Erdstraße, in den Kehren teilweise asphaltiert
Passöffnungszeiten	Die Auffahrt ist in der Regel ab Ende Mai schneefrei; offiziell ist die Strecke von Ostern bis 31. Oktober geöffnet
Karte	Euro Cart Regionalkarte 1:301.000, RV-Verlag Blatt Schweiz

Hier wurde Radrennsportgeschichte geschrieben, am Madeleinepass im französischen Savoyen etwa, der mit dem Beginn der Karriere des wohl größten Radrennfahrers aller Zeiten, Eddy Merckx, verbunden wird. Aber auch mit negativen Ereignissen, als etwa Jan Ullrich hier während der Tour de France im Jahre 1998 durch einen Hungerrast fast 9 Minuten Vorsprung auf Marco Pantini verlor und so alle Chancen auf seinen zweiten Gesamtsieg einbüßte. Ein anderer, der schon geschlagen schien, wuchs dafür am nahe gelegenen Croix-de-Fer-Pass über sich hinaus. Der Italiener Gino Bartali wehrte mit letzter Kraft im Jahre 1948 den Angriff des Franzosen Louison Bobet ab und schlüpfte trotz einer Reifenpanne bei der Abfahrt ins Gelbe Trikot und gewann die Tour.

Im Folgejahr schlug die Stunde eines anderen bekannten Italieners, nämlich Fausto Coppi, der den Izoardpass zusammen mit Gino Bartali überquerte, diesem den Etappensieg in Briançon als Geburtstagsgeschenk überließ, dafür aber die Gesamtwertung gewann.

Alle genannten Pässe haben eine reiche Radsporttradition, die Sie hier nachlesen und nachfahren können.

Klassische Berganstiege in den Alpen

Tour 17 — Madeleine-Passstraße 2000 m

Kleine Pause, bevor es losgeht.

Der Madeleinepass ist sicherlich nicht so bekannt wie etwa der Galibier, der Iseran, der Croix de Fer oder der Tourmalet und dennoch zählt er zu den klassischen Bergen der Tour de France. Etwa 20-mal war er nun seit 1969, damals begann die Karriere des großen Eddy Merckx, im Tourprogramm und dann eigentlich immer Teil der Königsetappe in den Alpen. Es ist allerdings schon so, dass der Madeleine kein richtig spektakulärer Pass ist, wenngleich 1550 Höhenmeter und 10 % Höchststeigung von Süden, aus dem Tal der Arc, oder 1540 Höhenmeter mit 12 % Höchststeigung von Norden, aus dem Tal der Isère, erst einmal bewältigt werden müssen. Gefürchtete Rampen und gefährliche Abschnitte fehlen, auch landschaftlich außergewöhnliche Szenerien bieten sich nicht und so ist es eigentlich nicht verwunderlich, dass man sich zwar an manche Begebenheit der Tour erinnern kann, diese aber weniger mit dem Pass, sondern mehr mit den handelnden Personen verbindet. 1998 etwa war es, als Jan Ullrich vor der 15. Etappe nach Les Deux Alpes mit 1 Min. 11 Sek. vor Bobby Julich und 3 Min. 1 Sek. vor Marco Pantani führte. Alles deutete auf den zweiten Toursieg des Deutschen hin, aber Nebel, Nässe, Kälte und ein Hungerrast auf dieser Etappe machten ihm einen Strich durch die Rechnung. Ullrich verlor fast neun Minuten auf Pantani, verlor das Gelbe Trikot und war nun nur noch Vierter mit einem Rückstand von fast sechs Minuten auf Pantani.
Wer sah, wie sich Ullrich nach Les Deux Alpes hochquälte, rechnete eigentlich eher mit einer Aufgabe des Deutschen als mit dem, was am nächsten Tag über den Madeleinepass nach Albertville geschah.
Noch im unteren Viertel des Berges zog Ullrich plötzlich unwiderstehlich an und zeigte, welche Klasse in ihm steckte. Ein Favorit nach dem anderen musste von seinem Hinterrad abreißen lassen und nur einem gelang es, bis zum Ziel dranzubleiben, wo Ullrich mit Reifenbreite vor Marco Pantani gewann. Zwei Minuten Vorsprung hatten die beiden auf ihre Verfolger herausgefahren und Ullrich gewann am Ende zwar nicht die Tour, er wurde Zweiter hinter Pantani, aber doch die Herzen der Radsportfans.
2001 gab es eine andere Episode, die jedem Kenner der Radsportszene noch lange im Gedächtnis bleiben wird, die aber auch nicht gleich mit diesem Pass in Verbindung gebracht wird. Lance Armstrong war es, der hier an diesem Anstieg plötzlich in Schwierigkeiten zu geraten schien. Mit erschöpftem Gesichtsausdruck ließ er sich an das Ende der Spitzengruppe zurückfallen, was das Team Telekom zu verschärfter Tempoarbeit verleitete.
Ein Bluff von Armstrong, wie sich später herausstellte, der keineswegs geschwächt war, sondern am letzten Anstieg nach L'Alpe d'Huez plötzlich wieder zu Ullrich aufschloss, diesem einen viel sagenden Blick zuwarf, der als »the look« in die Tourgeschichte einging, bevor er unwiderstehlich antrat und die Etappe gewann.

Einem anderen wurde der Madeleine aber wirklich zum Verhängnis, nämlich dem lange Zeit als unbezwingbar erscheinenden Spanier Miguel Indurain. 1996, auf der 6. Etappe von Chambery nach Les Arcs, wurde er hier von den ständigen Attacken seiner Mitkonkurrenten völlig zermürbt. Sieben Minuten verlor er gegenüber dem Etappensieger Luc Leblanc und bekam zusätzlich noch eine Zeitstrafe von 20 Sekunden auferlegt, weil er völlig entkräftet kurz vor dem Ziel eine Wasserflasche aus einem fremden Begleitauto annahm. Die Tour gewann dann der Däne Bjarne Riis vor Jan Ullrich und Richard Virenque.

Frankreich/Savoyen

TOUR 17

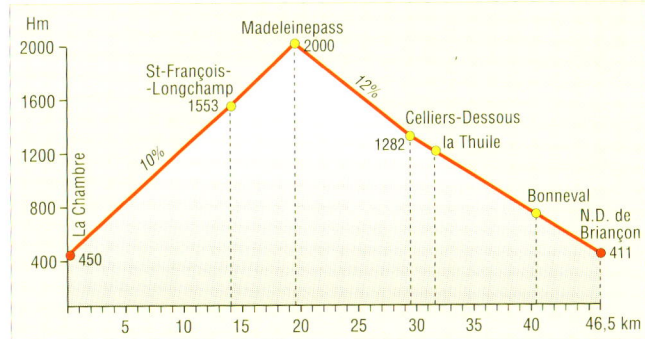

Wir starten unsere Tour in der kleinen Ortschaft La Chambre (km 0,0), unweit von Saint-Avre an der Nationalstraße 6 im Arctal, der Beschilderung »Col de la Madeleine« folgend. Recht geradlinig steigt die Trasse mit 8% an und bis St-Martin-sur-la-Chambre (km 1,5) hat man sogar eine eigene Radspur. Am Ortsende endet diese, dafür nimmt die Steigung auf 10% zu und über eine Kehrengruppe gewinnt man rasch an Höhe.

Lockerer Mischwald begleitet unsere Auffahrt, ohne eine besondere Aussicht zu eröffnen, bis zum Weiler Le Planet (km 9,5), der ein Gasthaus besitzt, in dem wir uns, nachdem etwa die Hälfte der Auffahrt zurückgelegt ist, stärken können.

Der Wald geht zurück, nicht allerdings die Steigung, die weiterhin bei 10% liegt. Der grobkörnige Asphalt erleichtert unser Vorwärtskommen nicht gerade und über L'Epalaud (km 10,5) erreicht man den Wintersportort Saint-François-Longchamp (km 14,0).

Völlig kahl und baumfrei sind die Hänge nunmehr, an denen man den Straßenverlauf bis zur Passhöhe bereits gut einsehen kann. Aber es zieht sich noch bis dorthinauf, anfangs über Kehren, dann in weiten Schleifen, die eine ständige Steigung zwischen 8 und 10% aufweisen.

Endlich ist die Passhöhe (km 19,5) erreicht und das Schutzhaus dort oben bietet Gelegenheit, Nahrungs- oder Wasservorräte wieder aufzufüllen. Großer Andrang herrscht meist nicht, denn stark befahren ist der Madeleinepass außerhalb der Skisaison, nicht.

Wir können also das Panorama auf die Chaîne de Belledonne und die Gletscher des Ecrinmassivs und der Grandes Rousses auf der gegenüberliegenden Talseite genießen, zwischen denen sich auch der Croix de Fer Pass und der Glandonpass (Tour 18) verstecken. Auf der anderen Seite, im Nordosten, ist es dagegen der Montblanc, mit 4807 m Höhe höchster Berg Europas, der unsere Aufmerksamkeit findet. Mit der 27 km langen Abfahrt mit Gefälle bis 12% und 14 Kehren hinunter nach Nôtre Dame de Briançon ins Isèretal verlieren wir ihn aber bald wieder aus den Augen. ■

	Südseite	**Nordseite**
Ausgangspunkt	La Chambre bei St-Avre, 450 m	Nôtre Dame de Briançon (Bahnhof), 411 m
Anfahrt zum Ausgangspunkt	Autobahn Turin – Susa – Modane – Chambéry, Ausfahrt Frejus – Richtung Bardonecchia/Torino – Freney – Autobahnausfahrt 26 La Chambre/Vallée des Villards – Richtung La Chambre – bei Saint-Etienne-de-Cuines – La Chambre	Autobahn Mailand – Novara – Courmayeur, Ausfahrt Morgex – Richtung Mont Blanc/Morgex – Morgex – Kleiner-Sankt-Bernhard-Pass – La Rosière – Nationalstraße 90 Ausfahrt Richtung D 93 A – Nôtre Dame de Briançon
Schwierigkeitsbewertung/Höchststeigung	Schwere Radtour mit 10% Höchststeigung	Schwere Radtour mit 12% Höchststeigung.
Streckenlänge	19,5 km	27,0 km
Höhendifferenz	1550 m	1590 m
Durchschnittl. Steigung	7,95%	5,89%
Zeit	2 – 3 Stunden	2 ³/₄ – 4 Stunden
Übersetzungsvorschlag	39/26	39/26
Streckenverlauf	La Chambre – St-Martin-sur-la-Chambre – Le Planet – L'Epalaud – St-François-Longchamp – Passhöhe	Nôtre Dame de Briançon – Bonneval – la Thuile – Celliers-Dessous – Passhöhe
Straßenverhältnisse		Teilweise Engstellen mit Ausweichen, leichte Belagschäden sowie vor allem auf der Nordseite viele unübersichtliche Kurven. Bei den Abfahrten ist hier Vorsicht geboten.
Passöffnungszeiten	15. Juni bis 31. Oktober	15. Juni bis 31. Oktober
Karte	Euro Cart Regionalkarte 1:300.000, RV-Verlag Frankreich, Blatt 8 Provence/Rhône-Alpes/Côte d'Azur	Euro Cart Regionalkarte 1:300.000, RV-Verlag Frankreich, Blatt 8 Provence/Rhône-Alpes/Côte d'Azur

TOUR 18 Croix-de-Fer-Passstraße 2067 m

Auf der Croix-de-Fer-Passstraße.

Es hat einige Zeit gedauert, bis der Croix-de-Fer-Pass in das Renngeschehen der Tour de France aufgenommen wurde. 1947 war es, auf einer 185 km langen Etappe von Grenoble nach Briançon, die der Italiener Fermo Camellini gewann. Die Strecke führte auch noch über den Galibierpass (Tour 7), in dessen unmittelbarer Nähe der Croix de Fer liegt, denn wie dieser verbindet er das Tal der Arc mit dem der Romanche.

In die Geschichte der Tour ging der Croix de Fer aber erst ein Jahr später ein, als Gino Bartali, der seine Chancen auf einen Gesamtsieg schon verspielt zu haben schien, hier seinen Angriff auf den Führenden, den Franzosen Louison Bobet, startete. Bobet wehrte sich mit aller Kraft und blieb Bartali bis zum Gipfel des Croix de Fer am Hinterrad. Erst kurz vor der Passhöhe entschied dieser den Spurt zur Bergwertung für sich und holte sich 30 Sekunden Zeitbonus auf Bobet. Bei der Abfahrt hatte Bartali dann noch eine Reifenpanne, dennoch ließ er Bobet nicht ziehen, nahm diesem bis ins Ziel in Aix-les-Bains sogar sieben Minuten ab und schlüpfte damit ins Gelbe Trikot. Bartali gewann die Tour vor dem Belgier Brik Schotte und dem Franzosen Guy Lapébie, Louison Bobet wurde nur Vierter.

1966 war es der Deutsche Karl-Heinz Kunde, dem der Croix de Fer zum Verhängnis wurde, er verlor hier das Gelbe Trikot, das er fünf Tage lang getragen hatte. Vor ihm trug es kein Geringerer als Rudi Altig, der die erste Etappe mit 47 Sekunden Vorsprung gewann und auch die 12. Etappe für sich verbuchen konnte. Gesamtsieger dieser Tour war damals der noch weitgehend unbekannte Franzose Lucien Aimar.

Nach einer langen Pause machten andere hier Schlagzeilen. 1986 bekämpften sich Bernard Hinault und Greg Lemond, obwohl für den gleichen Rennstall La Vie Claire des französischen Politikers, Schauspielers und Geschäftsmannes Bernard Tapie fahrend. Hinault holte sich die Bergwertung und auch den Etappensieg, aber in Erinnerung ist geblieben, wie beide Arm in Arm die Ziellinie überquerten. Der Toursieg ging an Greg Lemond, der damit erster amerikanischer Toursieger wurde.

1999 wurde er zum bislang letzten Mal überquert, dem Jahr, in dem der Amerikaner Lance Armstrong seine unvergleichliche Karriere mit sieben Toursiegen startete und der Telekomfahrer Giuseppe Guerini die 10. Etappe, die in L'Alpe d'Huez endete, gewann, obwohl er kurz vor dem Ziel noch von einem fotografierenden Zuschauer zu Fall gebracht wurde.

Wir starten unsere Tour über die landschaftlich interessantere Nordseite in der Ortschaft St-Jean-de-Maurienne (km 0,0) im Tal der Arc, die etwa 14 km talauswärts von St-Michel-de-Maurienne gelegen ist, dem Ausgangspunkt zum Galibier- bzw. Télégraphepass (Tour 7). Mit 10 % steigt die Straße durch den Ort in südlicher Richtung durch sonnenverbranntes Gestrüpp, an einem kleinen Steinbruch vorbei, bergan. Nach ziemlich genau 4 km Fahrt gabelt sich die Straße und wir folgen der links abzweigenden Trasse, die etwa 50 Höhenmeter in einen Taleinschnitt (km 6,5) abfällt,

Frankreich/Savoyen

TOUR 18

durch den es noch etwas eben rollt, bevor die Steigung nach einer kleinen Brücke über das Flüsschen La Brevière (km 8,5) wieder auf 10 bis 12% zunimmt.

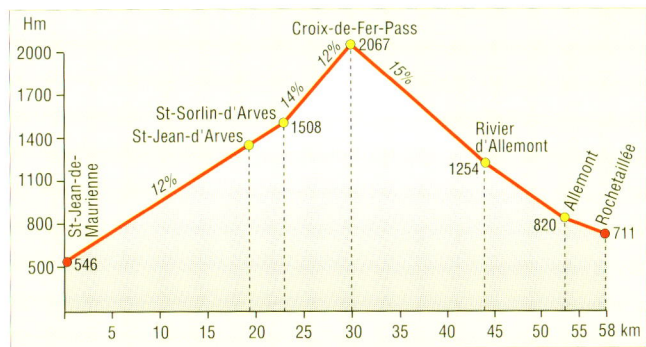

Über Kehren gewinnt man mühsam an Höhe, bis mit der Einfahrt in die Schlucht von Genin (km 11,5) die Steigung endlich nachlässt und wir wieder etwas weniger anstrengend vorankommen. Dafür müssen wir in der Talverengung aber fünf Tunnels zwischen 30 und 450 m Länge in Kauf nehmen, denen eine Abfahrt zu einem kleinen Stauwehr (km 1,5) folgt. Die dabei verlorenen etwa 75 Höhenmeter holen wir bis St-Jean-d'Arves (km 19,5) bei mäßig ansteigender Trasse, die nur hin und wieder von einigen kurzen 10%igen Anstiegen unterbrochen wird, nur langsam zurück. Auch bis St-Sorlin-d'Arves (km 23,0) warten keine besonderen Schwierigkeiten, die aber nun im Ort beginnen. Auf beachtliche 14% nimmt die Steigung zu, dafür hat man am Ortsende das schwierigste Teilstück der Auffahrt geschafft.

Allerdings sind die nun folgenden 12% noch schwierig genug, zumal die Straße auch deutlich schlechter und schmaler wird. Das baumlose Hochtal, von zahllosen grünbemoosten Felsbrocken bedeckt, bietet wenig Abwechslung und nach genau 10 km steht man unvermittelt auf der Passhöhe (km 30,0) mit dem Chalet Croix-de-Fer und dem namensgebenden Kreuz auf einer kleinen Anhöhe.

Für alle, die Lust auf einen zweiten Pass haben, ein Tipp: Nach etwa 2,5 km Abfahrt mit Gefälle bis 7% mündet die Straße in die vom Glandonpass herabziehende Trasse in. Nur etwa 500 m und 40 Höhenmeter wären von hier zur Glandonpasshöhe zurückzulegen.

Hinunter nach Rochetaillée ins Romanchetal sind es von der Abzweigung 27,5 Streckenkilometer und knapp 1200 Höhenmeter. Von dort ist es übrigens gar nicht mehr weit bis L'Alpe d'Huez (Tour 19). ■

	Nordseite	Südseite
Ausgangspunkt	St-Jean-de-Maurienne, 546 m	Rochetaillée, 711 m
Anfahrt zum Ausgangspunkt	Autobahn Turin – Susa – Modane – Chambéry, Ausfahrt Frejus – Richtung Bardonecchia/Torino – Freney – Autobahnausfahrt 28/Saint-Julien-Mont-Denis – Villagondron – St-Jean-de-Maurienne	Autobahn Turin – Susa – Modane – Chambéry, Ausfahrt Frejus – Richtung Bardonecchia/Torino – Freney – Autobahnausfahrt 26/ La Chambre/Vallée des Villards – bei Saint-Marie-des-Cuines – Richtung Saint-Etienne-des-Cuines – Glandonpass – Le Rivier-d'Allemont – Rochetaillée
Schwierigkeitsbewertung/Höchststeigung	Schwere Radtour mit 14% Höchststeigung auf einem kurzen Abschnitt in St-Sorlin-d'Arves; sonst längere Abschnitte bei 12% Steigung	Mittelschwere bis schwere Radtour mit 12% Höchststeigung.
Streckenlänge	30,0 km	28,0 km
Höhendifferenz	1525 m	1240 m
Durchschnittl. Steigung	5,08%	4,43%
Zeit	2 1/4 – 4 Stunden	2 1/4 – 3 1/2 Stunden
Übersetzungsvorschlag	39/26 – 28	39/26
Streckenverlauf	St-Jean-de-Maurienne – La Brevière – St-Jean-d'Arves – St-Sorlin-d'Arves – Passhöhe	Rochetaillée – Allemont – Rivier-d'Allemont – Passhöhe
Straßenverhältnisse	Engstellen in der Combe Genin auf der Nordseite und der Combe d'Olle und Défilé du Maupas auf der Nordseite sowie leichtere Belagschäden im oberen Bereich der Strecke	
Passöffnungszeiten	15. Mai bis 31. Oktober	15. Mai bis 31. Oktober
Karte	Euro Cart Regionalkarte 1:300.000, RV-Verlag Frankreich, Blatt 8 Provence/Rhône-Alpes/Côte d'Azur	Euro Cart Regionalkarte 1:300.000, RV-Verlag Frankreich, Blatt 8 Provence/Rhône-Alpes/Côte d'Azur
Besondere Hinweise	Wegen der fünf 30 bis 450 m langen Tunnels in der Combe Genin ist Beleuchtung ratsam	

19 Alpe-d'-Huez-Bergstraße 1860 m

Die steile Straße ist gut ausgebaut.

L'Alpe d'Huez ist eigentlich weniger ein klassischer Berg der Tour de France, dafür wurde er fast zu spät, erstmals 1952, in deren Programm aufgenommen. L'Alpe d'Huez ist eher ein Mythos, wobei es dies auch nicht ganz richtig trifft, denn L'Alpe d'Huez ist fast ein Event, wie es ihn im Radsport kein zweites Mal mehr gibt. Dies war freilich nicht immer so, denn als der Ort 1952 erstmals Endpunkt einer Etappe war, gab es dort ganze drei Gasthäuser und das Ziel, das der italienische »Campionissimo« Fausto Coppi vor dem französischen Bergspezialisten Jean Robic als Erster erreichte, lag noch etwas unterhalb der Ortschaft. Dann wurde es wieder lange still um L'Alpe d'Huez, fast ein Vierteljahrhundert lang, bis 1976 Joop Zoetemelk die 21 Kehren in dem nun schon größer und bekannter gewordenen Wintersportort als Schnellster bewältigte. In den darauf folgenden Jahren 1977 bis 1983 war L'Alpe d'Huez jedes Jahr im Programm und fünfmal machten hier die Holländer Hennie Kuiper, Joop Zoetemelk und Peter Winnen den Sieg unter sich aus. L'Alpe d'Huez entwickelte sich zum Berg der Holländer, was viele dazu veranlasste, mit Autos, Zelten und Wohnwagen die 21 Kehren in Beschlag zu nehmen und ihre Landsleute zum Sieg anzufeuern.

Zwar riss 1984 mit dem Sieg des Kolumbianers Lucho Herrera die Siegesserie der »Oranjes«, aber L'Alpe d'Huez hatte sich als Zuschauermagnet etabliert. Zwischen einer halben und einer Million Menschen sollen es sein, die in den letzten Jahren am Straßenrand standen und wer einmal »live« dort dabei war, wird nicht umhinkönnen zu sagen, dass damit die Grenzen des Erträglichen, sowohl für die Rennfahrer als auch für die Zuschauer, bereits überschritten sind. Ganz besonders deutlich wurde dies im Jahre 2004, als hier erstmals ein Bergzeitfahren ausgetragen wurde und schon Tage vorher kein freies Plätzchen, weder in der Talschaft noch am Berg, zu finden war. Am Renntag war es dann so schlimm, dass selbst für die 155 Fahrer am Berg kaum noch ein Durchkommen war. Nur in der oberen Streckenhälfte hielten Absperrgitter die Zuschauer zurück, aber in der unteren Hälfte war es für die Fahrer fast unmöglich, trotz Ordner, Polizeimotorrädern und Begleitautos eine eigenständige Linie zu wählen.

Der Amerikaner und siebenfache Toursieger Lance Armstrong, der bereits im Jahre 2001 hier siegreich war, gewann dieses Zeitfahren in einer Zeit von 39 Minuten und 41 Sekunden. Eine Zeit, die den Vergleich mit der Bestzeit des unvergessenen italienischen Bergfahrers und Tour-de-France-Gewinners Marco Pantani herausforderte. 37 Minuten und 35 Sekunden hatte dieser für den letzten Anstieg im Jahre 1997, dem Jahr von Jan Ullrichs Toursieg, benötigt, dabei allerdings schon mehr als 200 Rennkilometer über mehrere Pässe in den Beinen.

Ein exakter Vergleich ist somit nicht möglich, aber Zeitnehmer wollen ermittelt haben, dass Armstrongs Zeit vom Beginn der Steigungsstrecke, die ca. 1,6 km durch den

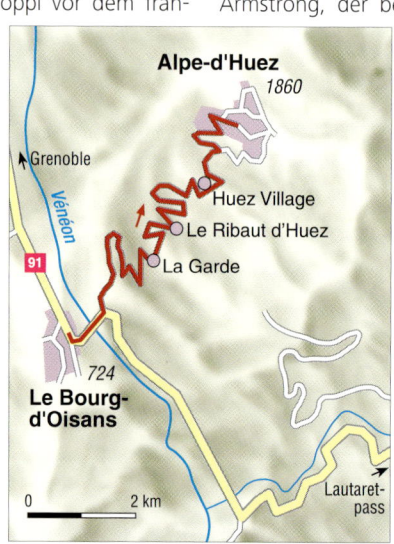

Frankreich/Dauphiné

TOUR 19

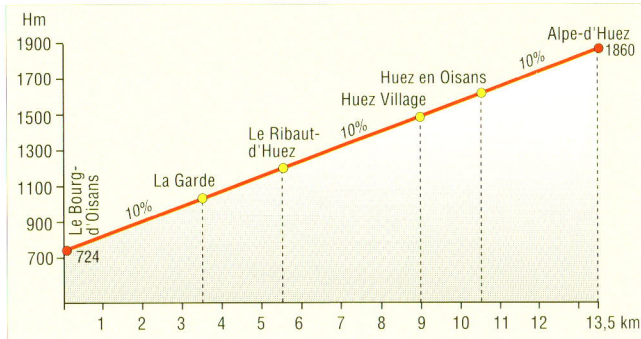

Ort also abgezogen, bis ins Ziel 37 Minuten und 36 Sekunden betragen habe und er damit genau eine Sekunde über der von Marco Pantani geblieben sei.

Zahlenspiele freilich, die allerdings interessant sind, wenn wir sie mit den von uns benötigten Zeiten vergleichen. Also finden wir uns in der kleinen Gemeinde Le Bourg-d'Oisans an der Nationalstraße 91, etwa 30 km östlich von Grenoble im Tal der Romanche gelegen, ein.

Einige Kilometer vor der Ortschaft, in Allemont, zweigt die Straße zum Glandon- und Croix-de-Fer-Pass (Tour 18) ab und wer durch den Ort der N 91 folgt, gelangt auf den Lautaretpass und zum Galibierpass (Tour 7). Wir aber wollen nach L'Alped'Huez und folgen der am Ortsende abzweigenden Départementalstraße 211 Richtung La Garde/L'Alpe d'Huez (km 0,0), die wir auf einer kleinen Brücke über die Romanche überqueren. Wir starten die Zeitmessung auf unserem Tacho und wählen die richtige Übersetzung für die bald danach ansetzende Steigung, die bei 10 bis 11 % liegt. Große Veränderungen, weder nach oben noch nach unten, wird es bis ins Ziel, so viel sei vorweg verraten, auch nicht geben.

Lance Armstrong soll hier meist ein 21er bis 23er Ritzel aufgelegt haben und dürfte damit einem gut trainierten Hobbyfahrer, der wohl 23 bis 26 benutzen wird, noch am nächsten kommen. Allerdings wirbelte er diese mit 110 Pedalumdrehungen nach oben, was für einen Hobbyradler allenfalls für ein paar Meter machbar sein wird. Der wird sich eher an den 85 bis 90 Umdrehungen eines Jan Ullrich orientieren, der dafür aber ein 17er oder 19er Ritzel rund tritt, mit dem der Hobbyradler auch wieder nur ein paar Meter kommen würde. Nach ca. 2,5 km wird die erste Kehre erreicht, in der ein Schild mit der Aufschrift 21, der Höhenangabe sowie den Namen Fausto Coppi und Lance Armstrong steht. Man hat beschlossen, alle Etappensieger auf diesen Kehrenschildern zu verewigen und da es nur 21 Schilder, aber bereits 23 Sieger gibt, fügt man die neuen nun jeweils zu den alten.

Bald also werden den Namen Zoetemelk, Kuiper, Agostinho und Co., an deren Namenstafeln wir bei gleich bleibender Steigung, die nur in den Kehrenradien etwas nachlässt, vorbeiradeln, weitere hinzugefügt.

Nach 3,5 km erreicht man das Dörfchen La Garde, das mit einer schönen gotischen Dorfkirche und einem kurzen Abflachen der Strecke aufwarten kann. Schon am Ortsende nimmt die Steigung wieder auf 10 % zu und über weitere Kehren geht es nach Le Ribaut-d'Huez (km 5,5).

Vorbei an mit dunklem Holz verkleideten Chalets hält sich die gut ausgebaute Straße bei gewohnter Steigung bis Huez Village (km 9,0), an das sich Huez en Oisans (km 10,5) anschließt. Am Ortsende erreichen wir dann Kehre vier und an der folgenden Kreuzung (km 11,5) folgen wir den Aufschriften auf der Straße und damit der geradeaus führenden Trasse.

Kehre zwei liegt direkt am Ortseingang von L'Alped'Huez (km 12,5), aber noch sind es gut 200 Höhenmeter zum Ziel in der Avenue du Rif Nel (km 13,5), unweit des Hotels Chaix, fast schon wieder am Ortsausgang der verstreuten Hotelsiedlung, wo wir endlich unsere Zeitmessung anhalten können. ■

Ausgangspunkt	Le Bourg-d'Oisans, 724 m, ca. 45 km östlich von Grenoble
Anfahrt zum Ausgangspunkt	Autobahn Turin – Susa – Modane – Chambéry, Ausfahrt Frejus – Richtung Bardonecchia/Torino – Freney – Autobahnausfahrt 26/ La Chambre/Vallée des Villards – bei Saint-Marie-des-Cuines – Richtung Saint-Etienne-des-Cuines – Glandonpass – Le Rivier-d'Allemont – Rochetaillée – Le Bourg-d'Oisans
Schwierigkeitsbewertung/Höchststeigung	Mittelschwere Radtour mit fast durchgehend 10 % Höchststeigung
Streckenlänge	13,5 km
Höhendifferenz	1140 m
Durchschnittl. Steigung	8,44 %
Zeit	1 3/4 – 2 1/2 Stunden
Übersetzungsvorschlag	39/26
Streckenverlauf	Le Bourg-d'Oisans – La Garde – Le Ribaut-d'Huez – Huez Village – Huez en Oisans – L'Alpe d'Huez
Straßenverhältnisse	Gut ausgebaute Straßen
Passöffnungszeiten	Ganzjährig befahrbar
Karte	Euro Cart Regionalkarte 1:300.000, RV-Verlag Frankreich, Blatt 8 Provence/Rhône-Alpes/Côte d'Azur

20 TOUR Izoard-Passstraße 2360 m

In kehren windet sich die Straße höher.

Schon alleine seiner einmaligen Landschaft wegen ist es der Izoardpass wert, befahren zu werden. Seine Passhöhe wird von der »Casse Déserte« gebildet, was übersetzt so viel wie »zerklüftete, zerhackte Wüste« bedeutet. Sie besteht aus einem riesigen Geröllteppich, aus dem bizarr geformte, von der Erosion freigelegte Felsklötze fast gespenstisch herausragen. Es ist eine ansonsten fast völlig vegetationslose Umgebung, die unwillkürlich den Eindruck einer Mondlandschaft vermittelt. Dieser Eindruck wird dadurch verstärkt, dass man sich hier in einer naturbelassenen, einsamen Umgebung befindet. Große Verkehrsbedeutung hatte der Izoard, der die Stadt Briançon mit dem Tal der oberen Guil, das sich zur Ortschaft Guillestre öffnet, von der man über den Varspass zum Restefond-/Bonettepass gelangt, nie, denn die durch das Tal der Durance führende Alternativroute ist kürzer und besser ausgebaut.

Die Bedeutung des Izoardpasses für die Tour de France stammt vor allem aus den älteren Tagen der Rundfahrt. 1922 erstmals ins Programm aufgenommen, überquerte ihn der Belgier Philippe Thys als Erster und gewann die Etappe, die zuvor noch über dem Allospass (Tour 21) und Varspass geführt hatte, in Briançon. 1923 setzte hier der Franzose Henri Pélissier den Grundstock zu seinem Gesamtsieg, dem ersten eines Franzosen, nachdem sieben Jahre zuvor Belgier dominiert hatten. Es kam die Zeit von Gino Bartali, der hier 1938 ins Gelbe Trikot schlüpfte und zehn Jahre später sich mit dem Bretonen Louison Bobet an gleicher Stelle ein Duell lieferte. Noch konnte Bartali Bobet in die Schranken verweisen, der die Tour dafür in den Jahren 1953 bis 1955 dreimal hintereinander gewann. 1949 schlug die Stunde von Fausto Coppi, der den Izoard zusammen mit Gino Bartali überquerte und diesem den Etappensieg in Briançon, als Geburtstagsgeschenk – Bartali wurde damals 35 Jahre – überließ. Coppi gewann die Tour 1943 und 1952 und wurde für seine Leistungen zusammen mit Louison Bobet gewürdigt, indem man den beiden mit einer Tafel auf einem Felsklotz, kurz nach der Passhöhe, mit der Einfahrt in die »Casse Déserte«, ein Denkmal setzte. Der Spanier Bahamontes und der unvergleichliche Eddy Merckx trugen sich noch in die Liste der Ersten bei Überfahrung der Passhöhe ein, dann aber wurde es still um den Izoard. Er kam etwas aus der Mode, wie man so schön sagt, und als er im Jahre 2000 wieder Aufnahme fand, schonten sich die Favoriten wie Armstrong

Frankreich/Dauphiné

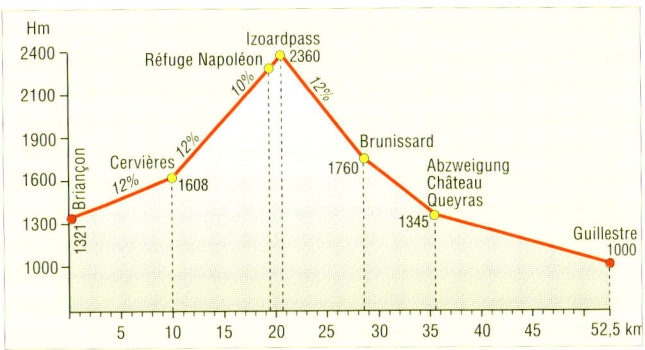

und Ullrich für die schwere Bergankunft in Courchevel am nächsten Tag und überließen den Etappensieg in Briançon dem Kolumbianer Santiago Botero.

Wir wählen Briançon (km 0,0), wir vielleicht nach einer Fahrt über den Galibierpass (Tour 7) und anschließender Abfahrt über die Ostseite des Lautaretpasses erreicht haben, als Ausgangspunkt und verlassen die Festungsstadt in südwestlicher Richtung über eine großzügige Kehre, die gleich mit 12% anzusteigen beginnt. Schon bald nach dem Ortsende legt sich die Steigung auf 10% zurück, um sich nach der kleinen Ortschaft Fontchristianne (km 3,5) noch weiter abzusenken.

Wir radeln entlang dem linken Rand einer gewaltigen Schlucht, die das Flüsschen Cerveyette hier in das weiche Kalkgestein gegraben hat, und freuen uns über eine etwa 1,5 km lange, leichte Abfahrt, bevor bis zum Weiler Cervières (km 10,0) wieder Anstiege bis 10% mit flacheren Abschnitten abwechseln. Die Cerveyette wird überquert, in Kehren windet sich die Straße nun mit 10% Steigung höher, um sich plötzlich scharf nach Süden, den Steinhütten von Le Laus (km 12,5) zuzuwenden. Über weitere Kehren mit 12% Steigung geht es durch lichten Kiefernwald, aus dem schon vereinzelte Felsnadeln herausstechen, höher, der Wald wird spärlicher und über uns erkennen wir das Réfuge Napoléon, das nicht nur den Namen des berühmten Korsen trägt, sondern dieser auch errichten ließ.

Am Réfuge (km 19,5) vorbei ist die Passhöhe bereits erkennbar, zu der sich die Straße in weit geschwungenen Schleifen mit 10% Steigung hochzieht. Dort können wir unser Rad an dem Steinobelisken (km 20,5), der zu Ehren einer französischen Gebirgsjägerdivision, Erbauer der Straße, errichtet wurde, anlehnen, oder an der kleinen Hütte, in der sich auch ein Tour-de-France-Museum befindet, mit beeindruckenden Bildern aus den früheren Zeiten der Tour.

Eine kurze Abfahrt über eine Kehrengruppe mit 12% Gefälle bringt uns nun, vorbei am Denkmal für Coppi und Bobet, in die »Casse Déserte«, dieser Geröllwüste aus riesigen Felspyramiden, die ihre Entstehung dem Werk aus Erosion und Verwitterung verdanken und die wir auf leicht ansteigender Trasse durchfahren. Noch ein kurzer Anstieg mit 6%, dann liegt auch dieses Naturschauspiel hinter und eine 32 km lange Abfahrt mit Gefälle bis 12% hinunter nach Guillestre vor uns. ■

	Nordseite	**Südseite**
Ausgangspunkt	Briançon, 1321 m	Guillestre, 1000 m
Anfahrt zum Ausgangspunkt	Autobahn Turin – Susa – Modane, Ausfahrt Oulx Est – Richtung Francia/Monginevro – Montgenèvrepass – Briançon –	Autobahn Turin – Susa – Modane, Ausfahrt Oulx Est – Richtung Francia/Monginevro – Montgenèvrepass – Briançon – Guillestre
Schwierigkeitsbewertung/Höchststeigung	Mittelschwere Radtour mit 12% Höchststeigung	Mittelschwere bis schwere Radtour mit 12% Höchststeigung
Streckenlänge	20,5 km	32,0 km
Höhendifferenz	1040 m	1360 m
Durchschnittl. Steigung	5,07%	4,25%
Zeit	2 – 3 Stunden	2 1/4 – 3 1/2 Stunden
Übersetzungsvorschlag	39/26	39/26
Streckenverlauf	Briançon – Fontchristianne – Cervières – Le Laus – Réfuge Napoléon – Passhöhe	Guillestre – Le Cristillan – Abzweigung Château Queyras – Brunissard – Passhöhe
Straßenverhältnisse	Teilweise erhebliche Belagschäden im Scheitelbereich	Teilweise erhebliche Belagschäden im Scheitelbereich
Passöffnungszeiten	15. Juni bis 15. Oktober	15. Juni bis 15. Oktober
Karte	Euro Cart Regionalkarte 1:300.000, RV-Verlag Blatt 8 Provence/Rhône-Alpes/Côte d'Azur	Euro Cart Regionalkarte 1:300.000, RV-Verlag Blatt 8 Provence/Rhône-Alpes/Côte d'Azur
Besondere Hinweise		Wegen der fünf 30 bis 300 m langen Tunnels auf der Südseite ist Beleuchtung notwendig

21 TOUR Allos-Passstraße 2250 m

Es gibt kaum Autoverkehr auf der Allos-Passstraße.

Tief in der südöstlichen Ecke Frankreichs, im Département Alpes-de-Haute-Provence, in den Alpes Maritimes, liegt der Allospass. Er verbindet Barcelonnette im Tal des Ubaye mit Colmars und befindet sich in unmittelbarer Nachbarschaft zum Restefond-/Bonettepass (Tour 2), dem höchsten Alpenpass, sowie dem Cayollepass. In der Nähe der Passhöhe entspringt der Fluss Verdon, der etwas südwestlich eine der großartigsten Landschaften der Alpen, den spektakulären Grand Canyon du Verdon, geschaffen hat. Hat man den Allospass von Norden kommend überquert und radelt weiter Richtung Süden, ist es nicht mehr allzu weit an die Côte d'Azur um Cannes und Nizza.

Der Allospass durchquert den Nationalpark Mercantour, eine Region, die unter einheimischen Radsportlern ihrer landschaftlichen Schönheit, der sportlichen Herausforderung sowie des wenigen Autoverkehrs wegen geschätzt wird. Weniger geschätzt wird der Allospass allerdings von den Organisatoren der Tour de France, die diesen Pass immer seltener in ihre Streckenführung einbezogen. Dabei wurde er in den Jahren zwischen 1911 und 1939 regelmäßig in die Große Schleife eingebaut und auch nach 1945 wurde er gleich wieder ins Programm mit aufgenommen. Nach 1949 aber wurde es still um den Allos und auf den Tourenkarten war er nur noch ganz selten zu finden.

Aber einmal sollte er noch richtig Schlagzeilen machen, als der große Eddy Merckx sich anschickte, die Tour de France zum sechsten Mal gewinnen zu wollen. Nizza war Ausgangsort einer 217,5 km langen Etappe, die nach Pra-Loup führen sollte, einem Bergdorf auf der Nordseite des Allospasses. Merckx hatte das Gelbe Trikot, aber sein Vorsprung auf seinen schärfsten Verfolger, den Franzosen Bernard Thévenet, betrug nur 58 Sekunden. Sechs Anstiege waren insgesamt zu bewältigen und zusammen mit Felice Gimondi, dem belgischen Bergfloh Lucien Van Impe, dem Holländer Joop Zoetemelk und Bernard Thévenet ging er den letzten, hinauf zum Allos, an.

Kurz vor der Passhöhe gelang es Merckx, seine Mitkonkurrenten abzuschütteln, und alleine stürzte er sich in die gefährliche Abfahrt. Keinem seiner Verfolger gelang es, an Eddy Merckx heranzukommen, der sich anschickte, den Etappensieg auf dem 6 km langen Schlussanstieg nach Pra-Loup zu holen. Aber es sollte anders kommen. Von einem unerklärlichen Schwächeanfall befallen verlor Merckx Meter um Meter auf seine Verfolger. Zuerst überholte ihn Gimondi, dann Thévenet und kurz vor dem Ziel Van Impe und Zoetemelk. Thévenet gewann die Etappe vor Felice Gimondi, errang die Spitzen-

Frankreich/Provence

TOUR 21

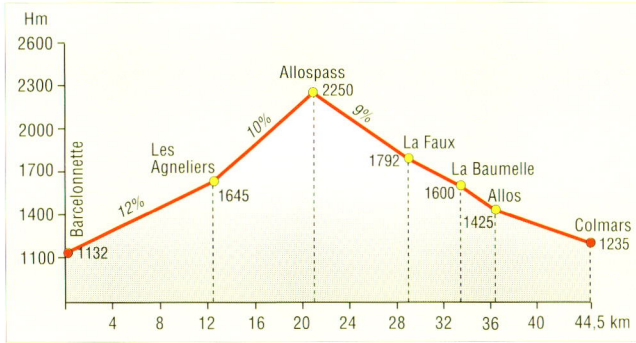

position und verteidigte sie bis ins Ziel in Paris, wo er die Tour de France mit 2,47 Minuten vor Eddy Merckx gewann. Damit neigte sich die Ära des »Kannibalen« seinem Ende zu und wie der Madeleinepass (Tour 17) für den Beginn, ist der Allos also für das Ende der Karriere des »besten Radrennfahrers aller Zeiten« verantwortlich.

Wir gehen den Allospass von Barcellonnette (km 0,0) aus an und radeln an schönen alten Villen vorbei, die von heimkehrenden Auswanderern gebaut wurden, die in Mexiko durch Stoffhandel zu Reichtum gelangten. Die Hinweisschilder zum »Col de la Cayolle« und »Col d'Allos« sind nicht zu übersehen und nach flachen 2,5 km auf der D 902 erreichen wir die Gabelung der beiden Passstraßen. Während die D 902 über die Bachelardbrücke zum Col de la Cayolle abzweigt, folgen wir der D 908 zum Allospass.

Die Straße beginnt anzusteigen und bald erkennen wir die Abzweigung nach Pra-Loup, dem Ort von Eddy Merckx' Niederlage. Wer die Strecke nachfahren möchte, 6 km mit Steigungen bis 10 % und 400 Höhenmeter sind dort hinauf zu bewältigen. An der Abzweigung vorbei nimmt die Steigung nunmehr auf 12 % zu, legt sich bei km 5,0 aber wieder zurück und durch schütteren Nadelwald entlang der rechten Talseite kommen wir in dem hier noch breiten Tal gut voran. Bei km 6,5 überqueren wir die Pont du Fau, ein kleines Viadukt, und die Straße verengt sich merklich. »Garage« ist auf einigen Schildern zu lesen, sie bezeichnen hier die Ausweichstellen, die der schmalen Fahrbahn wegen in den Fels getrieben wurden. Mit viel Verkehr ist hier allerdings nicht zu rechnen, dennoch wird man froh sein, diesen Abschnitt hinter sich zu haben, wenn sich die Trasse in einem scharfen Knick (km 9,0) nach Westen wendet und wir in einer weiten Schleife mit 8 % Steigung die Schlucht von Malune umfahren und Les Agneliers (km 12,5) erreichen. Es ist eine karge Hochgebirgslandschaft, vorwiegend aus Hochweiden bestehend, die nur hin und wieder von kleinen Kiefern- und Lärchengruppen durchsetzt sind. Die Steigung nimmt auf 10 % zu und legt sich bis zum Réfuge (km 20,5) nicht mehr unter 8 % zurück. Eine Kehre haben wir dann noch zur Passhöhe (km 21,0) vor uns, einem weiten Sattel zwischen dem Cheval de Bois und der Tête de Vescal mit Imbiss- und Souvenirständen.

Die Südseite des Allospasses senkt sich nun 23,5 km lang mit Gefälle bis 9 % und 14 Kehren ins 1235 m hoch gelegene Colmars, mit dem sehenswerten Fort de France, ins Tal des Verdon hinab. ■

	Nordseite	Südseite
Ausgangspunkt	Barcelonnette, 1132 m	Colmars, 1235 m
Anfahrt zum Ausgangspunkt	Autobahn Turin – Susa – Modane, Ausfahrt Oulx Est – Richtung Francia/Monginevro – Montgenèvrepass – Briançon – Savines-le-Lac – bei Lauzet-Ubaye – Barcelonnette	Autobahn Genua – Nizza, Ausfahrt 52 Digne/Grenoble – Richtung Digne-les-Bains/Nice-Saint-Isidore – Nizza/Nice – Puget Théniers – Annot – Colmars
Schwierigkeitsbewertung/Höchststeigung	Mittelschwere Radtour mit 12 % Höchststeigung	Mittelschwere Radtour mit 10 % Höchststeigung
Streckenlänge	21,0 km	23,5 km
Höhendifferenz	1120 m	1050 m
Durchschnittl. Steigung	5,33 %	4,47 %
Zeit	2 – 3 Stunden	2 – 3 Stunden
Übersetzungsvorschlag	39/26	39/23
Streckenverlauf	Barcelonnette – Pra-Loup – Les Agneliers – Réfuge – Passhöhe	Colmars – Allos – La Baumelle – La Foux – Passhöhe
Straßenverhältnisse	Viele Engstellen, teilweise mit Ausweichen, unübersichtliche Kurven mit Belagschäden	Viele Engstellen, teilweise mit Ausweichen, unübersichtliche Kurven mit Belagschäden
Passöffnungszeiten	15. Juni bis 15. November	15. Juni bis 15. November
Karte	Euro Cart Regionalkarte 1:300.000, RV-Verlag Frankreich, Blatt 8 Provence/Rhône-Alpes/Côte d'Azur	Euro Cart Regionalkarte 1:300.000, RV-Verlag Frankreich, Blatt 8 Provence/Rhône-Alpes/Côte d'Azur

22 TOUR Ventoux-Passstraße 1909 m

Der Mont Ventoux verkörpert den Mythos des Radsports.

Dort, wo die Alpen eigentlich zu Ende scheinen und in die sanften Vorberge der Provence übergehen, erhebt sich nochmals ein richtiger Klotz, dem man weder seine Höhe noch die Herausforderungen, die er an seine Bezwinger stellt, ansieht. Es ist der 1909 m hohe Mont Ventoux, der sich über der Ebene von Carpentras und dem Plateau von Vaucluse als kahler, im Winter schneebedeckter Bergrücken aufbaut und die höchste Erhebung im Gebirgssystem der Provence bildet. Seinen Bekanntheitsgrad in Radsportkreisen verdankt er allerdings weder seiner Form noch seiner Höhe, sondern einem traurigen Umstand. Am 13. Juli 1967 brach hier, auf der 13. Etappe der Tour de France von Marseilles nach Carpentras, der englische Radprofi Tom Simpson etwa 2 km unterhalb des Gipfels zusammen. Man vermutete, dass die Einnahme verbotener Aufputschmittel zusammen mit der Hitze, es sollen 45 Grad im Schatten gemessen worden sein, wobei es im oberen Bereich keinen Schatten gibt, schuld an diesem Zusammenbruch gewesen sein. Die Tour hatte ihr erstes Dopingopfer zu beklagen. Schuldzuweisungen wurden gestellt, Klagen erhoben und Untersuchungen wurden eingeleitet, aber letztendlich verlief alles im Sande. Waren nicht auch schon andere an diesem Berg in Schwierigkeiten gekommen? Der Schweizer Ferdi Kübler z. B., der im Jahre 1955 ganz offensichtlich nicht mehr Herr seiner Sinne war und mit Sehstörungen den Berg überquerte und später, kurz vor dem Ziel in Avignon, in einer Kneipe Getränke zu sich nahm und dann in falscher Richtung weiterfahren wollte. Noch schlimmer erwischte es hier im gleichen Jahr den Franzosen Jean Malléjac, immerhin Tourzweiter von 1953, der bewusstlos vom Rad fiel und von Tourarzt Dr. Dumas wiederbelebt werden musste.

Später, im Jahre 1970, war es der große Eddy Merckx, der nach Überfahrung des Zielstrichs am Gipfel von einer unerklärlichen Schwäche befallen wurde und, anstatt aufs Podium zu steigen, im Ambulanzwagen mit Sauerstoffmaske ins Tal gefahren wurde.

Es ist alles nicht so erfreulich, was man über den »Riesen der Provence« zumindest in Radsportkreisen hört, dabei war es auch dieser Berg, der gleichsam die Geburtsstunde des Alpinismus einläutete. Der italienische Dichter Francesco Petrarca (1304–1374) war es, der ihn am 24. April 1336 zusammen mit seinem Bruder Gerardo erstmals bestieg. Die beiden taten es ohne jegliche Notwendigkeit und irgendeinem Ziel, lediglich zu ihrem eigenen Vergnügen, um nach einem langen, mühevollen Aufstieg die Schönheit der Natur genießen zu können. Petrarca beschrieb sein Tun dann auch anschaulich mit folgenden Worten: »Den höchsten Berg dieser Gegend, den man nicht unverdientermaßen Ventosus, den Windumtosten nennt, habe ich heute bestiegen. Dabei trieb mich einzig die Begierde, die ungewöhnliche Höhe dieses Flecks Erde durch Augenschein kennen zu lernen«.

Wenn also auch wir uns diese Maxime als Anspruch nehmen und den Ventoux nur zum Vergnügen und der eigenen körperlichen Leistungsfähigkeit angepasst befahren wollen, sollte dies durchaus ohne entscheidende Probleme möglich sein.

Frankreich/Provence TOUR 22

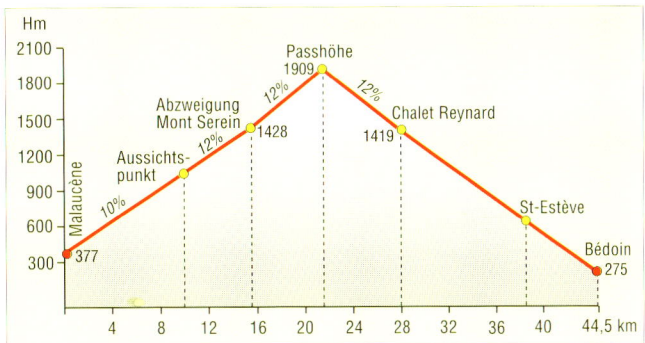

Wir ziehen Maulaucène (km 0,0) als Ausgangspunkt über die Nordwestseite des Berges, der Auffahrt von Bédoin über die Südostflanke vor, da diese von den Steigungsverhältnissen etwas abwechslungsreicher, zudem etwas schattiger und bei Hobbyradlern somit die beliebtere Seite ist. Die durch den Ort mit 6% Steigung ansteigende Straße legt sich am Ortsende kurz zurück, um bald darauf, vorbei an der im Wald verborgenen Quelle von Grouzeau, auf 8 bis 11% anzusteigen. Durch waldreiches Gelände, das allerdings nur früh am Vormittag oder am späten Nachmittag Schatten spendet, führt die gut ausgebaute, mit grobkörnigem Belag versehene Straße bei gleich bleibend zwischen 8 und 11% liegender Steigung nach oben.

5 km Fahrt zeigt unser Tacho, wenn die Steigung spürbar auf 6% zurückgeht. Ein kurzes Flachstück folgt, dann aber wird es mit 10% Steigung wieder steiler, die anfangs aber noch von längeren flacheren Abschnitten abgelöst werden.

Bei km 10,0 erkennt man eine kleine Aussichtsplattform etwas unterhalb der Straße und wer will, kann hier, etwa auf halber Höhe der Auffahrtsstrecke, rasten. Schaden kann es keinesfalls, denn es wird schwer. Auch wenn Verkehrsschilder hier nur eine Steigung von 10% anzeigen, wer mit dem Rad unterwegs ist, fühlt, dass es echte 12% sind, die zudem auf einer Länge von 4 km beibehalten werden.

Profis treten hier eine Übersetzung von 39x19, ein Hobbyradler ist schon gut trainiert, wenn er 39x26 schafft, dies aber nur ganz nebenbei. An der Abzweigung zur kleinen Feriensiedlung Mont Serein (km 15,5) vorbei, geht die Steigung endlich zurück und ein Schild zeigt, dass der Gipfel noch 6 km entfernt ist.

Die Straße verengt sich deutlich, wir radeln in ein Waldstück ein und auf 1 km Länge nimmt die Steigung wieder auf 10% zu. Der Gipfelhang, eine Wüste aus grauweißen Kalkbrocken, das Werk der ständig wechselnden Klimaverhältnisse hier oben, liegt vor uns, den wir über enge Kehren mit Steigungen zwischen 8 und 10% angehen. Die gelb-schwarzen Markierungsstangen sollen die Straße nach Schneeverwehungen kenntlich machen, die bis in den April hinein andauern können.

Zwei Kehren noch mit 8 bis 10% Steigung, dann ist die Passhöhe (km 21,5) erreicht und damit ein Mythos bezwungen. Der schönste Aussichtspunkt bietet sich etwas südlich des Parkplatzes am Col des Tempetes, dem Pass der Stürme, auf dem eine Orientierungstafel die Berggipfel der Umgebung aufzählt. Das Mahnmal für Tom Simpson liegt etwa 2 km unterhalb des Gipfels in den Geröllfeldern der linken Straßenseite. ■

	Westseite	Ostseite
Ausgangspunkt	Malaucène, 377 m	Bédoin, 275 m
Anfahrt zum Ausgangspunkt	Autobahn Marseille – Lyon, Ausfahrt 22 Carpentras/Orange Sud – Richtung Carpentras/Sarrians – bei Courthézon – Carpentras – Malaucène	Autobahn Marseille – Lyon, Ausfahrt 22 Carpentras/Orange Sud – Richtung Carpentras/Sarrians – bei Courthézon – Carpentras – Bédoin
Schwierigkeitsbewertung/Höchststeigung	Schwere Radtour mit 12% Höchststeigung auf insgesamt 5km Länge	Schwere Radtour mit 12% Höchststeigung
Streckenlänge	21,5 km	23,0 km
Höhendifferenz	1535 m	1635 m
Durchschnittl. Steigung	7,14%	5,94%
Zeit	2 1/4 – 3 1/2 Stunden	2 1/2 – 3 1/2 Stunden
Übersetzungsvorschlag	39/26	39/26
Streckenverlauf	Malaucène – Aussichtspunkt – Abzweigung Mont Serein – Passhöhe	Bédoin – St-Estève – Chalet Reynard – Passhöhe
Straßenverhältnisse	Gut ausgebaute Straßen	Gut ausgebaute Straßen
Passöffnungszeiten	15. Mai bis 31. Oktober	15. Mai bis 31. Oktober
Karte	Euro Cart Regionalkarte 1:300.000, RV-Verlag Frankreich, Blatt 8 Provence/Rhône-Alpes/Côte d'Azur	Euro Cart Regionalkarte 1:300.000, RV-Verlag Frankreich, Blatt 8 Provence/Rhône-Alpes/Côte d'Azur

Südtirol und die Dolomiten die schönste Berglandschaft der Welt? Für mich ja, aber das ist subjektiv und der Einschätzung jedes Einzelnen überlassen. Aber auf eine grandiose und begeisternde Landschaft treffen wir von der Brixener Dolomitenstraße aus dem Eisacktal heraus bis zur wilden Palagruppe, bereits im südlichen Teil der Dolomiten gelegen, in jedem Fall. Freilich soll der Nachteil dieser herrlichen Region nicht ungenannt bleiben, der sich aus einem manchmal erschreckenden Ausmaße annehmenden Verkehrsaufkommen ergibt. Aber die genannten Touren sind davon sogar noch etwas ausgenommen, denn die Brixener Dolomitenstraße kann noch als echter Geheimtipp gelten und auch das Ultental, von Meran aus dem Etschtal in die Ortlergruppe, gilt noch als nicht allzu stark frequentiert.

Für die Drei-Zinnen-Bergstraße gilt dies nur für den Zeitraum außerhalb der Hauptreisezeit, aber an diesen steilen Anstieg mit langen Steigungsabschnitten bis 16 % sollten sich ohnehin nur die gut Trainierten wagen. Der vorangehende Tre-Croci-Pass gilt dagegen wiederum als Genusstour, der auch mit weniger Trainingskilometern in den Beinen bewältigt werden kann.

Südtirol/Dolomiten

Tour 23: Die Brixener Dolomitenstraße

Am Würzjoch mit Blick auf die Geißlergruppe.

Für den Radler, der über den Brenner kommend auf dem Weg zu den Passstraßen Südtirols oder der Dolomiten ist, ist Brixen, ital. Bressanone, in der Regel nur ein Ortsschild, das er im Vorbeifahren kurz wahrnimmt. Dabei ist zum einen die mehr als 1000 Jahre alte Stadt selbst, die sich in einem weiten Talkessel am Zusammenfluss von Eisack und Rienz ausdehnt, recht sehenswert, zum anderen ist sie Ausgangspunkt der Brixener Dolomitenstraße, die von hier über das Halsljoch und das Würzjoch, ital. als Passo Erbe bezeichnet, ins Gadertal führt, das vom Pustertaler Bruneck aus mitten in den zentralen Teil der Dolomiten um den Sellastock mit so bekannten Dolomitenpässen wie Grödner Joch, Sellajoch, Pordoijoch und Campolongopass hineinzieht.

Auf dem Weg dorthin überschreitet die Brixener Dolomitenstraße, wenn auch nur knapp, immerhin die 2000-m-Marke und gibt dabei mit Ausblicken auf die Felszinnen der bekannten Geislergruppe erste Eindrücke in die landschaftliche Vielfalt und Schönheit der Dolomiten. Mit guten 1500 Höhenmetern, die auf den knapp 45 Streckenkilometern, mit einer Höchststeigung bis 12%, zu bewältigen sind, handelt es sich schon um eine anspruchsvolle Tour, die allerdings einen für Radler nicht hoch genug einzuschätzenden Vorteil aufweisen kann: Sie wird von den Besucherströmen selbst zu Hauptreisezeiten weitestgehend verschont, was unsere Fahrfreude somit wesentlich erhöht. Worin die Gründe für den untergeordneten Bekanntheitsgrad der Strecke liegen, vermag hier nicht zu klären sein, an der landschaftlichen Schönheit, dem Abwechslungsreichtum und dem guten Ausbauzustand der Strecke kann es jedoch nicht liegen.

Noch kurz ein Wort zu den Sehenswürdigkeiten von Brixen, bevor es aufs Rad geht. Hervorzuheben ist hier die Domkirche zur Maria Himmelfahrt (Basilica Minor), ein ursprünglich ottonischer Bau aus der Mitte des 10. Jahrhunderts mit zwei Fassadenbrunnen aus dem 12. Jahrhundert, einem dreischiffigen Langhaus mit Krypten und drei Apsiden und dem Domkreuzgang, ein großartiges Bauwerk der Romanik, mit Gewölben des 14. Jahrhunderts und herrlichen Fresken des 14. und 15. Jahrhunderts, der als Sehenswürdigkeit allerersten Ranges gilt.

Südtirol/Dolomiten

TOUR 23

Die Stadt (km 0,0) verlassen wir der Beschilderung »Plose/St. Andrä« folgend in südlicher Richtung über den Ortsteil Mellaun. Der Mischwald, der uns anfänglich auf der mit 8 bis 10% ansteigenden Straße begleitet, geht bald zurück und gibt den Blick auf den breiten Talboden frei, den sich die träge dahinfließende Eisack auf ihrem Weg zur Etsch geschaffen hat. Wir radeln auf kurvenreicher Trasse bei kaum einmal nachlassender Steigung höher, auf den spitz zulaufenden gotischen Kirchturm des Kirchdorfs St. Andrä zu, das wir nach 6,5 km erreichen.

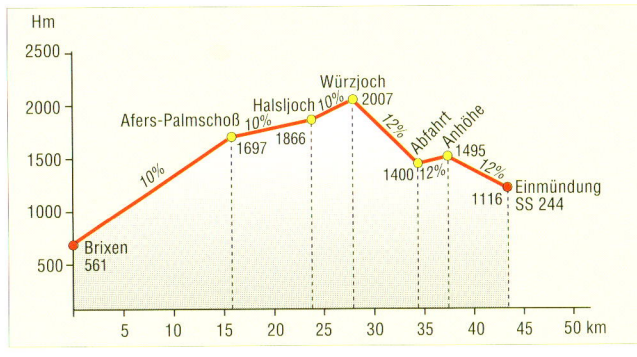

Am achteckigen Kuppelbau der Kirche und der kurz darauf folgenden Abzweigung zur Talstation der Plose-Seilbahn vorbei geht es nunmehr wieder durch hochstämmigen Nadelwald mit 10% Steigung nach oben, bis dieser bei km 10,5 unvermittelt zurückgeht. Vor uns öffnet sich das Villnößtal, über dessen bewaldeten Berghängen sich die gezackten Felsspitzen der Geislergruppe erheben.

Die Straße zeigt sich angesichts des herrlichen Panoramas unbeeindruckt, steigt sogar bis auf 11% an und hält diese Steigung bis Afers-Palmschoß (km 16,0) fast unvermindert durch. Wer eine Fleißaufgabe einlegen will, kann der im Ort beim Gasthof Vallazza abzweigenden Plose-Gipfelstraße folgen, die mit Steigungen zwischen 8 und 10% über 4,5 nicht sehr aussichtsreiche Kilometer zum Alpengasthof Kreuztal führt.

Wer darauf verzichtet, rollt über teilweise enge Kurven auf leicht fallender Trasse abwärts, auf das beeindruckende Dolomitenpanorama, mit dem 2875 m hohen Peitlerkofel als höchsten Punkt, zu, zwischen dessen wie von Axthieben gespaltenen Türmen, Zinnen und Scharten sich riesige Schuttreißen herabziehen. Eine kleine Kapelle (km 17,5) markiert das Ende der Abfahrt und das kurvige und schmale Sträßchen steigt bis zur Einmündung der aus dem Villnößtal heraufführenden Straße (km 20,5) wieder auf 9% an. Steigungen bis 8%, von längeren flacheren Abschnitten abgelöst, lassen uns nun etwas rascher vorankommen und bei der Edelweißhütte oder der unmittelbar folgenden Halslhütte (km 23,0) können wir eine wohlverdiente Rast einlegen.

Das folgende Halsljoch (km 24,0) hätten wir fast unbemerkt überfahren, wenn die Trasse nicht leicht in das vom Schartenbach durchflossene Hochtal abfallen würde. Schon an der folgenden Abzweigung (km 24,5), der nach Lüsens führenden Straße, nimmt die Steigung wieder zu und in schön geschwungenen Schleifen geht es zwischen Zirben und Lärchenwald mit 8 bis 10% Steigung zum höchsten Punkt am Würzjoch (km 28,0), zu Füßen der gewaltigen Nordwand des Peitlerkofels. Ganz haben wir es noch nicht geschafft, auch wenn es mit Gefälle bis 12% nun kurvenreich lange abwärts geht. Hinter Untermoi erwartet uns nach Überquerung des Moibaches (km 34,5) noch eine 3 km lange Gegensteigung, die auf den ersten 1,5 km schwere 12% aufweisen kann, bevor sie bis zu einer kleinen Waldlichtung am Col dal Ermo auf 10%, von längeren flacheren Abschnitten unterbrochen, zurückgeht. Nun geht es auf kurviger, aber guter Straße nur noch abwärts, an Schloss Thurn (km 41,0) vorbei, durch St. Martin in Thurn (km 42,5) hinab ins Gadertal, das wir nach Überfahrung des Gaderbaches (km 43,5) erreichen. ■

Ausgangspunkt	Brixen, 561 m
Anfahrt zum Ausgangspunkt	Brennerautobahn, Ausfahrt Bressanone/Brixen – Brixen
Schwierigkeitsbewertung/Höchststeigung	Mittelschwere bis schwere Radtour mit 12% Höchststeigung auf 1,5 km Länge; längere Steigungsabschnitte mit 10 und 11%
Streckenlänge	43,5 km
Höhendifferenz	1540 m
Durchschnittl. Steigung	5,50%
Zeit	3 1/2 bis 5 Stunden
Übersetzungsvorschlag	39/26
Streckenverlauf	Brixen – Afers-Palmschoß – Halsljoch – Würzjoch – Untermoi – St. Martin in Thurn – Einmündung Staatsstraße 244 im Gadertal
Straßenverhältnisse	
Passöffnungszeiten	Wegen Wintersperre des Würzjochs ist die Strecke nur zwischen 01. Juni und 30. November befahrbar.
Karte	Euro Cart Regionalkarte 1:300.000, RV-Verlag Blatt Südtirol/Venetien

TOUR 24: Seiser-Alm-Straße 1900 m

Auffahrt zur Seiser Alm mit Blick auf den Schlern

Die Seiser Alm, zu Füßen des Schlernmassivs gelegen, hat einige Superlative aufzuweisen. Mit einer Höhenlage zwischen 1800 und 2200 m, der für uns Radler am höchsten anfahrbare Punkt liegt dabei auf 1844 m, gilt sie als höchste Alm Europas. Mit einer Fläche von gut 70 qkm gilt sie zudem als die größte und von Besuchern wird sie allgemein auch als die schönste Europas bezeichnet. Wenn letztere Einschätzung zwar auch einer subjektiven Beeinflussung unterliegt, jeder der einmal an einem schönen Sommertag von den blumenübersäten Wiesen auf die faszinierende Berggestalt des Schlernmassivs geblickt hat, wird zumindest zugeben, dass schönere Orte in den Alpen nur schwerlich zu finden sind.

Der Weg dorthin wird uns nicht ganz leicht gemacht, immerhin knapp 1400 Höhenmeter mit Steigungen bis 15% sind auf den 17,5 Streckenkilometern zu überwinden, zumindest wenn wir die Tour sportlich aus dem Eisacktal heraus beginnen. Dort ist die kleine Gemeinde Waidbruck (ital. Ponte Gardena) unser Ausgangspunkt, die mit einer Fläche von nur 2,33 qkm am Eingang des Grödner Tales zwar als eine der kleinsten Gemeinden Südtirols gilt, dafür aber auf eine lange Geschichte bis zurück ins 1. Jahrhundert blicken darf, als sie als römische Siedlung Sublavio erstmals erwähnt wurde. Die römische Garnison sicherte dabei die Brücke über die Eisack, die wir nun am Beginn unserer Tour (km 0,0) überqueren, um den Hinweisschildern »Kastelruth/Seiser Alm« zu folgen.

Eingezwängt zwischen der Autobahnböschung und den Schienen der Eisenbahn führt die anfangs schmale Straße aus dem Ort heraus, verbreitert sich langsam und nimmt bis auf 11% Steigung zu. In den Wiesen über uns erkennen wir die Trostburg, Wahrzeichen des Ortes, die im 12. Jahrhundert als Ministerialienburg errichtet und im 14. und 15. Jahrhundert erweitert wurde. Einst im Besitz des Bruders des Minnesängers Oswald von Wolkenstein, hat sie sich ihr Erscheinungsbild als Residenzschloss mit Festungscharakter erhalten und symbolisiert so wehrhaften Schutz nach außen mit behaglicher Wohnlichkeit im Inneren. Wer sich davon überzeugen will, sie kann zwischen Ostern und Ende Oktober im Rahmen von Führungen besichtigt werden.

Wem der äußere Anschein genügt, dem zeigt bald ein Schild (km 3,5) den Beginn zweier Kehren an, deren Steigung von 13% durch ein weiteres Hinweisschild dokumentiert wird. Aber dabei soll es nicht bleiben, wir radeln durch einen 90 m langen unbeleuchteten Tunnel in ein klammartiges Felstal ein, wobei die Steigung auf 15% zunimmt und die Straße diese Steilheit auf 1 km Länge durchhält, bevor sie sich am Klammende (km 5,5) auf weiterhin anstrengende 13% zurücklegt. Bis zur Gemeindegrenze von Kastelruth (km 6,5) bleibt es also schwer, dann rückt weit vor uns die Santnerspitze ins Blickfeld, benannt nach dem Erstbesteiger im Jahre 1880, Johann Santner, mit dem der Schlernblock nach Westen abbricht, und bis zur Straßenkreuzung Kastelruth/Seiser Alm (km 8,0) geht die Steigung auf 10% zurück.

Wir halten uns an die Beschilderung »Seiser Alm« und folgen gleich darauf der nach St. Valentin abzweigenden Straße, deren 10%iger Anstieg von längeren flacheren Abschnitten abgelöst wird. Bald nach dem

74

Südtirol/Dolomiten

TOUR 24

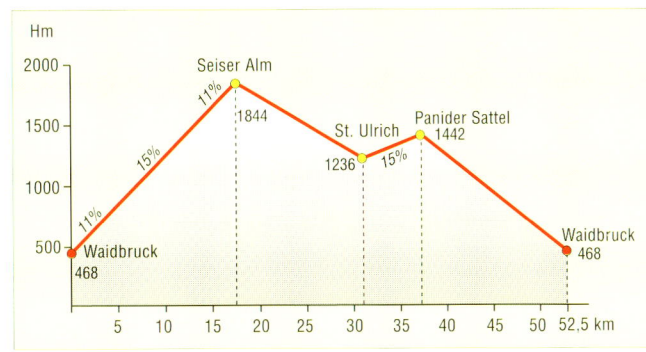

Ortsende (km 11,0) nimmt uns Wald auf und die Steigung nimmt über mehrere Kehrengruppen auf 11% zu. Recht gleichförmig geht es nach oben, hin und wieder bieten sich uns schöne Rückblicke auf die grüne Hügellandschaft unter uns, dann überfahren wir beim Restaurant Frommer (km 15,5) die Waldgrenze. Noch sind drei Kehren zu überwinden, bevor die Steigung nachlässt und die Hotelansammlungen (km 17,5) werden erreicht, die um die Talstationen verschiedener Liftanlagen errichtet wurden. An diesen vorbei können wir auf noch weiter zurückgehender Steigung in die Wiesenlandschaft der Seiser Alm einradeln und das sich ausweitende Panorama auf den 2563 m hohen Schlern (ital. Sciliar) genießen, der aufgrund seiner markanten Form, mit den beiden vorgelagerten Bergspitzen, die durch tiefe Scharten vom eigentlichen Schlernblock getrennten Santner und Euringerspitze, als Wahrzeichen Südtirols gilt.

Bei km 20,5 haben wir den höchsten Punkt der Straße erreicht, aber wer noch nicht gleich umkehren will, kann sich mit folgender Alternative auseinandersetzen. Der Weiterweg von hier über die Saltner Schwaige nach St. Ulrich im Grödnertal und von dort über den Panider Sattel und Kastelruth zurück zur Auffahrtsstrecke bei St. Valentin ist für Rennräder möglich, wenn man bereit ist, zu den zusätzlichen 24,0 Streckenkilometern und 200 Höhenmetern ein ca. 4 km langes unbefestigtes Straßenstück in Kauf zu nehmen.

In diesem Fall radelt man auf kurviger und teils schlechter Straße zu den Gasthäusern in der Saltner Schwaige (km 23,0) ab und rollt nunmehr auf unbefestigter Trasse im Schritttempo am Bach entlang. Über eine Holzbrücke wird dieser überquert und das anschließende 200 m lange 12%ige Steigungsstück, des Untergrundes wegen, in aller Regel hochgeschoben. Dann fährt man weiter vorsichtig ab und ist bei den Häusern von Überwasser (km 27,0) froh, wieder Asphalt unter die Reifen zu bekommen. Vorsichtige Fahrweise ist weiterhin angeraten, denn der Beschilderung »Streda Minert« folgend, senkt sich das Sträßchen schmal und kurvig nach St. Ulrich (km 31,0) ab.

Den Ort verlässt man durch einen längeren unbeleuchteten Tunnel (km 32,0), dann folgt man der nach Kastelruth abzweigenden Straße, die auf einer Länge von fast 2 km auf 14% ansteigt. Nach einem ebenen Stück queren wir einen Bachlauf, dann steigt die Trasse zum Panider Sattel kurz auf 15% an, um sich bis zur Passhöhe (km 37,0) bei 12% zu halten. Lange geht es nun bis Kastelruth (km 42,5) abwärts, ein kurzer 8%iger Anstieg im Ort, dann erreicht man die Abzweigung (km 44,5) zurück nach Waidbruck (km 52,5).

Hinweis: Zwischen Saltner Schwaige und Überwasser ist die Straße auf einer Länge von 4 km unbefestigt. ■

Ausgangspunkt	Waidbruck, 468 m
Anfahrt zum Ausgangspunkt	Brennerautobahn, Ausfahrt Chiusa/Val Gardena/Klausen – Chiusa/Klausen – Waidbruck/Ponte Gardena
Schwierigkeitsbewertung/Höchststeigung	Mittelschwere bis schwere Radtour mit 15% Höchststeigung auf 1 km sowie 13% Steigung auf weiteren 1 km Länge
Streckenlänge	20,5 km bzw. 52,5 km
Höhendifferenz	1435 m bzw. 1590 m
Durchschnittl. Steigung	7,00%
Zeit	2 – 2 3/4 Stunden bzw. 3 1/2 – 4 1/2 Stunden
Übersetzungsvorschlag	39/26 – 28
Streckenverlauf	Waidbruck – Kastelruth – Straßenkreuzung Kastelruth/Seiser Alm – Restaurant Frommer – Hotelgruppe Seiser Alm – Scheitelpunkt Seiser Alm (bei Weiterfahrt über Saltner Schwaige – St. Ulrich – Panider Sattel – Kastelruth – Waidbruck)
Befahrbarkeit	Auffahrt Seiser Alm ganzjährig befahrbar; wegen Wintersperre ist die Weiterfahrt über die Saltner Schwaige je nach Schneelage meist erst ab Anfang April möglich
Karte	Euro Cart Regionalkarte 1:300.000, RV-Verlag Blatt Südtirol/Venetien
Besondere Hinweise	Wegen des 90 m langen Tunnels im unteren Teil der Auffahrt ist Beleuchtung ratsam. In den Sommermonaten ist die Seiser-Alm-Straße ab Sankt Valentin für Pkw's zwischen 09.00 und 17.00 Uhr gesperrt. Kostenpflichtige Tagesgenehmigungen können im Info-Büro in St. Valentin erworben werden und berechtigen zur Weiterfahrt bis Compatsch, ca. 2 km unterhalb der Seiser Alm.

25 TOUR Ultentalstraße 1900 m

Das Ultental bietet beschauliche Anstiege und eine reizvolle Landschaft.

Etwas südlich von Meran, bei Lana, zieht sich das Ultental nach Westen hinein in die Bergwelt der Ortlergruppe. Vom Massentourismus ist dieses Tal verschont geblieben, was vielleicht auch daran liegt, dass landschaftliche Glanzpunkte hier fehlen. Es ist eine eher unspektakuläre Landschaft mit viel Wald, Almweiden, urigen Berghöfen und zwei großen Stauseen, dem Zoggeler Stausee und dem Weißbrunnsee am Talende. Aber vielleicht ist es gerade das Fehlen der Touristenmassen und seine ursprüngliche Landschaft, was den Reiz dieses Tales ausmacht und einen das Fehlen spektakulärer Bergszenerien nicht vermissen lässt. Aus fahrerischer Sicht bekommt man hier in jedem Fall etwas geboten, denn 1600 Höhenmeter auf fast 38 km Länge mit Höchststeigungen bis 15 % geben keinen Grund, über zu wenig Auslastung zu klagen.

Unser Ausgangspunkt ist die lang gezogene Marktgemeinde Lana, etwa 10 km südlich von Meran, deren Ortsteil Niederlana vor allem durch die Pfarrkirche Mariä Himmelfahrt bekannt ist, deren Prunkstück der bekannte spätgotische Flügelaltar von Hans Schnatterpeck ist, der mit einer Höhe von 14,5 m nicht nur der größte Tirols, sondern einer der größten Europas ist.

Wir folgen in Lana (km 0,0) der Beschilderung »Ultental« und haben auch gleich eine Steilstufe mit 10 %

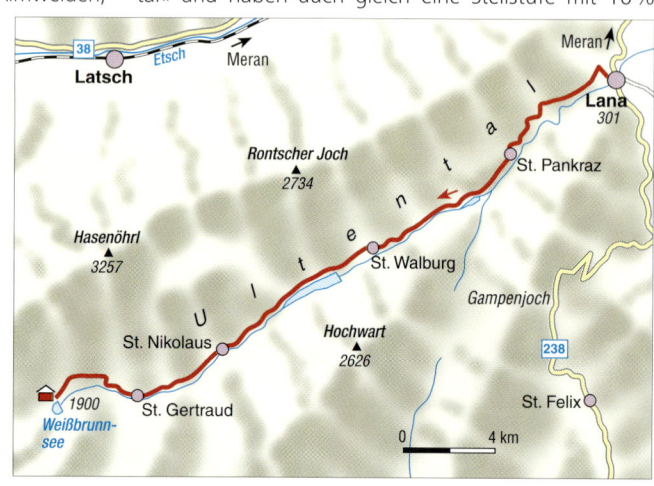

Dolomiten TOUR 25

Steigung durch die Gaulschlucht zu bewältigen, mit der das Tal hier zur Etsch abbricht. Zwischen Weinbergen und Apfelbaumplantagen geht es, vorbei an der Burg Braufels, kurvenreich nach oben. Die Steigung hält sich bei 10 %, geht erst nach 4,5 km zurück, die bewaldeten Berghänge rücken näher an die Straße, die sich zuerst auf 6 % absenkt und nach einem längeren Flachstück (km 6,5) sogar in eine längere leichte Abfahrt bis St. Pankraz (km 9,0) übergeht.

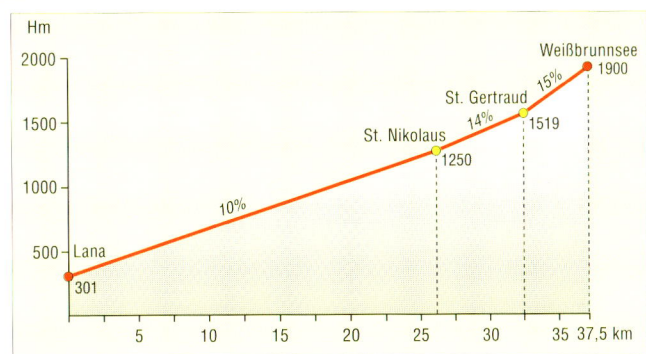

Mit St. Pankraz erreichen wir die erste Ortschaft des Tales, in dessen Ortsmitte uns der 56 m hohe gotische Kirchturm mit seinem achteckigen Spitzhelm auffällt. Den Ort selbst umfahren wir durch einen kurzen Tunnel und nach einem ebenen Straßenstück nimmt die Steigung entlang der rechten Talseite wieder auf 8 bis 10 % zu. Weitere vier beleuchtete Tunnels führen uns am kleinen Staudachsee, einer Staustufe der Falschauer, vorbei in das Gemeindegebiet von Ulten.

Der letzte Tunnel (km 13,5) wird durchfahren, die Steigung geht auf einer Länge von 3 km zurück und Wälder und Bergwiesen, an deren Hänge teilweise schöne alte Bauernhöfe zu bewundern sind, prägen das Landschaftsbild. Die letzten beiden Kilometer bis St. Walburg (ital. Santa Valburga), dem Hauptort der Talschaft, müssen wir uns bei wieder auf 10 % zunehmender Steigung etwas härter erkaufen, dafür rollt es nach dem Ort wieder eben.

Wir radeln ohne größere Kraftanstrengung am nordwestlichen Ufer des Zoggeler Stausees entlang, der hier um 1950 aufgestaut wurde und in dessen Wassermassen leider einige alte Bauernhöfe verschwunden sind. Das Seeende (km 23,5) wird erreicht und die Straße verengt sich. Knapp einspurig, mit Ausweichen, zieht die Trasse nun leicht ansteigend in das hintere Ultental hinein nach St. Nikolaus (km 26,0).

Unser Weiterweg führt am Dorf selbst vorbei, aber wer will, kann einen kurzen Abstecher in den Ortskern unternehmen, wo das Ulten Talmuseum nicht nur einen Einblick in das bäuerliche Kulturgut des Tales gibt, sondern auch die reichhaltige Tierwelt der Umgebung vorstellt. Über dem Dorf, auf einer Anhöhe, wacht übrigens der Thurnerhof, mit geheimnisvollen Steinbildern an seinen Mauern, deren Bedeutung bis heute noch nicht enträtselt wurde. Am Falschauer Bach entlang wechseln nun kurze Steigungen bis 10 % mit längeren flacheren Abschnitten und auch kurzen Abfahrten ab, bevor die Steigung vor St. Gertraud (km 32,5) über eine kleine Kehrengruppe auf 14 % zunimmt. Die oberste Ortschaft des Tales ist bekannt für die Ultener Urlärchen, drei über 2000 Jahre alte Bäume mit einem Umfang von 8,20 m und einer Höhe von 28 m, die sogar zum Weltnaturerbe der UNESCO erklärt wurden, etwas außerhalb des Dorfes.

Der Schlussanstieg liegt vor uns und der wird nicht leicht. Wir folgen der Beschilderung »Weißbrunn« und die Straße tritt an den Hängen der nördlichen Talseite in den Stilfser Nationalpark ein. Dies tut sie gleich mit äußerst anspruchsvollen 15 %, um am Beginn einer Kehrengruppe nur unwesentlich zurückzugehen. Weiter vorne erkennen wir bereits die Staumauer des Weißbrunnsees, bevor die Steigung nach etwa 24 km endlich auf gemäßigte 10 % zurückgeht.

Der höchste Punkt der Straße ist erreicht, einer kurzen Abfahrt folgt noch ein ebenso kurzer Anstieg, dann endet unsere Auffahrt eher unspektakulär am großen Parkplatz vor dem Weißbrunnsee (km 37,5). ■

Ausgangspunkt	Lana, 301 m, ca. 10 km südlich von Meran
Anfahrt zum Ausgangspunkt	Brennerautobahn, Ausfahrt Bozen Süd – Richtung Meran/Kaltern – Autobahnausfahrt Lana – Lana
Schwierigkeitsbewertung/Höchststeigung	Mittelschwere bis schwere Radtour mit 15 % Höchststeigung auf ca. 2 km Länge
Streckenlänge	37,5 km
Höhendifferenz	1600 m
Durchschnittl. Steigung	4,26 %
Zeit	3 bis 4 ½ Stunden
Übersetzungsvorschlag	39/28
Streckenverlauf	Lana – St. Pankraz – St. Walburg – St. Nikolaus – St. Gertraud – Weißbrunnsee
Befahrbarkeit	Ganzjährig befahrbar
Karte	Euro Cart Regionalkarte 1:300.000, RV-Verlag Blatt Südtirol/Venetien
Hinweis	Wegen der Tunnels bei der Auffahrt ist Beleuchtung ratsam

26 TOUR Tre-Croci-Pass und Drei-Zinnen-

Bald ist es geschafft: Die Drei-Zinnen-Hütte.

Die Drei-Zinnen-Bergstraße ist sicherlich ein Highlight in den Dolomiten, sowohl vom fahrerischen Anspruch her gesehen als auch von den landschaftlichen Gegebenheiten. Leicht ist die 7,5 km lange Strecke von Misurina, am gleichnamigen See gelegen, hinauf zum Rifugio Auronzo, an der Südseite der Drei Zinnen, allerdings nicht, im Gegenteil, mit einer Höchststeigung von 16 %, die auf ca. 3,5 km beibehalten wird, gehört sie mit zum Schwierigsten, was uns die Dolomiten in dieser Hinsicht zu bieten haben. Die Straße wurde in früheren Zeiten öfter in die Streckenplanung des Giro d'Italia eingebaut und war so Schauplatz mancher sportlicher Auseinandersetzungen bekannter Radsportheroen. So hieß etwa einer der Sieger hier Eddy Merckx, der im Jahre 1968 bei der Bergankunft auf der 12. Etappe den Sieg und zudem den Gesamtsieg bei dieser Rundfahrt holte. Vielleicht gibt das dem einen oder anderen zusätzliche Motivation, wenn er hier auf einer Strecke unterwegs ist, auf der schon der legendäre Eddy Merckx gelitten hat.

So schwer die Drei-Zinnen-Bergstraße für sich gesehen auch ist, als Einzelanstieg wird sie für gut trainierte Radler wohl nicht ausreichen und so wollen wir noch einen weiteren Pass dazwischenlegen, wozu sich der Tre-Croci-Pass anbietet. Trotz Steigungsspitzen bis 11 % ist er, insgesamt gesehen, eher in unteren Schwierigkeitsgraden anzusiedeln und eignet sich so hervorragend dazu, die Tour zu den Drei Zinnen lohnend auszubauen. Unser Ausgangspunkt ist das bekannte Cortina d'Ampezzo, Austragungsort der Olympischen Winterspiele 1956, bei denen der österreichische Skiläufer Toni Sailer spektakulär drei Goldmedaillen gewann. Ansonsten ist über Cortina noch zu sagen, dass während der Hochsaison unglaublich viel

78

Bergstraße 2400 m — Südtirol/Dolomiten

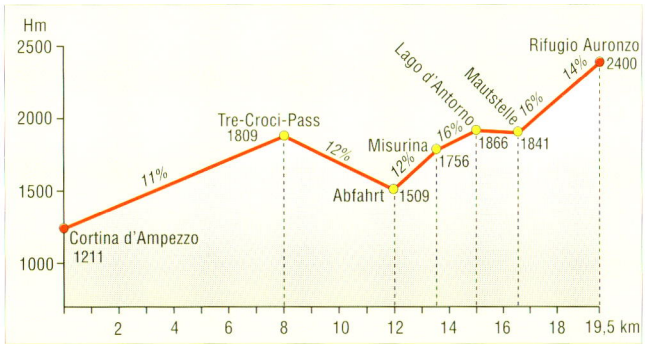

Verkehr herrscht, es außerhalb dieser Zeiten zum Glück aber ruhiger ist.

Wir verlassen den Ort (km 0,0) der Beschilderung »Misurina/ Auronzo« folgend in östlicher Richtung über einen Wiesenhang mit 8% Steigung. Diese nimmt schon nach kurzer Fahrzeit am Ortsende auf 11% zu und hält diese auch auf den nächsten Kilometern bis zum Ristorante Lago Scin (km 3,5) weitgehend bei. Durch hochstämmigen Wald zieht sich die Straße bei einer gleich bleibend zwischen 9 und 11% liegenden Steigung zur Talstation des Sessellifts zum Monte Cristallo (km 6,5) und bald danach überfahren wir die Baumgrenze. Nun können wir den Rückblick nach Westen, über das Ampezzaner Tal hinweg auf die Bergwelt der Dolomiten links und rechts des Falzáregopasses genießen, während sich die Paßhöhe (km 8,0) bei gleich bleibender Steigung langsam nähert.

Oben angekommen, erkennen wir vor allem den klobigen Steinklotz des Grand Hotel Tre Croci und links der Paßhöhe stehen auch drei Kreuze, die dem Pass seinen Namen gaben. Sie erinnern an eine Ampezzanerin, die hier im 18. Jahrhundert, während eines Schneesturms, mit ihren beiden Kindern erfror.

Die Abfahrt über die Ostseite ist 4 km lang, weist ein kurzes Höchstgefälle von 12% und leider auch einen teilweise schadhaften Straßenbelag auf und endet für uns an der Straßenkreuzung Misurina/ Auronzo (km 12,0). Wir wählen die nach Misurina führende Straße und haben ein kurzes Steigungsstück bis 12% vor uns, das aber bald auf 8% nachläßt. Wir erreichen den Ortsanfang von Misurina (km 13,5), eigentlich mehr eine Ansammlung von verstreuten Hotelkomplexen als eine Ortschaft, am Ufer des gleichnamigen Sees, der von weiten Wiesenflächen und ausgedehnten Wäldern umrahmt wird, über denen sich die Felsmassive des Cristallo, des Sorapis und der Cadinispitzen erheben. Sollte es eine Ausschreibung zum schönsten Dolomitensee geben, wäre er sicherlich ein vorderer Siegeanwärter.

Am Ufer entlang radeln wir bis zum nördlichen Seeende und erkennen rechterhand die Beschilderung zum Rifugio Auronzo. Wir folgen dieser und treffen nach einigen 100 Metern auf das Ristorante Ginzernella und den Beginn einer 16%igen Steigung, die auf den nächsten 1,5 km auch gleich beibehalten wird. Sie endet am idyllisch gelegenen kleinen Lago d'Antorno (km 15,0), in dessen tiefblauem Wasser sich die Südseite der Drei Zinnen spiegelt. Mit der Idylle ist es allerdings bald vorbei, genau genommen nach einer 1,5 km langen leichten Abfahrt, die an der Mautstelle (km 16,5) endet. Jetzt geht es zur Sache, kurvenreich steigt die Straße in engen Kehren mit 16% Steigung an und bald wünscht man sich nichts sehnlicher als ein Nachlassen dieser Steigung. Man wird aber enttäuscht, nur einmal, nach etwa 1,5 km, legt sie sich kurz auf 10% zurück, um dann, nun etwas geradliniger verlaufend, wieder auf 16% anzusteigen. Weitere 1,5 km mühen wir uns so aufwärts, dann beginnt wieder eine Kehrenstrecke, die den letzten Teil der Strecke einleitet. Es wird zumindest etwas leichter, auf 14% geht die Steigung zurück, und wenn es auch weiterhin schwer ist, verspürt man doch den Unterschied zur vorherigen Steilheit. Dann ist man oben und wird am Großparkplatz vor der Hütte (km 19,5) leider nicht wie Eddy Merckx von einer jubelnden Menschenmenge empfangen, sondern einer Vielzahl parkender Autos. ■

Ausgangspunkt	Cortina d'Ampezzo, 1211 m
Anfahrt zum Ausgangspunkt	Brennerautobahn, Ausfahrt Bressanone/Brixen – Bruneck – Toblach – Schluderbach – Gemärkpass – Cortina d'Ampezzo
Schwierigkeitsbewertung/Höchststeigung	Schwere Radtour mit 16% Höchststeigung auf ca. 4 km Länge bei der Auffahrt zur Drei-Zinnen-Bergstraße
Streckenlänge	19,5 km
Höhendifferenz	1515 m
Durchschnittl. Steigung	Tre-Croci-Pass 9,83%; Drei-Zinnen-Bergstraße 8,93%
Zeit	2 1/4 bis 3 1/4 Stunden
Übersetzungsvorschlag	39/29
Streckenverlauf	Cortina d'Ampezzo – Tre-Croci-Pass – Straßenkreuzung Misurina/Auronzo – Misurina – Rifugio Auronzo
Befahrbarkeit	Tre-Croci-Pass ganzjährig befahrbar Drei-Zinnen-Bergstraße 01. Juni bis 30. September
Karte	Euro Cart Regionalkarte 1:300.000, RV-Verlag Blatt Südtirol/Venetien

27 TOUR Um die Civetta 1773 m

Der Staulanzapass ist eher unspektakulär.

Der 1773 m hohe Staulanzapass und der 1601 m hohe Duranpass gehören zu den weniger bekannten Dolomitenpässen. Anders verhält es sich da schon mit der Civetta, zu Deutsch Eule, einem gewaltigen 6 km langen Bergmassiv mit mehreren kleineren Gipfeln, die in der 3220 m hohen Monte Civetta gipfeln. Vor allem ihre steil und lotrecht abfallende Nordwestwand ist ein absolutes Schaustück der Alpen, mit Dimensionen, die auch in den viel höheren Westalpen für Aufsehen sorgen würden. Die Civetta erhebt sich über dem oberen Cordevoletal, das die westlichen von den östlichen Dolomiten trennt, in der italienischen Provinz Venetien. Geübte Bergwanderer können das Massiv der Civetta in einem Tag umrunden, aber auch trainierte Radler haben die Möglichkeit, es diesen gleichzutun. Dabei sind die eigens erwähnten Passstraßen zu bewältigen, die nicht nur landschaftlich ausgesprochen schön sind, sondern auch den Vorteil aufweisen können, in aller Regel nicht allzu starker Verkehrsbelastung ausgesetzt zu sein.

Unser Ausgangspunkt für die Umrundung der Civetta ist die kleine Ortschaft Caprile (km 0,0), im oberen Cordevoletal gelegen, die man, zur besseren Auffindung auf der Landkarte, auch als Ausgangspunkt für eine Auffahrt über die Westseite des Fedáiapasses in Betracht ziehen könnte. Wir allerdings verlassen die Ortschaft in östlicher Richtung, der Beschilderung »Pso. Staulanza« folgend, über einen Wiesenhang, durch den sich die Straße mit 10 % Steigung nach oben windet. Bald nimmt uns Wald auf, die Spitzen der Civetta verschwinden aus unserem Blickfeld, die Steigung geht auf 8 % zurück, um sich nach Verlassen des Waldes noch weiter abzusenken.
Wir erreichen eine Straßenkreuzung (km 5,5), halten uns an die

Dolomiten TOUR 27

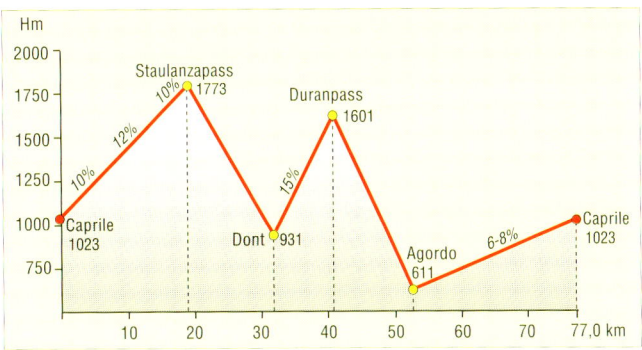

Beschilderung »Selva di Cadore/ Passo Staulanza« und erreichen nach 2 km Fahrt auf mit 10 % ansteigender Trasse den Aussichtspunkt Belvedere (km 7,5), an dem man anhalten muss. Völlig frei liegt hier die gewaltigste aller Dolomitenwände vor uns, die mit ihren lang abfallenden Graten tatsächlich an eine Eule, die ihre Schwingen ausgebreitet hat, erinnern kann. Aber ein echter Vergleich drängt sich anhand der ungeheuren steinernen Massen, zu deren Füßen sich fast klein und verlassen die Häuser von Alleghe am Ufer des gleichnamigen Sees ausbreiten, eigentlich nicht auf.

Bestiegen wurde der Gipfel erstmals im Jahre 1860 vom Italiener Simone de Silvestra über die Südostseite, aus dem Zoldotal, dem bis in die heutige Zeit erhaltenen Normalweg, während die vor uns liegende Nordwestwand im Jahre 1925 von dem Münchner Bergsteiger Emil Solleder zusammen mit seinem Partner Gustav Lettenbauer erobert wurde.

Wir rollen abwärts, durch die kleinen Ortschaften Villagrande und Pian nach Selva di Cadore (km 10,0), mühen uns den 12 %igen Anstieg durch den Ort hoch, der glücklicherweise am Ortsende zurückgeht, und erreichen Pescul (km 13,5), im oberen Fiorentinatal gelegen, auf unschwieriger Trasse. Der langabfallende Berggrat vor uns gehört zum Monte Pelmo, der mit seinen 3168 m Höhe ebenfalls zu den höchsten Dolomitengipfeln zählt. Auch er ist ein Felsblock von gewaltigen Ausmaßen, der zudem als erster von Menschen betretene Hochgipfel in den Dolomiten gilt. Dies war am 19. September 1857 der englische Alpenpionier Sir John Ball, geführt von einem Gämsenjäger aus dem Boitetal, der allerdings die Schwierigkeiten im letzten Teil des Anstiegs, die heute auf der alpinen Schwierigkeitsskala dem 2. Schwierigkeitsgrad entsprechen würden, verweigert haben soll.

Unsere Schwierigkeit liegt nun bei 10 %, mit der die Straße in ein kleines Hochtal ansteigt, dort zurückgeht, bevor es am Talschluss (km 16,5) wieder mit gleichmäßigen 10 % an den bewaldeten Hängen des Monte Crot zur Passhöhe (km 19,5) geht. Ausgiebig können wir nun im Westen das Civettamassiv bestaunen, bevor es lange abwärts rollt, nach Dont (km 32,0) im Hochzoldanotal, wo wir die unmittelbar nach dem Ortsschild zum Duranpass abzweigende Straße nicht übersehen dürfen. Das Sträßchen durch wild wuchernden Wald präsentiert sich schmal, führt sich aber mit 15 % Steigung eindrucksvoll ein. Bis Predo (km 33,0) hält diese Steigung an, geht dann auf 10 bis 12 % zurück, um aber nochmals kurz auf 15 % zuzulegen. Mit Chiesa (km 35,5) erreichen wir die letzte Ortschaft vor der Passhöhe, zu der die Straße nun mit einer Steigung zwischen 10 und 12 %, die kurz aber auch immer wieder bis auf 14 % ansteigt, hochführt, bevor sie sich langsam zur Passhöhe (km 40,5) absenkt.

Im freundlich zwischen grünen Wiesen gelegenen Rifugio kann man rasten, bevor man die lange Abfahrt hinunter nach Agordo (km 52,0) angeht. Der Beschilderung »Alleghe« folgend liegt der Rückweg durch das leider wenig aussichtsreiche und wieder stärker befahrene Cordevoletal vor uns. Nur hinter Taibon Agordino (km 56,0) bremst ein längeres 6 %iges Steigungsstück unser Vorankommen, ansonsten steigt die Straße über Cencenighe (km 62,5) und Forchiade (km 69,0) nur mäßig an. Erst vor Masara (km 71,0) wieder eine Steigung bis 8 %, dann rollen wir eben am Alleghesee durch die gleichnamige Ortschaft zurück zu unserem Ausgangspunkt Caprile (km 77,0). ■

Ausgangspunkt	Caprile, 1023 m
Anfahrt zum Ausgangspunkt	Brennerautobahn, Ausfahrt Val Gardena/Gröden – St. Ulrich – Sellajoch – Arabba – bei Andraz – Caprile
Schwierigkeitsbewertung/Höchststeigung	Schwere Radtour mit 12 % Höchststeigung auf zwei Streckenabschnitten mit ca. 1 km und 200 m Länge, zudem mehrere Abschnitte mit 14 % Höchststeigung
Streckenlänge	77,0 km
Höhendifferenz	1840 m
Zeit	4 1/2 – 6 Stunden
Übersetzungsvorschlag	39/28
Streckenverlauf	Caprile – Selva di Cadore – Staulanzapass – Dont – Duranpass – Agordo – Cencenighe – Caprile
Befahrbarkeit	Wegen Wintersperre der Duran-Passstraße ist die Strecke nur zwischen 01. April und 30. November befahrbar
Karte	Euro Cart Regionalkarte 1:300.000, RV-Verlag Blatt Südtirol/Venetien

TOUR 28 — Um die Palagruppe 1980 m

Die Idylle täuscht – der Anstieg hat uns gefordert.

Die Palagruppe, schon im südlichen Teil der Dolomiten, zwischen den Talschaften der Cismon im Westen und des Cordevole im Osten gelegen, kann ohne Zweifel zu den landschaftlichen Höhepunkten der Dolomiten gerechnet werden. Höchster Berg der Gruppe ist die 3193 m hohe Cima di Vezzana, die aber von ihrer Formgebung her deutlich im Schatten der mit 3184 m nur unwesentlich niedrigeren Cimon della Pala steht, die auch als »Matterhorn der Dolomiten« bezeichnet wird. Wer oben am Rollepass stehend auf diesen Berg blickt, wird eine gewisse Ähnlichkeit schon feststellen, wenngleich der Berg die gewaltigen Dimensionen des echten Matterhorns freilich nicht erreicht.

Nicht zu unterschätzen sind allerdings die Dimensionen dieser Radtour, denn 124 Streckenkilometer mit 3040 Höhenmeter, verteilt auf vier zu bewältigende Pässe, erfordern schon ein ganzes Stück Arbeit. Wem dies aber noch nicht genug erscheint, für den ein kleiner Hinweis: Wer die übliche Auffahrtsstrecke aus dem Etschtal von Ora/ Auer hinauf zum Ausgangspunkt Predazzo im Fleimstal, ital. Val di Fiemme, nicht mit dem Auto, sondern gleich sportlich mit dem Rad zurücklegen möchte, kann die Tour um 38 Streckenkilometer und 800 Höhenmeter mit 8 % Höchststeigung verlängern.

Predazzo, unser etwa 4000 Einwohner zählende Ausgangspunkt, ist neben seinem Geologischen Museum vor allem für sein Sprungstadion mit fünf Schanzen bekannt, auf denen jedes Jahr nationale und internationale Skisprungwettbewerbe durchgeführt werden und auf deren größter Weiten von 130 m erreicht werden. Auch Mattenspringen im Sommer werden hier durchgeführt und wer zufällig zu einem solchen Termin anreist, sollte sich dieses Spektakel nicht entgehen lassen.

Die im Ortsteil Stalim gelegene Anlage liegt allerdings nicht auf unserem Weg, wenn wir Predazzo (km 0,0) der Beschilderung »Pso. Rolle« folgend in östlicher Richtung durch das anfangs dicht bewaldete, schluchtartige Travignolotal verlassen. Mit 9 % Steigung geht es aufwärts,

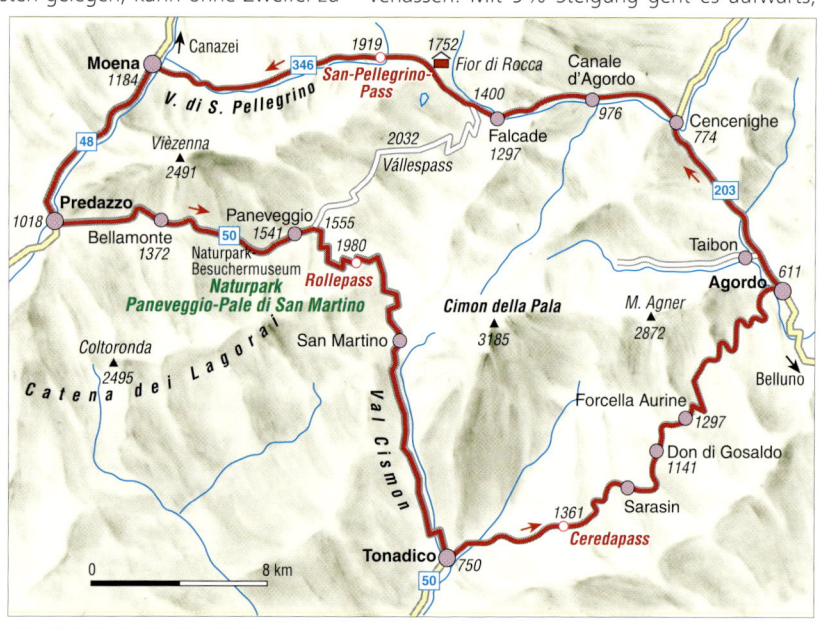

Dolomiten TOUR 28

beim Gasthof Saluna (km 2,5) wird ein Hang über vier Kehren überwunden und Bellamonte (km 4,5) erreicht. Nicht von ungefähr trägt der Ort seinen Namen, der übersetzt etwa »Schöner Berg« lautet, denn deutlich heben sich die hellen Spitzen der Palagruppe über einem Gürtel dunkelgrüner Wälder vor uns ab.
Am Ortsende geht die Steigung zurück, die Trasse folgt dem Laufe des Valazzabaches und am schön gelegenen Stausee von Paneveggio entlang radeln wir fast eben zur Hotelsiedlung von Paneveggio (km 12,0).
An der Abzweigung zum Vállespass vorbei, 7 km mit Steigungen bis 13 % und 476 Höhenmeter wären dorthinauf zu überwinden, nimmt die Steigung wieder auf 9 % zu, während uns dichter Wald leider jegliche Aussicht verwehrt. Schlagartig geht dieser zurück und der Blick auf eines der schönsten Dolomitenpanoramen mit der Cima di Vezzana, der Cima di Focobon und dem hoch aufstrebenden Felsritt der Cimon della Pala wird frei. Wenige Kehren noch mit gleich bleibender Steigung, dann können wir diesen Ausblick von der Passhöhe (km 19,5) aus genießen.
Genießen sollten wir auch die lange Abfahrt entlang der uns begleitenden prächtigen Bergkette hinunter nach Tonadico (km 41,5), einem der ältesten Dörfer im Primiero, wie diese Region, in einer Talsenke des Cismonflusses gelegen, genannt wird. Der Beschilderung »Agordo/Pso. Cereda« folgend wird es nämlich gleich wieder ernst, wenn die Steigung am Ortsende über eine Kehrengruppe bis auf 15 % zunimmt. An einer Straßenkreuzung (km 45,5) neigt sie sich zwar wieder zurück, aber bis zur Passhöhe (km 50,0), einem weiten Wiesensattel, sind immer wieder längere Steigungsabschnitte mit 10 bis 12 % zu erklettern.
Mit Gefälle bis 13 % geht es abwärts, hinter Sarasin (km 54,5) ein kurzer 8 %iger Gegenanstieg, dem ein längeres Flachstück folgt, bis es mit Gefälle bis 15 % nach Don di Gosaldo (km 58,0) abwärts geht. Im Ort erkennen wir zwei Abzweiger, von denen wir den linken wählen, der kurz auf 12 % ansteigend aus dem Ort hinausführt, dann auf 9 % nachlässt und hinter der Häusergruppe von San Andrea (km 60,0) eben zur Forcella Aurine (km 62,0) verläuft.
Nun können wir es wieder gemächlicher angehen, denn bis Agordo (km 74,0) rollt es lange abwärts und auch bis Cencenighe (km 84,5), den Hinweisschildern »Alleghe/

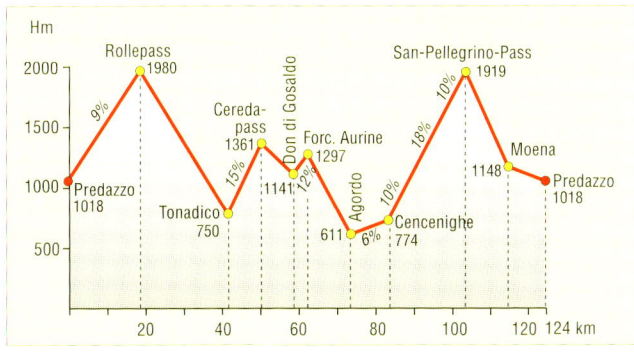

Caprile« folgend, warten, von einigen kurzen 6 %igen Anstiegen abgesehen, keine allzu großen Anforderungen auf uns.
Dies ändert sich mit der Auffahrt zum San-Pellegrino-Pass, die wir auf mit 10 % ansteigender Trasse durch einen 400 m langen schwach beleuchteten Tunnel beginnen. An Canale d'Agordo (km 89,5) vorbei erreicht die Steigung bis Falcade (km 91,5) schon 12 % und geht bis Falcade Alto (km 95,5) kaum zurück. Bald nach dem Ort trifft man auf die vom Vállespass herabführende Trasse (km 97,5) und auf eine Steigung, die zuerst auf 14 % zunimmt, diese 2,5 km lang durchhält, um sich dann sogar nochmals auf einer Länge von fast 600 m auf 18 % aufzuschwingen.
Die Bar Fior di Rocca (km 101,0) bietet sich da zur Erholung wie gerufen an, bevor sich bis zur Passhöhe (km 103,0) Anstiege bis 10 % mit flacheren Abschnitten ablösen. Dann ist es geschafft, bis Moena (km 115,0) geht es mit Gefälle bis 14 % abwärts und auch zurück nach Predazzo (km 124,0) rollt es meist leicht fallend. ■

Ausgangspunkt	Predazzo, 1018 m
Anfahrt zum Ausgangspunkt	Brennerautobahn, Ausfahrt Egna/Ora – Egna – Ora – bei Castello di Fiemme – Predazzo
Schwierigkeitsbewertung/Höchststeigung	Schwere Radtour mit 18 % Höchststeigung auf zwei Streckenabschnitten mit ca. 2,5 km und 0,6 km Länge, zudem längere Abschnitte mit 12 – 14 % Höchststeigung
Streckenlänge	124,0 km
Höhendifferenz	3040 m
Zeit	7 – 9 Stunden
Übersetzungsvorschlag	39/28
Streckenverlauf	Predazzo – Rollepass – Tonadico – Ceredapass – Don di Gosaldo – Forcella Aurine – Agordo – Cencenighe – San-Pellegrino-Pass – Moena – Predazzo
Befahrbarkeit	Ganzjährig befahrbar
Karte	Euro Cart Regionalkarte 1:300.000, RV-Verlag Blatt Südtirol/Venetien
Besondere Hinweise	Wegen des Tunnels bei Cencenighe ist Beleuchtung ratsam

Am Gardasee kann man nicht nur baden oder windsurfen. Man muss auch nicht unbedingt zur Stollenreifenfraktion überwechseln, wenngleich die Berge um den See geradezu als Mekka für Mountainbiker gelten. Da die viel befahrenen Uferstraßen, nicht zuletzt der vielen Tunnels wegen, eigentlich zu meiden sind, bieten sich für Rennradler zwar nicht allzu viele, aber dennoch genügend lohnende Touren, um hier einen Radurlaub zu verbringen.

Ein Bergritzel und genügend Kondition müssen allerdings vorhanden sein, wenn man die Monte-Baldo-Höhenstraße oder den Tremalzopass bezwingen will. Es werden mit dem Lago di Tenno und dem Lago d'Idro aber auch weniger anspruchsvolle, aber nichtsdestotrotz reizvolle Touren beschrieben.

Und wenn Sie schon einmal hier sind, schauen Sie doch unter der Rubrik der schwersten Pass- und Bergstraßen nach, dort finden Sie die Auffahrt nach Prada Alto an der Westseite des Monte Baldo mit ihren schon fast sagenhaften 30 %. Um diese zu bezwingen, müssen Sie aber nicht extra trainieren. Fahren Sie die Tour einfach in Gegenrichtung und verschaffen Sie sich einen Eindruck von dieser Steilheit bei der Abfahrt.

29 TOUR Monte-Baldo-Höhenstraße 1617 m

Blick auf den Monte Altissimo und die Corna Piana.

Das Ostufer des Gardasees wird vom Bergzug des Monte Baldo beherrscht, einem lang gestreckten Kalksteinblock, der sich mit der Cima Valdritta bis in eine Höhe von 2218 m aufschwingt. Reisende, die die Autostrada del Sole durch das Etschtal Richtung Süden benutzen, kennen das Massiv, das sich, etwa auf Höhe der Anschlussstelle Rovereto beginnend, bis zur Anschlussstelle Affi entlangzieht, sich dabei nach etwa der Hälfte der Strecke nach Süden abflacht, um letztlich in einer Hügelkette zur Poebene hin auszulaufen. Von der Autobahn sehen die schroffen Berghänge nicht besonders attraktiv und einladend aus, und dennoch verbirgt sich dahinter ein landschaftliches Kleinod. Die Gletscher der letzten Eiszeit hobelten zwar die Bergflanken glatt, bedeckten allerdings nicht die Hochflächen, wodurch sich dort eine voreiszeitliche Flora erhalten hat, die dem Berg auch die Bezeichnung »Garten Italiens« eingebracht hat.

Seltene Orchideenarten, Alpenrosen, Enzian, Feuerlilie und die Baldoanemone sind nur einige von vielen Blumenarten, die vor allem im Frühjahr ihre volle Blütenpracht entfalten und die Berghänge zu einem wahren Erlebnis machen. An diesem kann auch der Radler teilhaben, denn eine gut ausgebaute Höhenstraße durchzieht den Bergstock in seiner gesamten Länge, wobei allerdings gute Kondition vorausgesetzt wird, denn sie ist 67 km lang und bewältigt dabei 1420 Höhenmeter. Zum Trost sei allerdings gesagt, dass der Anstieg »nur« 27 km beträgt, den Rest geht es abwärts. 14 % beträgt die Höchststeigung, die zwar nicht allzu lange gehalten wird, aber doch ein ausreichend großes Ritzel mit mindestens 26 Zähnen angeraten erscheinen lässt.

Unser Ausgangspunkt ist die kleine Ortschaft Mori (km 0,0), die über die Autobahnausfahrt Rovereto-Süd gut zu erreichen ist. Unser Weg ist mit »Brentonico/Monte Baldo« gut ausgeschildert und über mehrere Kehren steigt die breit ausgebaute Straße mit 9 % Stei-

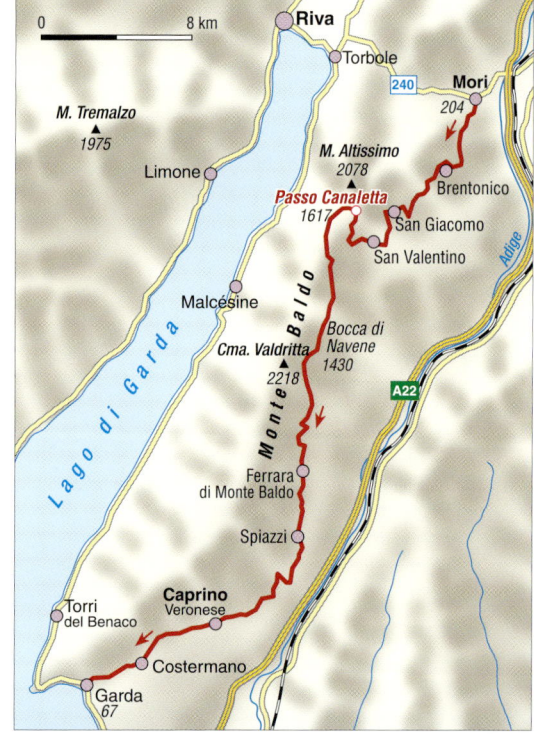

Lombardei TOUR 29

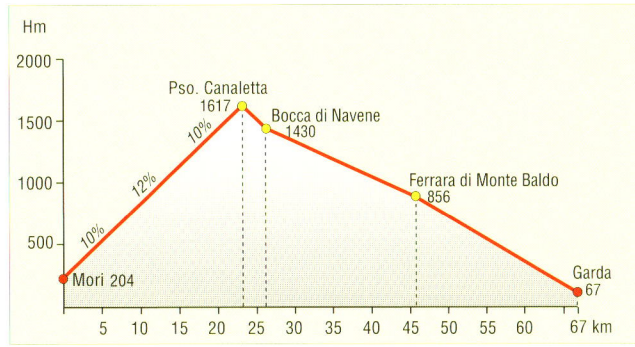

gung nach oben. Wir durchfahren die Ortschaft Besagno (km 3,0) und gelangen zu einer Straßenkreuzung beim Hotel Miramonti (km 6,0). Noch prägen grüne Wiesen, terrassenförmig angelegte Felder, durch Steinböschungen abgetrennt, Nadelwaldgruppen und vereinzelte hoch aufragende Zypressen das Landschaftsbild, zwischen denen uns eine Kehrengruppe mit 10% Steigung nach Brentonico (km 7,5) führt.

Am Ortsrand von Brentonico fällt die Trasse sogar etwas ab, dafür gilt es Kräfte zu sammeln für das folgende Steilstück aus dem Ort heraus, das auf einer Länge von fast 600 m bis auf 14% ansteigt. Dann hat man zwar das steilste Stück der Auffahrt geschafft, aber die Steigung hält sich weiterhin bei 10%, um erst kurz vor San Giacomo (15,0) auf 6 bis 8% nachzulassen. Über uns sehen wir schon den kleinen Felskamm der Corna Piana aus dem Waldgürtel herausragen und eine etwa 1 km lange Abfahrt liegt vor uns, über die man sich nicht so recht freuen kann, gehen hier doch wieder einige Höhenmeter verloren, die wir uns auf Anstiegen bis 10% bis San Valentino (km 18,0) wieder zurückholen müssen. Vor uns liegt eine wellige Hochfläche, in der die Straße, der Beschilderung »Monte Baldo/Garda« folgend hineinführt und wer aufpasst, kann in einem Mischwald rechter Hand der Straße eine kleine Quelle erkennen und so seine Wasservorräte auffüllen. Kurz rollt es eben, dann nimmt die Steigung auf 10% zu und man durchfährt zwei kurze, enge Felstunnels, zwischen denen man tief unten einen Blick auf einen kleinen Bergsee, den Lago di Pra de la Stua, werfen kann. Mit 8 bis 10% Steigung geht es über freie, aussichtsreiche Almflächen höher, bis zum Ristorante Graziani (km 23,0) am Fuße des Monte Altissimo di Nago, dem nördlichsten Gipfel der Baldokette und gleichzeitig höchster Punkt unserer Auffahrt.

Am Kamm entlang rollen wir leicht zum Gasthof Bocca di Navene (km 26,0), an einem kleinen Grateinschnitt gelegen, der die Sicht auf den tief unten liegenden Gardasee zulässt. Zu den Almen von Malga Alpesina (km 29,0) geht es leicht aufwärts, dann hält sich die Trasse eben auf der Hochfläche, bevor sie, der Beschilderung »Garda« folgend, nochmals mit Steigungsspitzen bis 10% ansteigt.

Beim Ristorante Novezza (km 36,5) geht es endlich wieder abwärts, aber wer sich auf eine lange Abfahrt bis Garda einstellt, wird leider enttäuscht. Noch wartet, vorbei am Ristorante Cacciatore (km 40,0), der Anstieg zum kleinen Passo del Castello (km 42,0), der glücklicherweise meist weit unter 10% liegt. Hinter Ferrara di Monte Baldo (km 45,5) unterbrechen nochmals Steigungsaufschwünge bis 10% die Abfahrt, die nun bis Spiazzi (km 49,5) anhält.

Die Straße wird breiter und bis Caprino Veronese (km 59,5) rollt es weiter rasant nach unten bis in den Talboden, der uns wie ein sanft gewellter Teppich mit zahllosen Dörfchen und einer mediterranen Vegetation empfängt. Leichte Anstiege wechseln mit ebensolchen Abfahrten und langen ebenen Abschnitten ab und die Ortschaft Costermano (km 65,0) kennt der ein oder andere vielleicht von den Berichten über die Radweltmeisterschaft 2004, die vom Spanier Oskar Freire gewonnen wurde. Eine wie bei der Weltmeisterschaft abgesperrte Strecke wäre für uns auch schön, aber leider treffen wir auf den Verkehr, der die Autobahn bei der Anschlussstelle Affi verlassen hat, und radeln mit diesem zum Ortsanfang von Garda (km 67,0). ■

Ausgangspunkt	Mori, 204 m
Anfahrt zum Ausgangspunkt	Brennerautobahn, Ausfahrt Rovereto Sud/Lago di Garda Nord – Richtung Mori/Rovereto – Mori
Schwierigkeitsbewertung/Höchststeigung	Mittelschwere Radtour mit 12% Höchststeigung auf ca. 600 m Länge
Streckenlänge	67,0 km
Höhendifferenz	1420 m
Durchschnittl. Steigung	6,14%
Zeit	4 1/2 – 6 Stunden
Übersetzungsvorschlag	39/26
Streckenverlauf	Mori – Brentonico – San Giacomo – San Valentino – Passo Canaletta – Bocca di Navene – Ferrara di Monte Baldo – Spiazzi – Caprino Veronese – Costermano – Garda
Befahrbarkeit	Wegen Wintersperre ist die Strecke nur zwischen 15. April und 31. Oktober befahrbar
Karte	Euro Cart Regionalkarte 1:300.000, RV-Verlag Italien, Blatt Lombardei

TOUR 30 — Auf den Passo San Ubalrico 606 m

Blick auf das Dorf und die Burg von Drena.

Der Passo San Ubalrico wird Ihnen mit größter Sicherheit unbekannt sein. Mit seiner Höhe von 606 m erscheint er es nicht wert, in einem Führer über Alpenpässe aufgenommen zu werden, und wenn man im Internet nach ihm sucht, findet man ihn in einer Liste von mehr als 3000 Pässen in ganz Europa, die nach ihrer Höhe geordnet wurden, zwischen dem Puerto de Alcubierre (610 m) im iberischen Randgebirge und dem Col d'Urbais (602 m) in den französischen Vogesen ziemlich am Schluss. Trotzdem ist es dieser Passo San Ubalrico wert, dass wir uns mit ihm befassen, denn er liegt etwas nördlich des Gardasees, im Sarcatal, genauer im parallel dazu verlaufenden Val di Cavedine und dort in einer wohl einmaligen Landschaft. Es ist die Trümmerlandschaft der Marocche,

die Folge eines der gewaltigsten Bergrutsche, der je in den Alpen stattgefunden hat. Inmitten von mehr als 187 Millionen Kubikmetern Gestein aus teils haushohen Felstrümmern verbirgt sich zudem der kleine Lago di Cavedine, der vor allem wegen seines Fischreichtums geschätzt wird, und über dessen östlichem Ufern liegt der erwähnte Passo San Ubalrico, den wir nunmehr bezwingen wollen.

Dazu machen wir uns vom Städtchen Arco (km 0,0) aus auf den Weg, einem Luftkurort etwas oberhalb des Nordufers des Gardasees, der vor allem durch seine Lage zu Füßen eines mächtigen Burgfelsens besticht. Wen der Verkehr auf der Staatsstraße 45 durch den Ort etwas schreckt, keine Sorge, wir umgehen diesen auf unserer Tour vollständig und be-

Lombardei

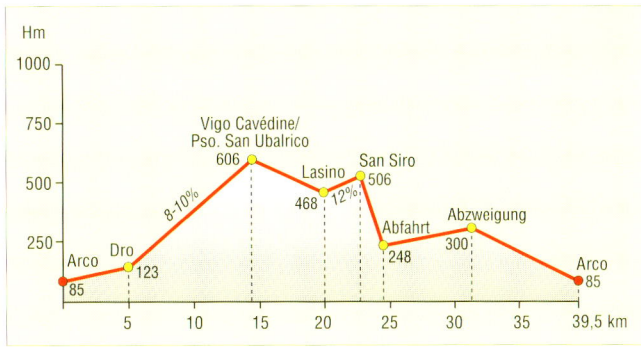

wegen uns größtenteils auf ruhigen, aber gut ausgebauten Nebenstraßen, auf denen auch die in dieser Region ansässigen Radsportclubs ihre örtlichen Jugendmeisterschaften austragen. Unmittelbar vor der Brücke über die Sarca folgen wir der Beschilderung zum »Camping Arco« und ein schmales, aber gutes Sträßchen führt uns am Campingplatz fast unmittelbar unter den sich darüber erhebenden spiegelglatt erscheinenden Kletterfelsen entlang zu einer uralten Steinbrücke (km 3,5). Auf dieser überqueren wir die Sarca, die gemächlich dahinplätschert, aber meist nach starken Regenfällen zu einem reißenden Wildbach werden kann, und erreichen die Ortschaft Ceniga.

Auf der durch den Ort führenden Trasse halten wir uns links und gelangen auf ebener Straße nach Dro (km 5,0). Dicht drängen sich die Häuser um die Kirche am Dorfplatz, wo wir auch auf die ins Val de Cavedine abzweigende Straße treffen. Nach einem Kreisverkehr wechseln wir über eine kleine Brücke auf die östliche Talseite und legen langsam den Berggang ein. Auf 6 bis 8 % nimmt die Steigung zu und führt uns nun mitten hinein in eine Trümmerlandschaft unvergleichlichen Ausmaßes. Wie von Zyklopen verstreut türmen sich die Felsbrocken links und rechts der Straße und nur hin und wieder mildert eine vereinzelte Zypresse den Eindruck einer Steinwüste.

An einem Schießstand vorbei erreichen wir eine Straßenkreuzung (km 9,0) und über einige weit auseinander gezogenen Kehren mit 8 % Steigung geht es mit Blick auf die Burg von Drena höher. Je näher die Burg rückt, desto größer sind die Ausmaße der langsam unter uns zurückbleibenden Geröllfelder zu erkennen. Aber auch die Burg von Drena (km 11,0), mit ihrer gibettinischen Ringmauer und dem hoch aufragenden Bergfried, die eigentlich bereits zu einer Ruine verfallen war und seit 1981 liebevoll von der Stiftung Arco restauriert wurde, ist durchaus eindrucksvoll.

Wir verlassen den Ort durch einen kurzen unbeleuchteten Tunnel, bald lässt auch die 8 %ige Steigung nach und vor uns öffnet sich das überraschend grüne und freundliche Tal von Cavédine. Auf einer Trasse radeln wir durch Vigo Cavédine (km 14,5) und würde uns nicht wenig später ein Schild darauf hinweisen, hätten wir den Passo San Ubalrico (km 15,5) wohl unbemerkt überfahren.

Nur anfangs senkt sich die Straße etwas stärker ab, dann rollt man auf leichtem Gefälle durch die Orte Cavédine (km 16,5) und Stravino (km 17,5). Im folgenden Lasino (km 20,0) heißt es dann aber gut aufzupassen, denn kein Schild weist uns auf die unmittelbar gegenüber einer Fina-Tankstelle nach links abzweigende Straße hin. An einer Garage vorbei steigt die schmale Straße entlang alter Steinsäulen mit bis zu 12 % Steigung zur Kirche San Siro (km 22,5) an, um anschließend in engen Kehren ins Sarcatal abzufallen.

Im Talboden (km 24,5) angelangt folgen wir der Beschilderung »Pietramurata/Dro« und radeln unschwierig bis Monte di Cavédine (km 26,5) an der Nordspitze des Lago di Cavédine. Auf ebener Straße rollen wir am westlichen Seeufer entlang und erkennen an den Felswänden des Monte Brento deutlich die Felsabbruchstellen.

Am Seeende (km 29,5) beginnt die Straße wieder leicht in die Trümmerlandschaft hinein anzusteigen, um am höchsten Punkt (km 30,5) zu einer Kreuzung (km 31,5) abzufallen, an der wir wieder auf die Auffahrtsstrecke treffen. Zurück in Ceniga (km 36,0) müssen wir nur noch wieder die kleine Brücke über die Sarca finden, um die letzten Kilometer zurück nach Arco (km 39,5) nicht auf der Hauptstraße radeln zu müssen. ■

Ausgangspunkt	Arco, 85 m
Anfahrt zum Ausgangspunkt	Brennerautobahn, Ausfahrt Trento Centro – Arco
Schwierigkeitsbewertung/Höchststeigung	Leichte Radtour mit 12 % Höchststeigung auf ca. 1,5 km Länge
Streckenlänge	39,5 km
Höhendifferenz	590 m
Zeit	2 – 3 Stunden
Übersetzungsvorschlag	39/26
Streckenverlauf	Arco – Dro – Drena – Vigo Cavédine – Passo San Ubalrico – Lasino – Monti di Cavédine – Dro – Arco
Befahrbarkeit	Ganzjährig befahrbar

Tour 31: Zum Lago di Tenno 590 m

Im beschaulichen Tennosee kann man auch baden.

Der Gardasee (ital. Lago di Garda oder Lago di Benaco) ist nicht nur der größte See Italiens, sondern wohl auch der bekannteste. Seine Entstehung verdankt er dem Etschgletscher in der letzten Eiszeit, der zwischen den Bergmassiven des Monte Tremalzo im Westen und des Monte Baldo im Osten eine längliche, bis zu 346 m tiefe Furche schuf, die erst nach Süden hin zur Poebene auch in ihrer Breite auswuchs. Seine Beliebtheit bei Erholungssuchenden verdankt der See vor allem seinem günstigen mediterranen Klima, das Radtouren entlang der Uferstraße schon früh im Jahr ermöglicht, wenn in heimischen Breiten das Radtraining noch vorwiegend auf dem Hometrainer oder die Rolle beschränkt ist.

Allerdings weisen die Uferstraßen, die Gardesana Occidentale im Westen und die Gardesana Orientale im Osten, einen für Radler gravierenden Nachteil auf: Sie sind sehr stark befahren und zudem vor allem am Westufer mit einer ganzen Reihe von Tunnels versehen, die das Radvergnügen doch etwas trüben.

Der Gardasee ist deshalb in fester Hand der Mountainbiker, die, auf die umgebenden Berghänge ausweichend, hier ein exzellentes Sportrevier gefunden haben. Aber auch für unsere nicht geländegängigen Sportgeräte finden wir ausreichend Gelegenheit, müssen dafür allerdings schon den Berggang und einiges an Kondition mitbringen.

Vielleicht sollten wir deshalb noch nicht gleich mit den großen Unternehmungen, wie etwa der Monte-Baldo-Höhenstraße (Tour 29) oder der Auffahrt zum Tremalzopass (Tour 32) beginnen, sondern gleichsam zum Einrollen und Kennenlernen die Tour zum Lago di Tenno unternehmen. Zwischen den bekannten Fremdenverkehrsorten Riva und Torbole ganz am Nordende des Sees dehnt sich nämlich eine kleine Ebene aus, die gemächlich ins Hinterland anzusteigen beginnt. Dort liegt der Lago di Tenno, ein kleiner Badesee, der bei all denjenigen, denen es am Gardasee zu heiß oder zu laut ist, sehr beliebt ist. Die Radtour dorthinauf ist zwar allenfalls als leicht einzustufen, überwindet aber auch gut 500 Höhenmeter bei einer Höchststeigung von 8%, die auch erst einmal bewältigt werden müssen. Von Riva del Garda (km 0,0) führen zwei Straßen zum See, von denen wir für die Auffahrt die etwas westlicher gelegene über die Ortschaften Deva und Pranzo führende wählen. Dazu folgen wir

Lombardei

vom Zentrum zuerst der Staatsstraße 421, um gleich darauf auf die SP 37 abzubiegen, die uns schon wenige hundert Meter nach dem Ortsende durch die kleine Ansiedlung San Giacomo führt. Hier haben wir den Trubel, der in der bedeutendsten Hafenstadt der nördlichen Seehälfte herrscht, schon weitgehend hinter uns gelassen und gehen entspannt die Kehren an, die am linken Rand des Beckens nach oben führen.

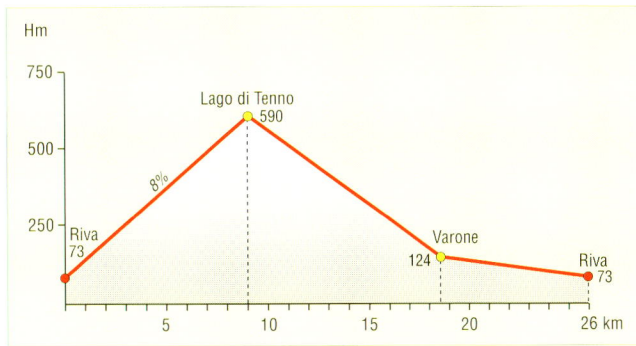

Bei einer Steigung von 6 bis 8% entschwinden die roten Ziegeldächer des Ortes und der See nur langsam unseren Blicken und wir erreichen die Ortschaft Deva (km 3,0). In Serpentinen mit einer nicht mehr als 6% betragenden Steigung windet sich die Straße durch die weit verstreuten Häuser des Ortes und langsam beginnt sich das Talbecken zu verengen. Während auf der gegenüberliegenden Hangseite mehrere Ortschaften zu erkennen sind, erreichen wir bei gleichmäßigen 6% Steigung die Ortschaft Pranzo (km 7,5). Aus dem Italienischen übersetzt bedeutet der Ortsname so viel wie »Mittagessen«, aber das haben wir uns eigentlich noch nicht verdient. Kleine Felder am Straßenrand zeugen von etwas Landwirtschaft, die bald von Mischwald abgelöst wird, dann geht auch die Steigung zurück und die Straße führt uns zu einem kleinen schattigen Parkplatz mit aufgestellten Holzbänken. Unmittelbar darauf folgt bereits das Clubhotel Lago di Tenno (km 10,0), das uns leider jeden Ausblick auf den See verstellt.

Unser Ziel wäre erreicht und eigentlich könnten wir die Rückfahrt antreten, aber wer noch etwas weiter radeln will, kann getrost der Beschilderung »Ponte Arche/Fiave« folgen.

Die S 421 führt uns in die Mittelgebirgsstufe des Lomaso, einer unberührten alten Bauernwelt, bis Ballino noch leicht ansteigend, dann abfallend über die Orte Bleggio, Fiave und Vigo Lomaso bis ins 17 km entfernte Ponte Arche, wo man umdrehen sollte, denn der Verkehr nimmt dort wieder stark zu.

In Fiave, wo sich die Straße nach Ponte Arche gabelt und man so die eine für die Abfahrt, die andere für die Auffahrt benutzen könnte, befindet sich eines der größten Ausgrabungszentren der Pfahlbaukultur in Europa, die wir besichtigen können, wenn wir etwa 2 km vor dem Ort den Hinweisen »Zona archeologica palafitte di Fiave« folgen.

Wem der Sinn nicht nach Exkursion steht, der radelt beim Clubhotel Lago di Tenno Richtung Riva del Garda wieder abwärts und erreicht Ville del Monte (km 11,0). Wenig später ist man in Tenno (km 13,0) vom Mauerkoloss des Kastells gefesselt, das leider nicht besichtigt werden kann. Dafür lohnt die Einfahrt durch ein gotisches Spitzbogentor in den Ortsteil Frapporta am Fuße des Burgfelsens mit einem verwinkelten Gewirr von Häusern, Felskellern, Terrassen und Gewölben.

Über die Dörfchen Cologna und Gavazzo rollt es weiter abwärts und in Varone (km 18,5) ist man schon wieder im Talboden angelangt. Nur 2 km wären es noch bis Riva und vielleicht sollte man noch den kurzen Abstecher nach Arco (km 22,0) einplanen. Zu Füßen eines mächtigen Burgfelsens liegt die fast unversehrte Altstadt mit ihrem hübschen Brunnen und pittoresken Winkeln. An den einst als unbezwingbar erscheinenden Felsen stellen heute die Sportkletterer ihr Geschick zur Schau und wir können sie beobachten, wenn wir im Ort der zum Campingplatz Arco abzweigenden Straße folgen.

Zum Ausgangspunkt (km 26,0) zurück sind es für uns dann noch knappe 4 km. ■

Ausgangspunkt	Riva del Garda, 73 m
Anfahrt zum Ausgangspunkt	Brennerautobahn, Ausfahrt Trento Centro – Riva del Garda
Schwierigkeitsbewertung/Höchststeigung	Leichte Radtour mit 8% Höchststeigung
Streckenlänge	26,0 km
Höhendifferenz	520 m
Durchschnittl. Steigung	5,74%
Zeit	1 1/4 – 2 Stunden
Übersetzungsvorschlag	39/23
Streckenverlauf	Riva – Pranzo – Lago di Tenno – Tenno – Cologna – Gavazzo – Varone – Arco – Riva
Befahrbarkeit	Ganzjährig befahrbar
Karte	Euro Cart Regionalkarte 1:300.000, RV-Verlag Italien, Blatt Lombardei

32 TOUR Auf den Monte Tremalzo 1650 m

Freie Sicht vom Monte Tremalzo.

Über dem nordwestlichen Teil des Gardasees erhebt sich der Bergzug des Monte Tremalzo, ein knapp 2000 m hoher Bergrücken, der vor allem unter Mountainbikern schon fast Kultstatus genießt. Diese nutzen bevorzugt die unbefestigten Wege an dessen Südostflanke, die die Ausdauerndsten unter ihnen bis zum Tremalzopass, etwas unterhalb des Gipfels des Monte Tremalzo, bis in 1800 m Höhe führen. Auch wir Rennradler können es diesen gleichtun, denn es gibt auch eine befestigte Straße, die dorthinauf führt. Diese verlief lange Zeit zwischen dem Ausgangspunkt Riva und der Ortschaft Biacesa im Ledrotal durch einen kilometerlangen Tunnel, der für Radler nicht zu benutzen war. Diesen Tunnel kann man nun, wieder muss man sagen, umgehen, denn die alte Ponalestraße, über die die Talschaft des Ledrotales früher vom See her zu erreichen war und die nach einem Erdrutsch lange Zeit gesperrt war, ist seit dem 15. Juli 2004 wieder geöffnet und darf auf eigene Gefahr befahren werden.

Somit steht einer Auffahrt zum Tremalzopass nichts mehr im Wege, außer vielleicht der Tatsache, dass diese mit knapp 1600 Höhenmetern und Steigungen bis 11 % auf 36 km Länge keinesfalls unvorbereitet angegangen werden sollte. Zu erwähnen ist auch noch, dass die Ponalestraße auf einer Länge von knapp 2,5 km unbefestigt ist, dieser Abschnitt bei angepasster Fahrweise aber auch mit schmalen Rennradreifen gut befahren werden kann.

Wir verlassen das Hafenstädtchen Riva del Garda (km 0,0) in südlicher Richtung und folgen der Beschilderung ins Valle di Ledro. Schon nach kurzer Fahrzeit erreichen wir den Abzweiger zur Ponalestraße und folgen dieser teils unmittelbar in den Fels gesprengten Trasse, die uns mit gleich bleibenden 9 % Steigung

Lombardei

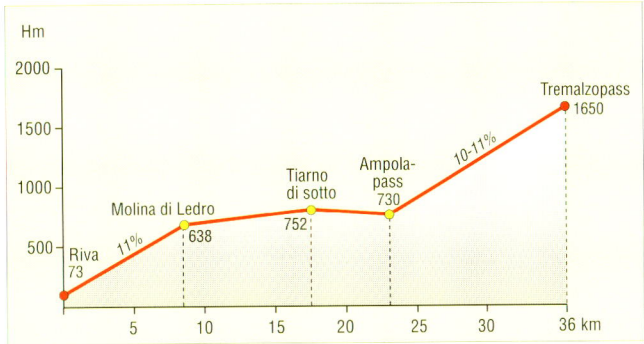

über enge Kehren höher führt. Sie datiert auf das Jahr 1851, als sie von den Österreichern hier zu militärischen Zwecken errichtet wurde, und stellt zweifellos eine der spektakulärsten Bergstraßen in den Alpen dar.

Wir durchfahren einige kurze unbeleuchtete Felstunnels und langsam entschwinden der See und die roten Dächer von Riva unseren Blicken. Die Steigung hält sich bei 9%, geht nicht wesentlich zurück und nach Durchfahrung des letzten Tunnels (km 4,5) wird kurz darauf Biacesa (km 5,5) erreicht. Es ist die erste Ortschaft des Ledrotales, benannt nach dem gleichnamigen Stausee, zu dem uns eine Kehrengruppe mit 11% Steigung über einen Moränenhang hochführt. Auf dessen Kamm liegt Molina di Ledro (km 8,5), in dessen Nähe sich die Reste eines Pfahlbautendorfes befinden, die belegen, dass dieses Gebiet bereits um 1700 vor Christus von Menschen besiedelt war.

Wir radeln am nördlichen Seeufer auf fast ebener Straße nun recht mühelos entlang, bis Pieve di Ledro (km 13,5) und auch bis ins folgende Bezzecca (km 14,5) steigt die Trasse nur leicht an. Auch darüber hinaus können wir das große Kettenblatt beibehalten, denn vorbei an den Dörfern Tiarno di sotto (km 17,5) und Tiarno di sopra hält sich die Trasse in dem fast aussichtslosen Hochtal weitgehend eben.

Fast unbemerkt überfahren wir am Beginn einer Talverengung den Ampolapass und haben bis hierher 23 km zurückgelegt und eine Höhe von 730 m erreicht. Der kleine Laghetto d'Ampola, der seiner gänzlichen Verlandung entgegensieht, erinnert daran, dass der Ledrosee einst bis hierher gereicht haben muss, und ein Schild mit der Aufschrift »Tremalzopass« zeigt uns wieder den Beginn einer Steigungsstrecke an.

Vorbei an der Bar Ampola, wo man sich noch stärken kann, steigt die Straße nun mit 10% an den dicht bewaldeten Nordhängen des Corno Spezzato kurven- und kehrenreich höher. Das kleine Kirchlein von San Croce (km 28,0) gewährt uns ein kurzes flacheres Straßenstück, aber gleich darauf liegt die Steigung wieder bei 10%. Aussichtspunkte sind wenige zu vermelden und selbst der Rio Nero bleibt uns im dichten Wald des Valle Sanotta verborgen und gibt sich nur durch sein Rauschen zu erkennen. Eher monoton tritt man so Kurve um Kurve nach oben, bis die Steigung mit der Einfahrt ins Valle della Schinchea etwas nachlässt.

Im Vorblick ist bereits der höchste Punkt, der Monte Tremalzo, als begrünter Bergrücken auszumachen, dem wir uns über eine freie Almfläche nähern. Die Steigung nimmt wieder auf 10% zu, führt uns in einen kleinen Waldgürtel, nach dessen Durchfahrung die Feriensiedlung Malga Tiarno di Sotto (km 34,0) erreicht wird, durch die die Straße kurz bis auf 11% ansteigt.

Die letzten beiden Kilometer der Strecke legen wir auf einem Berggrat zurück, der zum Ristorante Garda (km 36,0), auf einer kleinen Hochfläche unterhalb der Spitze des Monte Tremalzo, führt. Hier in 1668 m Höhe endet unsere Auffahrt, denn das Sträßchen, das nach etwa 2 km aufwärts zu einem 120 m langen Scheiteltunnel führt, ist unbefestigt, ebenso wie die folgende Abfahrt über die Südostseite hinunter zum Gardasee.

Wir haben auch so genug geschafft und können uns eine Brotzeit im Ristorante schmecken lassen, außer wir haben unsere Tour auf einen Montag gelegt, an denen die Hütte Ruhetag hat.

Hinweis: Wegen der Tunnels auf der Ponalestraße ist Beleuchtung ratsam. ■

Ausgangspunkt	Riva del Garda, 73 m
Anfahrt zum Ausgangspunkt	Brennerautobahn, Ausfahrt Rovereto Sud – Riva del Garda
Schwierigkeitsbewertung/Höchststeigung	Mittelschwere Radtour mit 11% Höchststeigung auf ca. 3 km Länge
Streckenlänge	36,0 km
Höhendifferenz	1590 m
Durchschnittl. Steigung	4,38%
Zeit	2 3/4 – 3 1/2 Stunden
Übersetzungsvorschlag	39/26
Streckenverlauf	Riva – Biacesa – Molina di Ledro – Pieve di Ledro – Bezzecca – Tiarno di sotto – Tiarno di sopra – Ampolapass – Tremalzopass
Befahrbarkeit	Wegen Wintersperre ist die Auffahrt zum Tremalzopass nur zwischen 15. April und 31. Oktober möglich; die Ampola-Passstraße ist ganzjährig befahrbar

TOUR 33 — Zum Lago d'Idro 937 m

In Gargnano startet unsere Runde über den Idrosee.

Etwa 20 km Luftlinie vom westlichen Ufer des Gardasees entfernt liegt, etwa auf Höhe der Seemitte, der Lago d'Idro, der als Kleinod unter den oberitalienischen Seen gilt. Mit einer Länge von fast 12 km und einer Breite bis zu 2 km erreicht er schon eine stattliche Größe, aber was ihn auszeichnet, ist vor allem seine malerische Lage inmitten steilwandiger, hoch aufragender Berge, die ihm einen fjordartigen Charakter verleihen. Wenngleich der See bei Wassersportlern sehr beliebt ist, ist die Umgebung doch erstaunlich ruhig geblieben, ohne große Fremdenverkehrskomplexe mit kleinen, fast pittoresken Dörfern, die Trubel und Hektik noch weitgehend vermissen lassen. Zu erwähnen ist noch, dass sich der See seiner Wasserqualität rühmt, die zu den besten Italiens gehören soll, und als höchstgelegener See der Lombardei gilt.

Dies ist nun auch für uns das Stichwort, denn er liegt immerhin 368 m hoch, was die Auffahrt schon zu einer kleinen Bergtour machen würde. Allerdings wollen wir nicht nur bis zum See, sondern noch etwas höher hinauf und gelangen so immerhin bis auf eine Höhe von 937 m. Seinen Namen hat der See übrigens von der Hydra, einer sagenhaften Wasserschlange aus der griechischen Mythologie mit üblicherweise neun Köpfen, die hier gehaust haben soll und als Wappenzeichen in den Gemeinden um den See überlebt hat.

Fürchten müssen wir uns vor dem Untier nicht, eher schon vor den Steigungen bis 14 %, wenn man nicht mit einem ausreichend großen Ritzel gewappnet ist.

Die betriebsame Gemeinde Gargnano (km 0,0), die sich eigentlich aus 13 kleinen Ortsteilen zusammen-

94

Lombardei

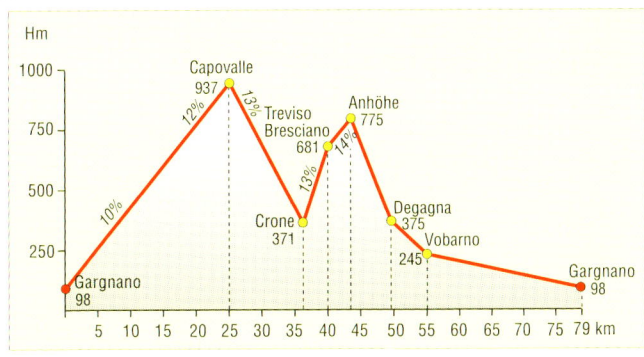

setzt, die sich größtenteils noch ihren Charakter alter Fischerdörfer bewahrt haben, ist unser Ausgangspunkt. Wir folgen den Hinweisschildern »Lago d'Idro/Val Vestino« und mit Steigungen bis 10%, die anfangs noch von flacheren Abschnitten unterbrochen werden, klettert die Straße an den Berghängen über dem Ort nach oben. Kurz vor Navazzo (km 8,0) erreichen wir eine Kreuzung, an der wir, uns an die Beschilderung »Val d'Idro« haltend, in den Ort einfahren, um dort den Wegweisern nach Capovalle zu folgen.

Anfangs rollt es eben, dann fällt die Trasse sogar leicht ab und im Süden erkennen wir kurz nochmals den Wasserspiegel des Gardasees, während weit vor uns die Staumauer des Lago di Valvestino zu erkennen ist. Erst kurz vor dem See (km 13,0) nimmt die Steigung wieder zu und mit 8% geht es kurvig bis zur Staumauer hoch, bevor es wieder eben am rechten Seeufer entlangrollt.

Die Umgebung erscheint mit ihren von Büschen und Sträuchern überzogenen Berghängen eher reizlos, dafür radelt man vom Verkehr weitgehend unbehelligt. Über einen kurzen Tunnel verlassen wir den See und folgen an einer Abzweigung (km 18,0) der ins Val del Molini abbiegenden Straße. Eine Kehrengruppe mit 10% Steigung erwartet uns, nur kurz lässt diese etwas nach, um dann bis Capovalle (km 25,0) auf fordernde 12% zuzunehmen. Grüne Wiesen gestalten die Umgebung freundlich, durch die die Trasse noch mit 10% zu einer Kuppe über dem Ort hochführt. Nun steht uns eine lange Abfahrt bevor, anfangs mit Gefälle bis 13%, die, von einem längeren Flachstück und einem längeren unbeleuchteten Tunnel (km 32,0) unterbrochen, erst in Sichtweite des Idrosees endet.

Das Seeufer selbst erreichen wir nur, wenn wir in Crone (km 36,0) der Beschilderung »Al Lago« folgen, ansonsten halten wir uns kurz vorher an die Beschilderung nach »Treviso B./Valle Prane«. Nun wird unser Ritzelpaket getestet. Mit 12% schwingt die gut ausgebaute Straße über mehrere Kehren nach oben, kurz lässt die Steigung nach, um nochmals mit bis zu 13% zu einer Kreuzung (km 40,0) hochzuführen. Wir erreichen Treviso Bresciano und inmitten einer hügeligen Wiesenlandschaft verengt sich die Straße zu einem schmalen Fahrweg, der nun sogar Steigungsspitzen bis 14% erreicht, zum Glück aber meist weit darunter liegt.

Vorbei an der kleinen Kapelle der Madonna von Pertiche halten wir uns an der folgenden Kreuzung (km 43,0) an das Hinweisschild nach Eno, ein kurzer Aufschwung noch, dann ist der höchste Punkt des Tages überwunden und es geht bis Degagna (km 49,5) abwärts. Bei mäßigem Gefälle kommen wir im Talboden der Agna auch weiterhin gut voran, bis die Trasse bei Vobarno (km 55,0) in das breite Sabbiatal einmündet.

Mit der Ruhe und dem ungestörten Radeln ist es nunmehr vorbei, wir reihen uns in den Verkehrsfluss ein, passieren hinter Collio (km 55,0) einen 100 m langen unbeleuchteten Tunnel und rollen auf ebener Strecke bis Tormini (km 59,5). Bis Salò (km 62,5) geht es weiter leicht abwärts, der Gardasee ist wieder erreicht und bis Barbano (km 65,0) fällt die Straße weiterhin leicht ab.

Der Uferstreifen, der sich nun am westlichen Seeufer bis Gargnano erstreckt, wird »Brescianer Riviera« genannt und zieht sich völlig eben dahin. Soweit es der Verkehr und die Ortsdurchfahrten zulassen, kann man zurück zum Ausgangspunkt (km 79,0) also nochmals richtig Tempo machen. ■

Ausgangspunkt	Gargnano, 98 m
Anfahrt zum Ausgangspunkt	Brennerautobahn, Ausfahrt Rovereto Sud – Riva del Garda – Gargnano
Schwierigkeitsbewertung/Höchststeigung	Mittelschwere Radtour mit 14% Höchststeigung an kurzen Abschnitten, längere Steigungsabschnitte bis 13%
Streckenlänge	79,0 km
Höhendifferenz	1250 m
Zeit	4 – 5 Stunden
Übersetzungsvorschlag	39/26 – 28
Streckenverlauf	Gargnano – Navazzo – Lago di Valvestino – Capovalle – Crone – Treviso – Bresciano – Degagna – Vobarno – Tormini – Salò – Gargnano
Befahrbarkeit	Ganzjährig befahrbar
Karte	Euro Cart Regionalkarte 1:300.000, RV-Verlag Italien, Blatt Lombardei

Bergtouren in der Toskana, dieser eher sanft gewellten Hügellandschaft mit trapezförmigen Feldern, geradlinig verlaufenden Weinstöcken und hoch aufragenden Zypressenreihen? Keine Sorge, hier kommen sogar verwöhnte Bergspezialisten auf ihre Kosten. Dies beginnt schon beim Eintritt in die Toskana, wenn wir von Bologna aus den fast 1000 m hohen Raticosa- und anschließenden Futapass hinüber nach Florenz unter die Räder nehmen. Richtig alpin wird es dann in den Marmorbergen der Toskana, den Apuanischen Alpen, die sich zwischen La Spezia und Lucca entlang des Tyrrhenischen Meeres bis in eine Höhe von fast 2000 m auftürmen. So hoch geht es für uns zwar nicht hinauf, aber bis auf 1200 m gelangen wir auch und dabei starten wir fast von Meereshöhe aus. Wer will, kann diese Berge, die das größte Marmorvorkommen der Welt beherbergen, auch durchqueren, auf einer 43 km langen Strecke von Massa an der toskanischen Küste hinüber in die Garfagnana, ein idyllisches Tal mit wildreichen Wäldern, Ölbäumen, Kastanien und Pinien, die hier bis in große Höhen wachsen.

Den Abschluss der Toskanareise bildet dann der Monte Amiata, mit 1738 m Höhe der höchste Berg der Toskana.

34 Über Raticosa- und Futapass 968

Blick auf Florenz.

Unsere Route über die beiden Pässe ist nur mittelschwer.

Auf unserer Suche nach Pass- und Bergstraßen in der Toskana werden wir ganz schnell fündig, wenn wir uns in Bologna entschließen, nicht die Autostrada mit ihren zahlreichen Viadukten und Galerien oder die viel befahrene Staatsstraße Nr. 325, die größtenteils neben der Autobahn verläuft, nach Florenz zu nehmen. Stattdessen sollten wir die etwas östlich verlaufende Staatsstraße 65 in Betracht ziehen, die zwar kurvenreicher und beschwerlicher, dafür aber eindrucksvoller und verkehrsärmer die Höhen des Apennin überquert. Sie erreicht dabei am Raticosapass mit seiner Höhe von 968 m zwar noch nicht ganz die 1000-m-Marke, der Futapass ist mit seinen 903 m noch etwas niedriger, da Bologna aber mit 54 m nur wenig über Meereshöhe liegt, ist der zu bewältigende Höhenunterschied schon beachtlich und auch die Höchststeigung von 11 % kann sich durchaus sehen lassen. Höhen- und Steigungszahlen also, die man hier am Rande der Toskana eigentlich gar nicht erwarten würde, wobei noch zu beachten wäre, dass man am Ende dieser Tour in Florenz ziemlich genau 100 Streckenkilometer und etwa 1200 Höhenmeter auf dem Tachodisplay stehen hat, was schon einer anspruchsvollen Bergetappe entspricht.

Man wäre also gut beraten, in der Industriestadt Bologna schon mit einigen Trainingskilometern in den Beinen aufs Rad zu steigen, auch wenn der Apennin, der unmittelbar hinter der Stadt aus der lombardischen Tiefebene anzusteigen beginnt, sich eher als harmlos erscheinende Hügelkette präsentiert. Die blauen Hinweisschilder mit den Aufschriften »Futa SS 65« weisen uns den Weg aus der Stadt hinein in den Vorort Rustignano, wo wir uns nunmehr an der Beschilderung »Firenze« orientieren können. Wer sich das Verkehrsgewühl von Bologna etwas ersparen will, kann auch die Umgehungsautobahn bei der Ausfahrt Nr. 12 verlassen und über die Ortschaft San Lazzaro di Savona ins Geschehen einsteigen.

Die Straße aus Bologna heraus verläuft anfangs noch eben und beginnt erst nach Durchfahrung eines engen Eisenbahntunnels (km 7,0) anzusteigen. Aber mehr als 6 % beträgt die Steigung nicht, liegt meist

Emilia Romagna/Toskana

TOUR 34

weit darunter und durch Pianoro (km 9,0) rollen wir auf ebener Strecke. Die Ortschaft liegt in einer weiten Talsenke des gleichnamigen Flüsschens, aber rundherum beginnt der Apennin sich bereits mit zerklüfteten Bergrücken, die bis obenhin mit dichter Vegetation bedeckt sind, zu offenbaren. Dies erfreut zwar das Auge, ist aber auch ein Indiz für den Regenreichtum, der genau diese Region als niederschlagsreichste Italiens ausweisen soll.

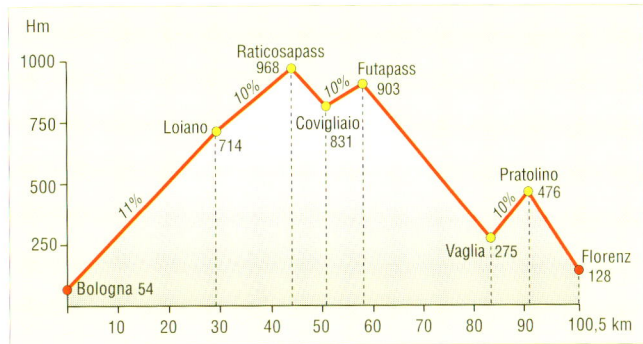

Auf hoffentlich trockener Fahrbahn gehen wir die kurze Abfahrt aus dem Ort heraus an, um mit Schwung in die beiden Kehren einzufahren, mit denen die Steigung bis auf 11% zunimmt, bevor sich die Trasse auf 6% zurücklegt und diese bis in die Ortschaft Livegnano (km 18,0) beibehält.

Wieder fällt die Straße am Ortsende kurz ab, aber diesmal folgt nur ein mäßiger Anstieg, der in einen ebenen Abschnitt übergeht. Die Straße hält sich nun in engen Kurven entlang einem der hier zahllosen Hügelrücken und bildet mit seiner ursprünglichen, unzersiedelten und naturbelassenen Landschaft den wohl schönsten Abschnitt dieser Tour. Wir erreichen Sabbioni (km 25,5), dessen Ortsname ins Deutsche übersetzt »Sanddünen« bedeutet, die wir hier allerdings nirgends entdecken können.

Dafür geht es wieder etwas aufwärts, anfangs noch gemäßigt, dann nimmt die Steigung bis Loiano (km 29,5) auf 8% zu. Rotes Kopfsteinpflaster begleitet uns durch den Ort und die Schilder am Straßenrand zeigen nicht nur den nächsten Ort an, sondern verweisen gleichzeitig auf die verbleibenden Kilometer bis Florenz.

Das sind noch einige und zudem müssen wir vorher ja erst noch die Passhöhe überqueren. Steigungen bis 6%, meist jedoch weit darunter liegend, bringen uns nach Monghidoro (km 41,0), wo wir nach einer kurzen Abfahrt die Emilia Romagna verlassen und in die Region Toskana einradeln. Zudem beginnen wir hier den letzten Teil unseres Anstiegs zum Raticosapass, der nach knapp 3 km Fahrt mit einer Steigung bis 10% dann auch bald erreicht ist. Besonderheiten kann der höchste Punkt unserer Tour (km 44,0) allerdings nicht aufweisen abgesehen davon, dass der Nadelwaldanteil in den Mischwäldern neben der Straße zugenommen hat.

Wir machen uns an die Abfahrt, die mit 12% Gefälle steiler als die Auffahrt ist und hinter Pietramala (km 45,0) zudem von einem kurzen 11%igen Gegenanstieg unterbrochen wird. Leicht senkt sich die Trasse nun bis Covigliaio (km 50,5) ab, wo uns kurze 10%ige Aufschwünge erwarten, die am Ortsende auf 8% Steigung übergehen, bevor man bis Traversa (km 55,0) wieder länger abfahren kann. Dort beginnen wir den Anstieg zum Futapass, der sich anfangs in längeren Aufschwüngen bis 8%, dann in kürzeren bis 10%, immer wieder von flacheren Stücken unterbrochen, nicht allzu schwierig gestaltet. Hat man diese Hürde genommen, geht es lange abwärts, wobei aber immer wieder kürzere Gegenanstiege bis 11% Steigung Krafteinsatz erfordern. Im Talboden der Sieve angelangt, haben wir etwa 73,0 km hinter uns und einen 400 m langen Anstieg mit 10% in das Tal der Carza vor uns.

Unserem Ziel nähern wir uns, von einer längeren 6%igen Steigung abgesehen, auf ebener Trasse, die vor Pratolino (km 90,5) allerdings nochmals auf 2 km Länge auf 10% zunimmt. Dann rollen wir durch die Gassen der nördlichen Vororte bis zum Ortsanfang von Florenz (km 100,5) nur noch abwärts. ■

Ausgangspunkt	Bologna, 54 m
Anfahrt zum Ausgangspunkt	Autobahn Verona – Mantova – Modena – Bologna, Ausfahrt 2 Bologna/Borgo Panigale – Bologna
Schwierigkeitsbewertung/Höchststeigung	Mittelschwere Radtour mit 11% Höchststeigung an drei kurzen Abschnitten
Streckenlänge	100,5 km
Höhendifferenz	1200 m
Durchschnittl. Steigung	2,07%
Zeit	5 – 6 1/2 Stunden
Übersetzungsvorschlag	39/26
Streckenverlauf	Bologna – Rastignano – Pianoro – Sabbioni – Monghidoro – Raticosapass – Pietramala – Traversa – Futapass – Pratolino – Florenz
Befahrbarkeit	Ganzjährig befahrbar
Karte	Euro Cart Regionalkarte 1:300.000, RV-Verlag Italien, Blatt Toskana

35 TOUR Über den Collinapass 932 m

Wir radeln durch eine fruchtbare Landschaft.

Nördlich der Provinzhauptstadt Pistoia, an den Südhängen des Apennin, entspringt das Flüsschen Ombrone. Es mündet schon bald in den Arno und wäre so für sich gesehen keiner größeren Erwähnung wert. Allerdings hat der Ombrone hier ein Tal geschaffen, das zu einem der schönsten und fruchtbarsten der gesamten Toskana gezählt wird. Zwischen ausgedehnten Kastanienwäldern verstecken sich immer wieder kleine Forellenteiche, in höheren Lagen ist es reich an Wild und Pilzen, das Quellwasser gilt als außerordentlich rein und die sauerstoffreiche Luft wird von italienischen Ärzten ihren Patienten gerne zur Linderung diverser Beschwerden empfohlen.

Viele Gründe eigentlich, diese Region mit dem Rad aufzusuchen, aber für uns Bergradler gibt es

noch einen weiteren. Eine Passstraße führt mitten hinein in dieses Gebiet, bis auf eine Höhe von 932 m, am Collinapass, in manchen Karten und Führern auch als Porettapass bezeichnet, und wenn die Höchststeigung auch nur 6 % beträgt, kann man doch einige Höhenmeter sammeln, denn unser Ausgangspunkt Pistoia ist nur 67 m hoch gelegen.

Wenngleich Pistoia immer etwas im Schatten der benachbarten Provinzen Lucca im Westen und Florenz im Süden lag und sich eigenständige Kunststile so nicht entwickeln konnten, sollten der romanische Dom San Zeno aus dem 12. Jahrhundert mit dem Campanile (Glockenturm), der benachbarte Palazzo dei Vescovi (Bischofspalast) aus dem 11. Jahrhundert und das gegenüberliegende gotische Baptisterium, alle an der zentralen Piazza del Duomo gelegen, nicht unerwähnt bleiben.

Den Ort verlassen wir dann den Hinweisschildern »Bologna/Modena/Abetone« folgend auf der recht geradlinig mit 6 % ansteigenden Staatsstraße 64, die nach etwa 3,5 km Fahrt in weite Kehren übergeht und uns so den Blick auf den dicht besiedelten Talboden unter uns ermöglicht. Bei km 5,5 überqueren wir die Eisenbahnschienen der Bahnstrecke Pistoia – Bologna, die Steigung geht etwas zurück und wir erreichen die Ortschaft Signorino (km 9,5). Hier gilt es aufzupassen, um die Abzweigung nach La Collina nicht zu übersehen, denn die geradeaus ebenfalls zum Pass hoch-

Toskana TOUR 35

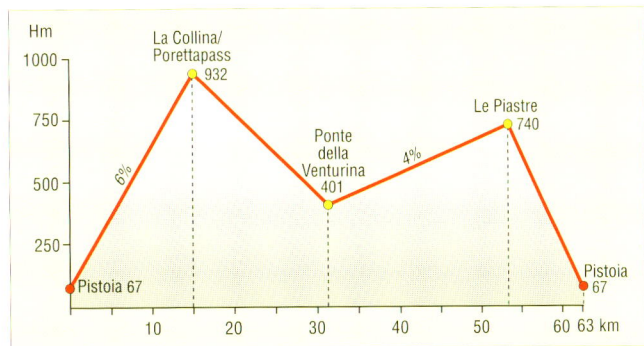

führende Hauptstraße würde in einem langen Tunnel münden.

Wir radeln dagegen durch schönen Laubwald in weit auseinander gezogenen Kehren mit einer recht gleichmäßig bei 6% liegenden Steigung höher und treffen bei km 14,0 auf eine Abzweigung. Nun gibt es zwei Möglichkeiten für die Weiterfahrt und es gilt sorgsam abzuwägen, denn das hier mit »Acquerino/Rifugio Acquerino« ausgeschilderte und mit Steigungen bis 8%, von flacheren Abschnitten unterbrochen, ebenfalls zum Pass hochführende Sträßchen ist im Scheitelbereich auf einer Länge von mehreren Kilometern unbefestigt. Rennradlern kann es somit guten Gewissens leider nicht empfohlen werden, wenngleich es landschaftlich gesehen, durch eine ursprüngliche Waldlandschaft führend, schon reizvoll wäre.

Wer sich den Risiken, die eine unbefestigte Trasse vor allem für die Reifen mit sich bringt, nicht aussetzen will, der radelt an der Abzweigung vorbei und erreicht nach 1 km Fahrt bei 6% Steigung die Häusergruppe von La Collina (km 15,0), die den höchsten Punkt, den Collinapass auch Porettapass genannt, bilden. Im Jahre 2004 führte der Giro d'Italia auf der 4. Etappe von Poretta Terme nach Civitella Val di Chiena über 187 km zuletzt über diesen Pass, die übrigens als so genannte Flachetappe eingestuft wurde und vom italienischen Sprinter Alessandro Petacchi gewonnen wurde.

Dies soll unsere Leistung allerdings in keinster Weise schmälern, wenn wir uns an die Abfahrt machen. Nach 3,5 km treffen wir auf eine Kreuzung (km 18,5), wo auch der unter der Passhöhe verlaufende Tunnel austritt, und folgen der Straße Richtung Bologna. Was nun folgt, ist eine lange, schier nicht enden wollende Abfahrt im Tal der Limentra di Samb, die aus landschaftlicher Sicht aber als wenig reizvoll zu beschreiben wäre.

Dichtes Buschwerk begleitet uns an den Talhängen, das nur hin und wieder von einigen Häusern am Straßenrand unterbrochen wird. Wir erreichen die Ortschaft Ponte della Venturina (km 31,5), die für uns den Umkehrpunkt unserer Fahrt darstellt. Sofort nach Überquerung der Brücke folgen wir der Richtung »Abetone/Pracchia/Molino P.« auf der links abzweigenden Straße.

Das Tal, das uns nunmehr aufnimmt, unterscheidet sich landschaftlich nicht von dem, das wir gerade verlassen haben, dafür steigt die Straße hier allerdings an und wir kommen langsamer vorwärts. Die anfänglich 6%ige Steigung hält nur kurz, dann rollt man auf ebener Trasse und bis Molino di Pallone (km 36,5) geht es sogar wieder leicht abwärts. Der Apennin zeigt sich uns hier von seiner freundlichen Seite, zumindest was die Steigungen betrifft.

Lange flache Abschnitte lassen uns gut vorankommen, nur hin und wieder nimmt die Steigung auf 4% zu und so gewinnen wir bis Pracchia (km 44,0) kaum an Höhe. Auch bis in die folgende Ortschaft Pontepetri (km 47,5) steigt die Straße nur leicht an, dafür wird die Umgebung mit Wiesen und Wäldern wieder freundlicher. Von einem kurzen Anstieg bis 4% Steigung abgesehen rollt es fast eben bis Le Piastre (km 53,5), wo die Straße im Ort vorbei an der Pizzeria Amalfi (km 54,0) kurz noch einmal etwas stärker ansteigt und vielleicht sogar das kleine Kettenblatt erfordert.

Dann hat man es geschafft, wir sind wieder zurück im fruchtbaren Ombronetal und es geht nur noch abwärts. Hinter Piazza (km 60,5) erreichen wir den Talboden und rollen, den Schwung der Abfahrt ausnutzend, gemächlich nach Pistoia (km 63,0) zurück. ■

Ausgangspunkt	Pistoia, 67 m
Anfahrt zum Ausgangspunkt	Autobahn Bologna – Florenz – Lucca, Ausfahrt Pistoia – Richtung Pistoia Est/Lamporecchio – Ospedale – Pistoia
Schwierigkeitsbewertung/Höchststeigung	Mittelschwere Radtour mit 6% Höchststeigung
Streckenlänge	63,0 km
Höhendifferenz	1210 m
Zeit	2 3/4 – 4 Stunden
Übersetzungsvorschlag	39/21–23
Streckenverlauf	Pistoia – Signorino – La Collina (Porettapass) – Ponte della Venturina – Molino di Pallone – Pracchia – Pontepetri – Le Piastre – Pistoia
Befahrbarkeit	Ganzjährig befahrbar
Karte	Euro Cart Regionalkarte 1:300.000, RV-Verlag Italien, Blatt Toskana

36 TOUR Zum Rifugio Carrara 1200 m

Marmorbrüche begleiten unseren steilen Anstieg.

Die Toskana (ital. Toscana) gilt dem Italienreisenden vor allem als Kunst- und Kulturlandschaft. So lockt etwa die Hauptstadt Florenz mit ihrem Dom, den Uffizien und der Ponte Vecchio, Pisa zieht mit dem Schiefen Turm auf der Piazza dei Miracoli Hunderttausende von Touristen an, Siena veranstaltet ein jährliches Pferderennen, Palio genannt und San Gimignano mit seinen über 70 ehemaligen Wohn- oder Wehrtürmen, Geschlechtertürme genannt, zählt zum Weltkulturerbe der UNESCO. Hinzu kommt eine Landschaft, die an Schönheit ihresgleichen sucht, mit sanft gewellten, schier endlos erscheinenden Hügelketten, trapezförmigen Feldern und geradlinig verlaufenden Weinstöcken, die von Zypressenreihen, Wegen und Alleen unregelmäßig gegliedert werden und sich meist in sanftem Licht unter einem pastellfarbenen Himmel zeigen. Hinzu kommt,

dass die Straßenverläufe keine allzu schweren Steigungsverhältnisse aufweisen und für trainierte Radler somit eher als Genusstouren anzusehen sind.

Aber die Toskana hat auch noch ein anderes Gesicht, das so gar nicht in das Bild von der grünen, hügeligen Landschaft passen mag. Etwa zwischen La Spézia und Lucca steigen, fast unmittelbar hinter den Badestränden des Tyrrhenischen Meeres, auf einer Länge von 50 km schroffe Felsen mit pyramidenförmigen Spitzen und scharf abfallenden Graten nach oben, die man von ihrer Form und ihrem Felsaufbau her eher in den Dolomiten vermuten möchte. Es sind die Apuanischen Alpen, die sich mit dem Monte Pisanino (1948m) hier bis in Höhen von fast 2000 Meter über dem Meer auftürmen und uns so Gelegenheit geben, richtige Bergfahrten mit dem Rennrad in der Toskana zu unternehmen.

Toskana

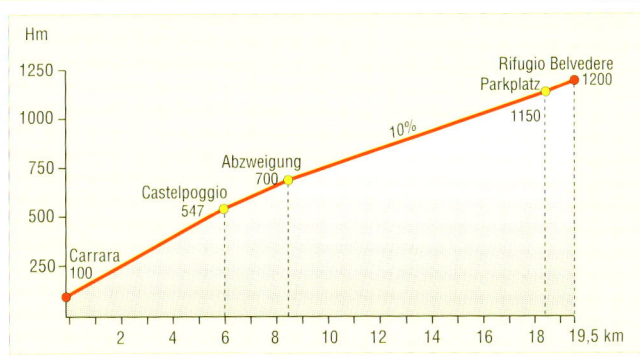

Wir wollen deshalb auch gleich hinauf zum höchsten für uns anfahrbaren Punkt in den Apuanischen Alpen, den für uns das Rifugio Belvedere, in etwa 1200 m Höhe, etwas unterhalb des Rifugio Carrara gelegen, darstellt. Wer vom Ausgangspunkt Carrara im Frühjahr nach oben in die Berge blickt, braucht ob der weißen Flecken in den Bergflanken keine Sorgen zu haben, es ist kein Schnee, sondern Marmorschutt, der hier seit mehr als 2000 Jahren abgebaut wird und schon von Michelangelo in seinen Kunstwerken verarbeitet wurde.

Dann gilt es den richtigen Weg aus der Stadt zu finden, die sich als Zentrum der Marmorverarbeitung arg ausgedehnt hat, und wer der von der Piazza Cesare Battisti ausgehenden Via Apuana folgend auf die Beschilderung »Gragnana/Castelpoggio/Campi Cecina« trifft, ist richtig. Die mit 6% aus dem Ort hinausführende Steigung geht bald zurück und erreicht bis Gragnana (km 2,0) nur einmal noch kurz 6%. Bis Castelpoggio (km 6,0) hält sich die Steigung durch einen schluchtartigen bewaldeten Talabschnitt dann aber schon bei 10%, dafür haben wir den Verkehr und die Hektik von Carrara und der Küste hinter uns gelassen.

Auch die Steigung geht zurück, erreicht zwar kurz 9%, liegt aber meist weit darunter und an der folgenden Kreuzung (km 8,5) halten wir uns an die Beschilderung »Campo Cecina«. Wir radeln nun durch eine urwüchsige, von den Gletschern der letzten Eiszeit geformte Landschaft, die von dichten Buchenwäldern geprägt wird, deren teilweise verdorrten Baumkronen und schwarzverkrusteten Stämme aber auch von Waldbränden heimgesucht wurden.

Entlang eines Bergrückens hält sich die Steigung der Straße zwischen Anstiegen bis 9% und flacheren Abschnitten und auch die Sicht wechselt immer wieder von der Küste und dem Meer im Süden auf die grünen Hügelketten im Hinterland. Bei km 10,5 geht der Wald kurz zurück und gibt den Blick auf mehrere Bergketten frei, die in langen Graten zum Meer hin abfallen und je nach Lichtverhältnissen in der Morgensonne nur diffus und schemenhaft zu erkennen sind, am Nachmittag aber klar gezeichnet erscheinen. An der Steigungscharakteristik ändert sich nichts, weiterhin geht es mit 9% aufwärts, wobei immer wieder flachere Abschnitte Erholung bieten.

Wir erkennen einen kleinen Marmorbruch etwas abseits der Straße, den ein Schild mit der Aufschrift »Latante Ferrari« anzeigt, und tief unter uns wird langsam das riesige Ausmaß der Küste mit ihrer dichten Besiedelung erkennbar. Die Steigung nimmt nun auf gleichmäßige 9% zu, wir radeln an einem riesigen Marmorbruch vorbei und erreichen wir einen ausgedehnten Parkplatz (km 18,5), mit einer Rettungsstation des Roten Kreuzes, die verdeutlicht, dass die Arbeit in den Marmorbrüchen nicht nur schwer sondern auch gefährlich ist. Auch eine Drahtseilbahn, die einst von Carrara hier heraufführte, musste nach einem Unfall im Jahre 1957 stillgelegt werden.

Unsere Auffahrt ist noch nicht zu Ende, denn wir folgen der Richtung »Campo Cecina« abzweigenden Straße. Bei einem Schild mit der Aufschrift »Aqua Aparta« (km 19,0) geht die Steigung zurück und wenig später haben wir das Straßenende beim Rifugio Bar Belvedere (km 19,5) erreicht. Die letzten 200 m zum Rifugio Carrara a Campo müssten wir dann aber zu Fuß zurücklegen.

Wer sichergehen möchte, nicht auf eines der Schwerlasterungetüme zu treffen, mit denen die bis zu 30 Tonnen schweren Marmorblöcke abtransportiert werden, sollte die Tour an einem Sonntag unternehmen. ■

Ausgangspunkt	Carrara, 100 m
Anfahrt zum Ausgangspunkt	Autobahn La Spézia – Pisa, Ausfahrt Carrara – Richtung Carrara/Aurelia/SS 1 – Carrara
Schwierigkeitsbewertung/Höchststeigung	Mittelschwere Radtour mit 10% Höchststeigung auf ca. 3,5 km Länge
Streckenlänge	19,5 km
Höhendifferenz	1100 m
Durchschnittl. Steigung	5,64%
Zeit	1 3/4 – 3 1/2 Stunden
Übersetzungsvorschlag	39/26
Streckenverlauf	Carrara – Gragnana – Castelpoggio – Rifugio Belvedere
Befahrbarkeit	Ganzjährig befahrbar
Karte	Euro Cart Regionalkarte 1:300.000, RV-Verlag Italien, Blatt Toskana

37 TOUR Durch die Marmorberge der Tos

Auf unserer Strecke liegen einige Kehrentunnel.

Die Apuanischen Alpen sind viel zu schön, um sie bereits nach einer Tour, wenngleich uns diese auch auf den höchsten Punkt zum Rifugio Carrara hinaufgebracht hat, wieder zu verlassen. Diesmal wollen wir diesen Bergzug überqueren, was bei seiner Größe in einer Tagestour ohne weiteres zu machen ist, wenn man konditionell für einen knapp 20 km langen Anstieg mit 840 zu überwindenden Höhenmetern, bei einer Höchststeigung von 8%, gerüstet ist. Die folgende Abfahrt in das Tal der Garfagnana ist dann noch mal etwa genauso lang, sollte uns naturgemäß aber konditionell vor keine Probleme stellen. Es sei denn, man hat sein Quartier an der Küste beibehalten und möchte am selben Tag noch zurückkehren. Dann muss man selbst entscheiden, wo man kehrtmacht, um noch genügend Reserven für den Rückweg zu haben. Lohnend wäre es allerdings schon, bis ganz nach Castelnuovo di Garfagnana abzufahren, denn die Landschaft dort ist äußerst reizvoll und wird auch als das grüne Herz der Toskana bezeichnet. Der landschaftliche Kontrast könnte also kaum größer sein, wenn wir vom Trubel der toskanischen Küste, mit ihren Stränden, Promenaden, Hotels, Restaurants, Seebädern und schnurgeraden, ampelübersäten Straßen, in die fast idyllische Ruhe der Kastanienwälder der gegenüberliegenden Bergseite eintauchen.

Nur eine einzige Straße durchquert die Apuanischen

Toskana

TOUR 37

na 1035 m

Alpen in ihrer gesamten Breite und diese führt von Massa über den 1035 m hohen Altissimopass nach Castelnuovo. Also ist Massa, nur wenige Kilometer südöstlich von Carrara an der Küste gelegen, unser Ausgangspunkt. Im Gegensatz zum eher modern geprägten Carrara besteht Massa aus einem mittelalterlichen Ortskern mit der Festung La Rocca und einem sehenswerten Renaissancepalast, während der neuere Teil mit der Kirche San Rocco aufwarten kann, in deren Inneren ein Kruzifix zu bestaunen ist, das von keinem Geringeren als dem italienischen Künstler Michelangelo stammen soll.

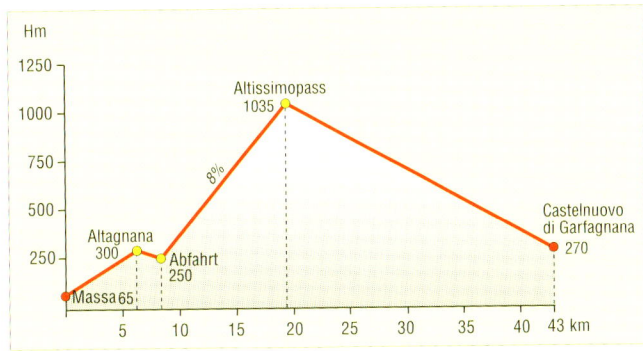

Um nun in die Region zu gelangen, aus der dieser seinen Marmor für seine berühmtesten Werke erhielt, folgen wir im Zentrum von Massa (km 0,0) der Beschilderung »San Carlo«. Über mehrere Kehren steigt die Straße mit 8% in die kleine Ortschaft San Carlo Terme (km 3,5) hinauf, wo ein etwas unangenehmer, etwa 100 m langer unbeleuchteter Tunnel von uns rechter Hand umfahren werden kann. Die ersten Felsriesen tauchen auf, die Straße fällt etwas ab, um bis Altagnana (km 6,0) nur noch leicht anzusteigen. Malerisch kleben die bunten Häuser des Ortes an den grünen Berghängen, an denen es nach Durchfahrung des Ortes auf kurviger und enger Straße wieder abwärts geht. Unvermittelt findet man sich in einer weiten Schlucht, ringsum eingekesselt von hohen Bergen wieder, aber an der gegenüberliegenden Talseite ist der Weiterweg anhand vereinzelter Steinböschungen, die aus dichten Wäldern hervorragen, bereits zu erkennen. Wir rollen vorerst weiter bergab, bis zu einer Brücke am Schluchtende (km 8,0), um über diese auf die gegenüberliegende Hangseite zu wechseln.

Die Straße steigt nun wieder an, hält sich bei gemäßigten 5% und führt uns zu der Ortschaft, die wir bereits von der gegenüberliegenden Talseite her gesehen haben. Ein Ortsschild weist sie als Antona (km 9,0) aus, nach deren Durchfahrung es in engen Kehren durch den Bergwald höher geht. Die Steigung nimmt dabei auf 7% zu und hin und wieder kann man, nun schon weit zurück im Westen, das Meer und die Dächer von Massa erkennen (km 13,0).

Das folgende Ortsschild »Campavecchia« lässt den dazugehörigen Ort hingegen vermissen und kann im Wesentlichen nur mit einer Bar am Straßenrand aufwarten sowie mit einem 77 m langen unbeleuchteten Kehrentunnel. Wenig später grüßt uns noch einmal eine Bar (km 14,0) am Straßenrand, während sich die Straße bei gleich bleibender Steigung nach Pian della Fioba (km 16,5) zieht.

Nochmals gilt es einen 130 m langen Kehrentunnel zu passieren und wer will, kann seine Wasservorräte an einem kleinen Brunnen bei einer Kapelle am Tunnelausgang auffüllen.

Überall an den Berghängen sind nun die Spuren der Sprengungen für den Marmorabbau zu erkennen, die sich nur dann unserer Sicht entziehen, wenn wir mehrere Tunnels, der längste 112 m lang, durchfahren, bis zum 700 m langen unbeleuchteten Scheiteltunnel (km 19,5).

Hat man diesen überwunden, liegt die lange Abfahrt im engen, aussichtslosen Tal der Secca vor uns, von der es außer zwei kurzen Tunnels und einer kurzen, mäßigen Gegensteigung nichts Besonderes zu vermelden gibt.

Sie endet gut 750 Höhenmeter tiefer im Vorort Torrite, an das sich unmittelbar Castelnuovo di Garfagnana (km 43,0), reizvoll zwischen grünen Hügeln am Oberlauf des Flusses Serchio gelegen, anschließt. ■

Ausgangspunkt	Massa, 65 m
Anfahrt zum Ausgangspunkt	Autobahn La Spézia – Pisa, Ausfahrt Massa – Richtung Montignoso/Marina di Massa/SS 1/Massa – Massa
Schwierigkeitsbewertung/Höchststeigung	Mittelschwere Radtour mit 8% Höchststeigung
Streckenlänge	43,0 km
Höhendifferenz	840 m
Durchschnittl. Steigung	4,85 %
Zeit	2 1/2 – 3 1/2 Stunden
Übersetzungsvorschlag	39/23
Streckenverlauf	Massa – San Carlo Terme – Antona – Pian della Fioba – Altissimopass – Castelnuovo di Garfagnana
Befahrbarkeit	Ganzjährig befahrbar
Karte	Euro Cart Regionalkarte 1:300.000, RV-Verlag Italien, Blatt Toskana
Besondere Hinweise	Wegen der Tunnels ist Beleuchtung notwendig

Auf den Monte Amiata 1738 m

Den höchsten Berg der Toskana, den 1948 m hohen Monte Pisanino, haben wir vielleicht auf unserer Tour zum Rifugio Carrara in den Apuanischen Alpen, im Hinterland von Carrara, kennen gelernt. Wir konnten uns ihm allerdings nur bis auf eine Höhe von 1200 m nähern, die Spitze blieb so auf einige Entfernung verwehrt. Anders verhält es sich mit dem höchsten Berg der südlichen Toskana, die gleich hinter Siena beginnt. Etwa 50 km von Siena entfernt, an schönen Tagen von dort bereits zu erkennen, liegt der Monte Amiata. Es ist ein freistehender Bergstock, der mit seiner Höhe von 1738 m die Bergrücken der Umgebung deutlich überragt. Anders als am Monte Pisanino können wir mit dem Fahrrad bis auf seinen Gipfel fahren, der von einer schweren Eisenkreuzkonstruktion geprägt wird. Er gilt als beliebtes Wandergebiet in dieser Region mit schattigen Wäldern aus Kastanien, Buchen, Fichten und Eichen und wer dem Trubel und der Hitze an der Küste entfliehen will, ist hier richtig.
Allzu früh im Jahr sollte man diese Tour allerdings nicht starten, denn auch wenn man die Toskana gemeinhin bereits im Frühjahr mit

Der Aufstiegsroute ist nicht zu verfehlen.

Toskana TOUR 38

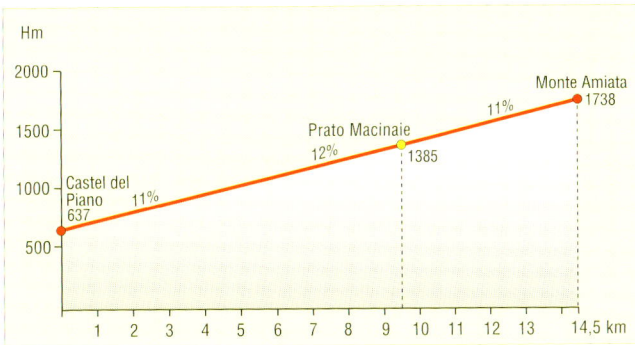

angenehmen Radlertemperaturen verbindet, kann um diese Zeit auf dem Gipfel des Berges noch Schnee liegen. Dies sei auch deshalb erwähnt, da der Autor bei seiner Befahrung Ende Mai die letzten Kilometer bei einsetzendem Schneetreiben zurücklegte und am Gipfel bei ca. 20 cm Neuschnee beendete.

Unseren Ausgangspunkt, die Ortschaft Castel del Piano (km 0,0), erreichen wir am einfachsten über die Schnellstraße Siena – Grosseto, die wir bei der Ausfahrt Paganico verlassen. Nun auf dem Rad folgen wir den Hinweisschildern mit der Aufschrift »Vetta Amiata« und mühen uns gleich einmal die 11%ige aus dem Ort herausführende Steigung hoch. Diese legt sich nach 600 m endlich zurück und flachere Abschnitte lösen sich mit Steigungen bis 10% ab. Schöner Laubwald nimmt uns auf, aber es bleibt anstrengend, denn die gut ausgebaute Straße steigt schon bald in weiten Kehren mit einer gleichmäßig zwischen 9 und 11% liegenden Steigung nach oben.

Ein Schild mit der Aufschrift »1000m« (km 4,5) informiert uns über die erreichte Höhe und kleine Tafeln am Straßenrand geben die zurückgelegte Wegstrecke an. Großartige landschaftliche Ausblicke gibt es dafür nicht, nur hin und wieder gibt der Wald den Blick auf die hügelige Landschaft mit weit verstreuten Dörfern nach Westen hin frei.

Aber genießen könnte man die Aussicht ohnehin nicht, denn unser Höherkommen gestaltet sich auch weiterhin relativ anstrengend. Zwar werden die Kehren der Straße etwas enger, dafür nimmt die Steigung aber auch auf längeren Abschnitten bis auf 12% zu. Ein Schild mit der Höhenangabe »1200m« (km 7,0) verheißt etwas Besserung, denn es folgt ein fast 1km langes Flachstück, auf dem wir Kräfte für das folgende 11%ige Steigungsstück bis zu der kleinen Waldlichtung von Prato Macinaie (km 9,5) sammeln können.

Einige Hotels und Restaurants haben sich hier um die Talstation eines Skilifts versammelt, an denen vorbei uns die Beschilderung »Vetta Amiata« den Weg zum Gipfel weist. Steigungen bis 7% bringen uns zum Hotel Contessa (km 11,0), an einer Straßenkreuzung gelegen, wo uns wieder ein Schild mit der Aufschrift »Vetta Amiata – Rif. Cantore« sowie die weiter ansteigende Straße den richtigen Weg weist.

Mit gleichmäßigen 9% Steigung geht es höher, wir überqueren die Provinzgrenzen zwischen Grosseto und Siena, radeln bei nachlassender Steigung zu einer weiteren Straßenkreuzung (km 13,0) und haben nun bei 8% Steigung noch 1,5 km zum Gipfel zurückzulegen. Den höchsten Punkt deutet dann ein Schild mit der Aufschrift »Vetta Amiata 1738 m« unmittelbar neben dem Albergo Sella an. Zum 22m hohen Gipfelkreuz wären aber noch mehrere hundert Meter Fußmarsch zu bewältigen.

Tipp: Wer nicht auf der Auffahrtsstrecke zurückfahren möchte, kann ohne großen Aufwand den Gipfelbereich auch umrunden. Man rollt zur Straßenkreuzung ab und folgt dort den Hinweisschildern »Abbadia S. Salvatore«. Stark fällt die Trasse dann bis zur nächsten Straßenkreuzung ab, an der wir schon wieder einen Hinweis auf unseren Ausgangsort finden. An der folgenden Kreuzung (km 5,0) müssen wir nochmals den Berggang einlegen, es folgt ein knapp 1,5 km langes Steigungsstück mit 11%, das uns nach Prato Macinaie (km 8,0) bringt, wo wir über die Auffahrtsstrecke nach Castel del Piano (km 17,5) abfahren. ■

Ausgangspunkt	Castel del Piano, 637 m, ca. 4 km nördlich von Arcidossa
Anfahrt zum Ausgangspunkt	Autobahn La Spézia – Pisa – Grosseto, Ausfahrt Grosseto – bei San Rocco a Pilli – Strada Ex Strada Sratale 223 – bei Montegiovi – Castel del Piano
Schwierigkeitsbewertung/Höchststeigung	Mittelschwere Radtour mit 12% Höchststeigung an einigen Abschnitten mit mehreren 100 m Länge
Streckenlänge	14,5 km bzw. 32,0 km
Höhendifferenz	1100 m
Durchschnittl. Steigung	7,59%
Zeit	1 1/2 – 2 Stunden bzw. 2 – 2 1/2 Stunden
Übersetzungsvorschlag	39/26
Streckenverlauf	Castel del Piano – Prato Macinaie – Monte Amiata – (bei Weiterfahrt Abfahrt bis Kreuzung nach Abbadia S. Salvatore – Prato Macinaie) – Castel del Piano
Befahrbarkeit	Ganzjährig befahrbar
Karte	Euro Cart Regionalkarte 1:300.000, RV-Verlag Italien, Blatt Toskana

Für Elba, die drittgrößte Insel Italiens, gilt das Gleiche wie für die Toskana: Wer meint, hier den Berggang nicht einsetzen zu können, der irrt. Furcht einflößende Anstiege sind zwar nicht zu erwarten, aber bis 14 % erreicht die Steigung schon. Es bietet sich dabei an, die Insel in drei Abschnitten zu umrunden und dabei gleichzeitig die verschiedenen Landschaftsbilder kennen zu lernen. Diese reichen von schattigen Kastanienwäldern über weite, feinsandige Buchten bis zu abweisenden, unzugänglichen Küsten mit rostroten Erzgruben. Über allem aber ein herber Ginsterduft und vor allem intensiv leuchtende Farben, wie man sie ansonsten nur noch selten in der Natur findet. Genussradler kommen hier vor allem auf ihre Kosten, aber auch als Trainingsgelände für ambitionierte Radler ist das Eiland, speziell im Frühjahr, durchaus geeignet. Wenngleich, wer schon gut in Form ist, schafft es vielleicht sogar, die Insel an einem Tag zu umrunden. Ob man dabei aber auch auf den Monte Perone kommt, ist zweifelhaft, denn der höchste anfahrbare Punkt der Insel ist zwar nur 630 m hoch, weist aber schon eine Steigung bis 14 % auf und sollte ruhig als eigenständige Tagestour eingeplant werden.

39 TOUR Elba – Auf den Monte Perone 572

Blick auf die Bergkuppen um Póggio.

Immergrüne, undurchdringliche Macchia an sanft gerundeten Bergformen, die sich bis in Höhen von 1000 m aufschwingen, einsame Bergdörfer in schattigen Kastanienwäldern, weite Buchten mit flachen, feinsandigen Stränden, die sich mit abweisenden, unzugänglichen Küsten und Berghängen abwechseln, aus denen rostrote Erzgruben hervorstechen, an der Küste ein schmaler Saum fruchtbarer Ebene, der terrassenförmig ins Landesinnere ansteigt, dazwischen kleine Ortschaften und vereinzelte Landgüter, und alles überdeckt von herbem Ginsterduft und den intensiv leuchtenden Farben des Himmels.

So etwa wird Elba, nach Sizilien und Sardinien drittgrößte Insel Italiens, die zusammen mit mehreren kleineren Nachbarinseln zum Toskanischen Archipel der Region Toskana gehört, in den Reiseführern beschrieben. Und wer schon einmal auf Elba war, wird bestätigen, dass all diese Attribute zutreffen.

Wollte man unbedingt einen Wermutstropfen finden, wäre es eigentlich nur derjenige, dass die nur etwa 10 km vom Festland entfernte Insel mit ihrer Flächenausdehnung von lediglich 224 qkm, einer Nord-Süd-Länge von 18,5 km und einer Ost-West-Ausdehnung von 27 km, recht klein ist. Wer allerdings glaubt, für eine Radtour sei dies nicht groß genug, der irrt. Immerhin ergibt sich ein für uns nutzbarer Küstenumfang von etwa 120 km, den man mit Abstechern ins Landesinnere zu lohnenden Radtouren verbinden kann, ohne sich bei den im Regelfall aber eher gemäßigten Steigungsverhältnissen dabei allzu sehr anstrengen zu müssen.

Wer es schon etwas alpiner haben möchte, für den bietet sich der westliche Teil der Insel an, der vom gewaltigen Bergstock des 1018 m hohen Monte Capanne beherrscht wird, der nach Norden hin mit freigelegten Granitplatten schroff und steil zum Meer abstürzt, während er sich Richtung Süden schon deutlich langsamer und maßvoller absenkt.

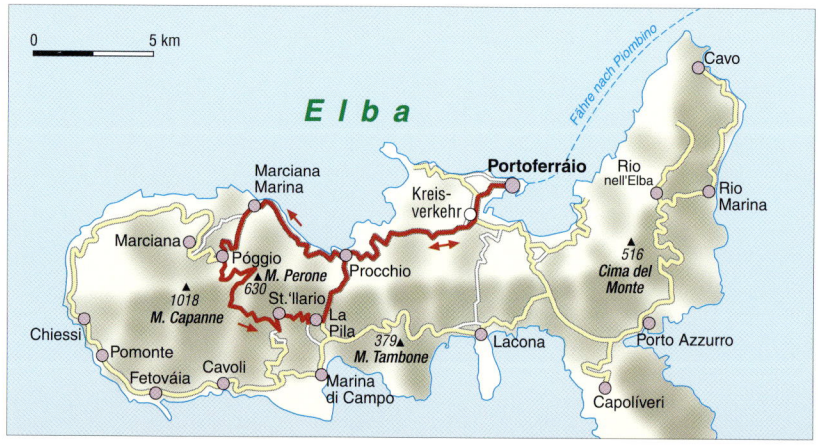

110

Toskana TOUR 39

Unser Ziel aber ist der Monte Perone, im Ostteil dieses Massivs gelegen, zwar »nur« 630 m hoch, aber bis in eine Höhe von 572 m befahrbar und damit der für uns höchste anfahrbare Punkt der Insel. Trotz dieser nicht allzu imposanten Zahlen sollte man diese Tour nicht unterschätzen, denn die Steigung beträgt hier auf längeren Abschnitten 10 bis 12, kurz sogar auch 14 % und insgesamt 900 Höhenmeter, die wir auf dieser Runde sammeln, können schon Alpinvergleichen standhalten.

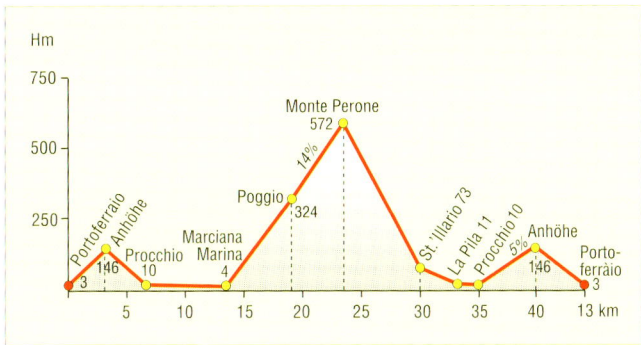

Unser Ausgangspunkt ist die Hafenstadt und Inselhauptstadt Portoferràio, die wir nach etwa einer Stunde Überfahrt von Piombino auf dem Festland erreichen. Um etwas Abstand vom eher hektischen Treiben beim Verlassen des Schiffes zu gewinnen, sollten wir aber erst an einem Kreisverkehr am Ortsende von Portoferràio (km 0,0), den wir, der Beschilderung »tutte le direzioni« folgend, zwangsläufig erreichen, aufs Rad steigen und der Beschilderung »Procchio/Marina di Campo« folgen. Anfangs noch eben, nimmt die Steigung bald auf 6 % zu, bevor man nach 3,5 km die erradelten Höhenmeter auf der leichten Abfahrt bis Procchio (km 7,5) wieder verliert. Bis Marciana Marina (km 13,5) erwarten uns keine Schwierigkeiten, aber bis zur nächsten Ortschaft Poggio (km 14,0) nimmt die Steigung schon auf 10 % zu. In der Ortschaft, deren Häuser sich meist hinter jahrhundertealten Kastanien- und Steineichenbäumen verstecken, folgen wir der beim Ristorante Monte Perone (km 19,5) geradeaus führenden Straße Richtung »Monte Perone/Marina di Campo«, die zwar schmal, aber in gutem Zustand in eine urwüchsige Landschaft führt. Dabei steigt sie auch gleich kräftig an und hält sich auf den nächsten beiden Kilometern fast ständig zwischen 10 und 12 %.

Wer im Frühjahr hier unterwegs ist, radelt in eine Blumenpracht ein, in der Ginster, Rosmarin, Zistrose, Lavendel, Mimose, Baumheide, Wacholder, Lorbeer und Oleander nicht nur das Auge erfreuen, sondern auch eine einzigartige Duftmischung freisetzen.

Langsam werden die Wiesen von Kastanien- und Kiefernwald abgelöst und an einer Hangtraverse mit schöner Aussicht auf die Bucht von Procchio lässt die Steigung auf 6 % nach. Hier gilt es Kräfte zu sammeln, denn es folgt noch ein etwa 100 m langer Aufschwung mit 14 %, der sich erst langsam auf 11 % absenkt, bevor es sich die Straße überlegt und den höchsten Punkt (km 23,5) über angenehmere Steigungsverhältnisse erreicht. Über windgebeugte Pinien und Schwarzkiefern schweift der Blick weit nach Süden über die von dichter Vegetation bedeckten Berghänge, die langsam ins Tyrrhenische Meer abfallen.

In engen Kehren geht es nun abwärts und war die Landschaft bei der Auffahrt schon schön, erfährt dieses Bild auf der Abfahrtsstrecke noch eine Steigerung. An einer Straßenkreuzung (km 9,5) halten wir uns links Richtung »Procchio« und rollen zu dem auf einem Felssporn sitzenden Dörfchen (km 30,0) weiter leicht ab. Sechs enge Kehren bringen uns weiter abwärts in die fruchtbare Ebene von Campo nell'Elba nach La Pila (km 33,5), wo es wieder einen etwa 1 km langen Anstieg mit 5 % zu überwinden gilt, bevor es bis Procchio (km 33,5) wieder abwärts rollt. Ein längerer Anstieg, der 4 % allerdings nur kurz im unteren Teil etwas überschreitet, endet auf einer Kuppe bei der Bar Club 64 (km 40,0), dann geht es bis zum Ausgangspunkt (km 44,0) nur noch abwärts. ■

Ausgangspunkt	Portoferràio, 3 m
Anfahrt zum Ausgangspunkt	Autobahn Bologna – Florenz, Ausfahrt Firenze/Signa – Richtung Livorno – Weiterfahrt auf E 74 Richtung Genova/Roma – Weiterfahrt Richtung Rosignano Marittimo/Roma – Weiterfahrt Richtung Piombino/Isola d'Elba – Piombino – Fährverbindung nach Portoferràio (Elba)
Schwierigkeitsbewertung/Höchststeigung	Mittelschwere Radtour mit 14 % Höchststeigung auf ca. 100 m Länge
Streckenlänge	44,0 km
Höhendifferenz	900 m
Zeit	2 1/2 – 3 1/4 Stunden
Übersetzungsvorschlag	39/26
Streckenverlauf	Portoferràio – Procchio – Marciana Marina – Poggio – Monte Perone – Sant'Ilario – La Pila – Procchio – Portoferràio
Befahrbarkeit	Ganzjährig befahrbar
Karte	Euro Cart Regionalkarte 1:300.000, RV-Verlag Italien, Blatt Toskana

40 TOUR Elba – Um den Monte Capanne 335 m

Marciana Marina ist Station auf unserer Rundtour.

Elba ist viel zu schön, um es nach unserer Tour auf den höchsten anfahrbaren Punkt der Insel, den Monte Perone, bereits wieder zu verlassen. Wenngleich sich, wie in der auf den Monte Perone beschriebenen Tour bereits ausgeführt, die Berge im Landesinneren auf eine Höhe von knapp über 1000 m über dem Meer erheben, führen doch nur wenige für uns Rennradler nutzbare Straßen in größere Höhen, so dass wir unsere Höhenmeter auf den Straßen entlang der Küste sammeln müssen, die die Berge umrunden. Der westliche Inselteil, den wir von unserer Tour auf den Monte Perone schon etwas kennen gelernt haben, bietet sich daher mit einer Umrundung des Monte Capanne an. Zwar hält sich die Trasse meist in Küstennähe, steigt an den Hängen des Massivs aber immer wieder an, so dass letztlich gute 650 Höhenmeter zu Buche stehen.

Unser Ausgangspunkt ist wieder der Kreisverkehr am Ortsende von Portoferràio (km 0,0) und die ersten Kilometer sind identisch mit der Tour auf den Monte Perone. Der Beschilderung »Procchio/Marina di Campo/Mar-

ciana« folgend, bringen wir also den etwa 3,5 km langen Anstieg mit 6 % Steigung hinter uns, um dann auf anfangs stärker, dann leicht fallender Trasse bis Procchio (km 7,5) abzufahren. Nun folgen wir den Hinweisschildern »Marciana/Marciana Marina« und radeln weiter am Meer entlang, das wir des dichten Unterholzes neben der Straße wegen aber kaum einmal zu Gesicht bekommen.

Die Straße steigt zwar hin und wieder auf 6 % an, dennoch gewinnen wir kaum an Höhe und die wenigen Höhenmeter, die wir uns erradelt haben, verlieren wir wieder auf den letzten 1,5 km, mit denen sich die Straße leicht fallend bis Marciana Marina (km 13,5) ab-

112

Toskana TOUR 40

senkt. Es ist eine malerische kleine Ortschaft mit verwinkelten Gassen im Ortskern, vielen Geschäften und Restaurants und dem Torre Saracen, dem Sarazenenturm, am Hafen, der von den Pisanern im 12. Jahrhundert erbaut wurde und zum Schutz vor Piraten diente.

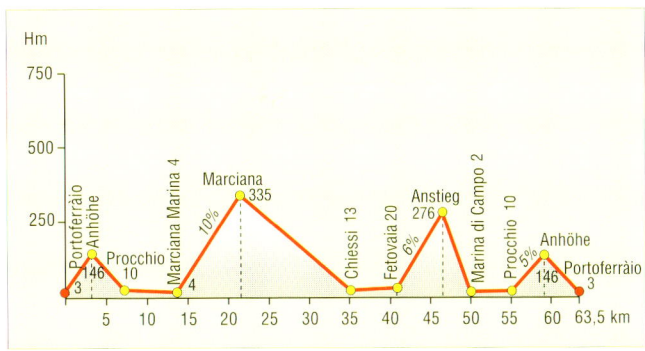

Vom Meer her droht uns allerdings keine Gefahr, denn unsere Straße wendet sich Richtung »Poggio/Marciana« ins Landesinnere, auf die hoch aufragenden grauen Felsspitzen zu. Kurvig windet sich die Trasse durch dichten Kastanienwald mit Steigungen bis 10% nach Poggio (km 19,0), einem Bergdorf mit granitgepflasterten Gassen, wo wir unsere Trinkflaschen an einem Brunnen nachfüllen können, denn die in der Nähe entspringende Napoleonquelle ist für ihr gutes Trinkwasser bekannt und es heißt, dass Napoleon während seines neunmonatigen Exils auf der Insel nur dieses Wasser getrunken habe.

Durch den Ort hält die Steigung noch an, geht dann in eine leichte Abfahrt über und erst kurz vor Marciana (km 21,5) steigt die Straße wieder an. Es ist der höchstgelegene Ort der Insel und zugleich einer der ältesten, wie die pisanische Festung beweist. Wem die von einem »Belvedere« genannten Aussichtspunkt im Zentrum weit reichende Aussicht über das Meer mit den Inseln Capraia und Gorgona nicht genügt, kann von hier mit der Kabinenbahn zum Monte Capanne hochfahren und an klaren Tagen von dort ganz Elba überblicken.

Lange geht es nun wieder abwärts und nur die felsigen Klippen verhindern, dass man ganz zum Meer abfahren kann. Etwa 100 m über dem Meeresspiegel endet unsere Abfahrt bei einer kleinen Brücke (km 29,5) und wir halten uns entlang der Küste Richtung Chiessi (km 35,0). Flach ist es dorthin nicht, denn die von den Westhängen des Monte Capanne herabziehenden Schluchten und Rinnen erfordern ein zweimaliges Ansteigen und Abfallen der Straße, wobei die Höchststeigung von 5% allerdings nur kurz erreicht wird und meist weit darunter liegt.

Mit der Punta Nera, einer schwarzen steilen Klippe, überfahren wir, wohl unbemerkt, den westlichsten Punkt der Insel und über Pomonte (km 36,5) setzen sich die längeren, aber leichten Anstiege und Abfahrten bis Fetovaia (km 40,5) fort. Zu Füßen der Südseite des Monte Capanne nimmt die Steigung bald wieder auf 6% zu und führt uns hinauf nach Seccheto, an das sich Cavoli anschließt, und wer aufs Meer blickt, erkennt die Inseln Pianosa und, leicht erschauernd, Montecristo, erinnert diese doch an den Leidensweg der jungen Edmond Dantès in Alexandre Dumas Roman »Der Graf von Monte Christo«, der im Februar 1815 mit seinem Dreimaster »Orient« von Italien kommend kurz auf Elba anlegte und, als bonapartischer Agent denunziert, lange Jahre auf der Festung Château d'If vor der Küste von Marseille eingekerkert wurde.

Bis km 46,5 hält die Steigung an, Marina di Campo (km 50,0) erreichen wir auf flacher Trasse, berühren das Touristenzentrum, der zwei mal scharf Richtung Portoferràio abzweigenden Straße folgend, aber nur am Rande. Hinter La Pila (km 52,5) verlassen wir die fruchtbare Talweitung über einen 1 km langen Anstieg, der sich meist unter 5% hält, und rollen bis Proccio (km 55,0) wieder abwärts. Nochmals ein 4%iger Anstieg hoch zur Discoteca Club 64 (km 59,5), dann müssen wir zurück zum Ausgangspunkt (km 63,5) kaum noch treten. ■

Ausgangspunkt	Portoferràio, 3 m
Anfahrt zum Ausgangspunkt	Autobahn – Bologna – Florenz, Ausfahrt Firenze/Signa – Richtung Livorno – Weiterfahrt auf E 74 Richtung Genova/Roma – Weiterfahrt Richtung Rosignano Marittimo/Roma – Weiterfahrt Richtung Piombino/Isola d'Elba – Piombino – Fährverbindung nach Portoferràio (Elba)
Schwierigkeitsbewertung/Höchststeigung	Leichte bis mittelschwere Radtour mit 10% Höchststeigung
Streckenlänge	63,5 km
Höhendifferenz	650 m
Zeit	2 $^{3}/_{4}$ – 3 $^{3}/_{4}$ Stunden
Übersetzungsvorschlag	39/26
Streckenverlauf	Portoferràio – Procchio – Marciana Marina – Poggio – Marciana – Chiessi – Fetovaia – Marina di Campo – Procchio – Portoferràio
Befahrbarkeit	Ganzjährig befahrbar
Karte	Euro Cart Regionalkarte 1:300.000, RV-Verlag Italien, Blatt Toskana

41 TOUR Elba – Über den Monte Tambone

Die Anstieg wie die Abfahrten sind mittelschwer.

Nach dem Westteil der Insel wollen wir nun auch den mittleren Teil Elbas erkunden, wozu sich eine Fahrt über den Monte Tambone anbietet. Der ist mit seinen 377 m zwar nicht allzu hoch und die Straße führt auch »nur« in eine Höhe von 261 m, aber Steigungen bis 9 % und ein Höhenunterschied von knappen 500 m machen die Fahrt dennoch lohnend, die zudem mit einer weit reichenden Aussicht über die schönsten Buchten der Insel belohnt wird.

Da die Tour weder allzu lang noch allzu schwierig werden wird, lohnt es, sich vorher noch etwas mit unserem Ausgangspunkt Portoferràio auseinanderzusetzen. Der Naturhafen, in dem wohl alle Touristen bei ihrer Überfahrt nach Elba anlegen, wurde schon seit der Antike von den Etruskern und Römern zum Eisenhandel genutzt, besaß die Insel doch eines der reichsten Eisenerzvorkommen Italiens, das noch bis 1982 abgebaut wurde. Schon bei der Ankunft mit der Fähre fallen die imposanten Festungsanlagen der Stadt ins Auge, die Festung Falcone, die am Leuchtturm erkennbare Festung Stella und der Linguella-Turm am Hafeneingang, die alle im 16. Jahrhundert von den Medici zum Schutz gegen Piraten errichtet wurden.

Wer noch nicht gleich aufs Rad will, kann vom Hafen mit seinen zahlreichen Restaurants, Cafés, Geschäften und den bunt aneinander gereihten Häusern die Treppen zu den beiden Festungen hochspazieren und von den alten Wehrgängen das Meer und die Stadt überblicken.

Untrennbar ist die Insel auch mit einem der berühmtesten Namen der Weltgeschichte verbunden, Napoléon I.

114

Toskana

Bonaparte, Kaiser der Franzosen, der im Jahre 1814 hier neun Monate im Exil verbrachte, bevor er am 1. März 1815 aufs Festland zurückkehrte und seine so genannte Herrschaft der Hundert Tage antrat, bevor er am 18. Juni 1815 von den Engländern und Preußen bei Waterloo vernichtend geschlagen wurde. Auf dem Rückweg von den Festungen kann sein einstiger Wohnsitz in Portoferràio besichtigt werden, die Villa dei Mulini, die zu einem kleinen Museum mit Möbeln, sonstigen Einrichtungsgegenständen, Porträts, Karikaturen und einer Fahne gestaltet wurde.

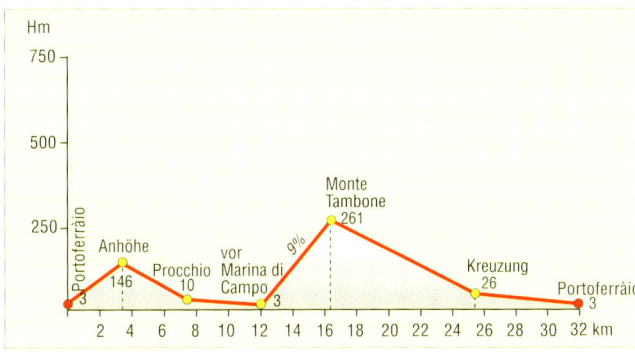

Nun aber aufs Rad und an unserem bekannten Ausgangspunkt, dem Kreisverkehr am Ortsende von Portoferràio (km 0,0) wieder der Beschilderung »Procchio/Marina di Campo/Marciana« gefolgt. Der 6%ige Anstieg auf den nächsten 3,5 km ist uns von den vorhergehend beschriebenen Touren bereits bestens bekannt, genau wie die anfangs stärker, dann leichter fallende Trasse nach Procchio (km 7,5).

Der Touristikort ist zwar nicht sehr groß, hat aber einen der größten und schönsten Sandstrände der Insel, der vom Ort aus gut zu Fuß zu erreichen ist. Wer seine Badehose dabeihat, sollte sich diese Gelegenheit also nicht entgehen lassen, bevor wir die Ortschaft, der Beschilderung »Marina di Campo« folgend, wieder verlassen. Die aus dem Ort herausführende Straße steigt nur kurz auf 6% an, um dann in eine längere leichte Abfahrt überzugehen, die uns weit hinunter in die fruchtbare Ebene von Campo nell'Elba bringt. Olivenbäume, Äcker und Wiesen bestimmen das Bild, aber auch Wein wird hier, wenngleich in bescheidenem Ausmaße, angebaut, wobei dieser jedoch von höchster Qualität ist und seit einigen Jahren auch durch das DOC-Siegel kontrolliert wird. Elba Bianco, Elba Rosso, Rosato, Ansonica, Aleatico und Moscato sind einige der bekanntesten Weinsorten.

Diesem Genuss sollten wir allerdings noch nicht frönen, denn noch ist unsere Tour nicht beendet. Am Ortsschild von La Pila (km 10,5) vorbei radeln wir noch ein Stück eben bis zu einer Straßenkreuzung vor Marina di Campo (km 12,0) und beginnen dort, der Beschilderung »Lacona/Porto Azzurro/Campo« folgend, den Anstieg zu unserem eigentlichen Ziel, dem Monte Tambone.

Wir bezwingen ihn durch das von dichter Macchia bedeckte Valle di Filetto auf kurvenreicher Straße mit einer gleich bleibenden Steigung von 9%. Bald ist die Passhöhe (km 16,5) erreicht und wir genießen einen weiten Blick nach Süden auf die ausgedehnten Buchten von Stella und Calamita mit ihren Sandstränden, die als die schönsten der Insel anzusehen sind. Wir müssen sie nicht nur aus der Ferne bewundern, wir können uns auch von ihren Qualitäten überzeugen, wenn wir bis Lacona (km 21,5) erst einmal wieder rasant abfahren. Dort können wir unsere Badehosen, soweit mitgeführt, anziehen oder uns nur die Beine im seichten Wasser des »Spiagga Grande« abkühlen.

Kurz darauf lockt der noch ausgedehntere Sandstrand der Bucht von Stella, bevor die leicht abfallende Straße vom Meer wieder ins Landesinnere führt. An einer Kreuzung (km 22,5) folgen wir dem Hinweis nach Portoferràio und gewinnen über ein leichtes Auf und Ab noch etwas an Höhe. Von einer kleinen Anhöhe (km 29,5) erkennen wir bereits den Hafen von Portoferràio, die Straße fällt noch etwas ab, dann geht es eben zum Ausgangspunkt (km 32,0) zurück. ■

Ausgangspunkt	Portoferràio, 3 m
Anfahrt zum Ausgangspunkt	Autobahn – Bologna – Florenz, Ausfahrt Firenze/Signa – Richtung Livorno – Weiterfahrt auf E 74 Richtung Genova/Roma – Weiterfahrt Richtung Rosignano Marittimo/Roma – Weiterfahrt Richtung Piombino/Isola d'Elba – Piombino – Fährverbindung nach Portoferràio (Elba)
Schwierigkeitsbewertung/Höchststeigung	Leichte Radtour mit 9% Höchststeigung
Streckenlänge	32,0 km
Höhendifferenz	470 m
Übersetzungsvorschlag	39/26
Zeit	1 ³/₄ – 2 ¹/₂ Stunden
Streckenverlauf	Portoferràio – Procchio – vor Marina di Campo – Lacona – Portoferràio
Befahrbarkeit	Ganzjährig befahrbar
Karte	Euro Cart Regionalkarte 1:300.000, RV-Verlag Italien, Blatt Toskana

42 TOUR Elba – Um die Cima del Monte 312

Portoferràio ist der Ausgangspunkt unserer Tour.

Um Elba, diese Perle im Tyrrhenischen Meer, vollständig kennen zu lernen, fehlt uns nur noch der Ostteil der Insel. Dieser, durch eine schmale Landsenke zwischen dem Golf von Portoferràio im Norden und dem Golf von Stella im Süden, vom mittleren Teil Elbas getrennt, lässt sich bezüglich der landschaftlichen Schönheit zwar nicht mit den bereits kennen gelernten Teilen messen, bietet aber gerade durch seine Kontraste auch seine Reize. Dass auch hier das Bergritzel bei Steigungen bis 10 % zum Einsatz kommt, gewährleisten uns die Bergzüge des Monte Serra und der Cima del Monte, Letztere immerhin bis 516 m hoch, die es zu umrunden gilt. Allerdings führt unser Weg nur bis in eine Höhe von etwa 300 m über dem Meeresspiegel, was daran liegt, dass dieses Berggebiet weitgehend unerschlossen ist und die von Macchiasträuchern bedeckten Hänge in höheren Lagen nur von schmalen Hirtenpfaden durchzogen werden.

Unseren Ausgangspunkt, den Kreisverkehr am Ortsende von Portoferràio (km 0,0), verlassen wir diesmal in östlicher Richtung, wo wir auf der Sp 26, der Strada per Porto Azzurro, den Hinweisschildern »Porto Azzurro/Rio nell'Elba/Rio Marina« folgen. Die ersten 1,5 km sind eben, dann steigt die Straße auf 1 km Länge mit 6 % Steigung einen kleinen Hügel hoch, um

116

Toskana TOUR 42

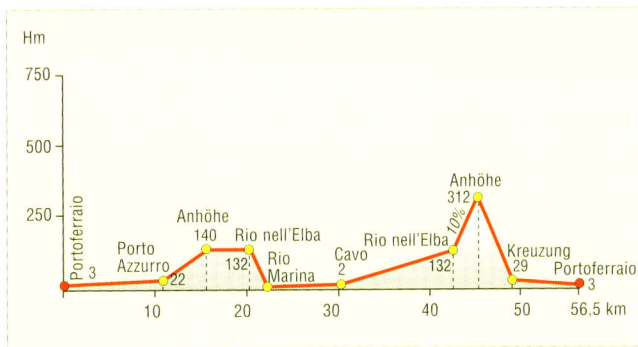

auf der anderen Seite etwa genauso weit wieder abzufallen.

Vor uns dehnt sich die fruchtbare Senke von Mola aus, in der wir nun zwischen Weinbergen, Olivenhainen, Obstbäumen und Getreidefeldern auf meist ebener Straße, die nur hin und wieder von kleineren Anstiegen und Abfahrten unterbrochen wird, dahinrollen. Bald erkennen wir das dunkelblaue Wasser der Bucht von Porto Azzurro und vorbei an blühenden Agaven steigt unsere Straße auf dem letzten Kilometer mit 5% Steigung in die gleichnamige Stadt (km 11,0) an. Der lebendige Touristikort wird von zwei imposanten Festungen, dem Forte San Giacomo und dem Forte Focardo, die von den Spaniern anfangs des 17. Jahrhunderts errichtet wurden, überragt, von deren wuchtigen Mauern man nach Süden auf die Halbinsel Calamita blicken kann.

Von dieser erzählen alte Geschichten, dass Schiffe, die in die Nähe der Halbinsel kamen, an den Felsen zerschellten, da das Magnetiteisenerz im Boden wie ein Magnet die Eisennägel aus den Schiffsplanken gezogen hätte. Also meiden wir diesen Teil besser, der ohnehin touristisch kaum erschlossen ist und zu weiten Teilen unter Naturschutz gestellt wurde, und radeln Richtung »Rio nell'Elba/Rio Marina« auf die Gipfel des Monte Castello und der Cima del Monte zu.

Anfangs zeigt sich die Natur noch verschwenderisch mit üppig wachsendem Oleander, Zypressen und sogar Palmen, aber bald begleitet uns auf der mit 6% ansteigenden Straße nur noch wild wucherndes Gestrüpp am Straßenrand. Wir erreichen einen Hügeleinschnitt (km 16,0) und vor uns öffnet sich ein ausgedehnter Bergkessel, an dessen linken Rand entlang wir auf fast gleich bleibender Höhe bis Rio nell'Elba (km 20,5) radeln, bevor die Straße nach Rio Marina (km 22,5) wieder zur Küste abfällt.

Die einstige Bergarbeitersiedlung hat sich in einen florierenden Badeort gewandelt, aber irgendwie scheint der rötliche Schimmer des Eisenerzes, das in der Umgebung gut zweieinhalb Jahrtausende abgebaut wurde, bis die letzte Mine im Jahre 1982 stillgelegt wurde, noch über dem Ort zu liegen.

Wir wollen noch zum nördlichsten Punkt der Insel, folgen der Beschilderung »Cavo«, kurz steigt die Straße auf 8% an, fällt wieder ab und an aufgelassenen Erzgruben vorbei führt ein kurzer 6%iger Anstieg über zwei Kehren einen Hügel hoch, der die Sicht auf das Festland und die beiden winzigen Inseln Palmaiola und Cerboli eröffnet.

Langsam fällt die Straße nun, von einigen leichten Gegenanstiegen unterbrochen, nach Cavo (km 30,5) ab und wer will, kann an der Uferpromenade entlang bis zum Ortsende radeln, wo in einem kleinen Pinienhain beim Hotel La Pineta (km 31,5) zwar ein Sträßchen nach links abzweigt, das allerdings mit dem Hinweis »Strada senza uscita« als Sackgasse ausgewiesen ist.

Als radeln wir bis Rio nell'Elba (km 43,0) auf der Anfahrtsstrecke zurück und wählen an der Kreuzung vor dem Ort die nach »Portoferràio/Volterraio« abzweigende Straße, die gleich mit 9% ansteigt und nach einem kurzen flacheren Abschnitt in eine Kehrengruppe übergeht, die mit 10% zum höchsten Punkt (km 45,5) ansteigt.

Unterhalb der Ruine der pisanischen Fluchtburg Volterraio geht es nun bis zu einer Kreuzung (km 49,0) rasant abwärts, dann ist der Rückweg gut ausgeschildert und bis zum Ortsanfang von Portoferràio (km 56,5) erwarten uns keine Schwierigkeiten mehr. ∎

Ausgangspunkt	Portoferràio, 3 m
Anfahrt zum Ausgangspunkt	Bologna – Florenz, Ausfahrt Firenze/Signa – Richtung Livorno – Weiterfahrt auf E 74 Richtung Genova/ Roma – Weiterfahrt Richtung Rosignano Marittimo/Roma – Weiterfahrt Richtung Piombino/Isola d'Elba – Piombino – Fährverbindung nach Portoferràio (Elba)
Schwierigkeitsbewertung/Höchststeigung	Leichte bis mittelschwere Radtour mit 10% Höchststeigung
Streckenlänge	56,5 km
Höhendifferenz	650 m
Zeit	2 $\tfrac{3}{4}$ – 3 $\tfrac{3}{4}$ Stunden
Übersetzungsvorschlag	39/23–26
Streckenverlauf	Portoferràio – Porto Azzurro – Rio nell'Elba – Rio Marina – Cavo – Rio Marina – Rio nell'Elba – Volterraio – Portoferràio
Befahrbarkeit	Ganzjährig befahrbar

Wölfe und Bären gibt es dort noch, aber zu Gesicht bekommen wird man diese scheuen Gesellen mit Sicherheit nicht. Sie verstecken sich in einer überwiegend kargen Landschaft mit viel Fels, Weiden und niedrigen Wäldern, wo die Bevölkerung noch überwiegend von Schafzucht und Landwirtschaft lebt und der Fremdenverkehr noch nicht sehr ausgeprägt ist. Dennoch, zum Radeln sind die Abruzzen, diese eigenständige Provinz im östlichen Mittelitalien, gerade deshalb geeignet, weil in dieser weitgehend unverbauten Natur noch die Landschaft und nicht der Autoverkehr überwiegt.

Der Lago di Campotosto gibt dann auch gleich nicht nur einen Überblick über die Landschaft, die uns hier erwartet, sondern auch über die Steigungsverhältnisse. Die sind in der Regel ausgeglichen oder human und liegen bei etwa 6 %, wenngleich zum höchsten Berg der Abruzzen, dem fast 3000 m hohen Corno Grande, schon einmal bis 13 % wegzudrücken sind, bis man beim Albergo Imperatore unter der gewaltigen Felsmauer des Gran Sasso steht.

Im Abruzzen-Nationalpark bewältigen wir zwar gute 2000 Höhenmeter, der Passo Diavolo ist mit seinen 6 % Höchststeigung aber nicht so grimmig, wie es der Name vermuten lässt.

Abruzzen

TOUR 43 Zum Lago di Campotosto 1420 m

Am Westrand des Gran-Sasso-Massivs, etwa 40 km nördlich der Provinzhauptstadt L'Aquila, liegt mit dem Lago di Campotosto der größte See der Abruzzen. Mit seinen 15 qkm weist der Stausee schon beachtliche Ausmaße auf, aber was ihn für uns Radler so reizvoll macht, ist die Tatsache, dass er fast völlig unverbaut geblieben ist und inmitten einer weitgehend ursprünglich belassenen Naturlandschaft liegt, die hauptsächlich von Viehbauern und Schäfern genutzt wird. Es ist eine Gegend, deren kargem Charme sich kaum einer entziehen kann und die mit ihren überraschend guten Straßen und eher mäßigen Steigungsverhältnissen keine allzu großen Schwierigkeiten bereithält. Aufgrund der wechselnden Streckenverläufe und der sich ändernden Landschaftsbilder ist die Tour durchaus kurzweilig und abwechslungsreich und da sich das Verkehrsaufkommen außerhalb der Hauptreisezeit gering hält, bietet sie sich als Einstieg in die Welt der Abruzzen geradezu an. Als Ausgangsort wählt man am besten L'Aquila, verkehrsgünstig im Aternotal, am Südfuß des Gran Sasso gelegen, einer Gründung Kaiser Friedrich des II. aus dem 13. Jahr-

Der Lago di Campotosto ist ein künstlicher Speichersee.

Abruzzen TOUR 43

hundert, die im Wappen einen Königsadler trägt. Allerdings leitet sich ihr Name nicht von diesem Wappentier (ital. aquila) ab, sondern von Accula oder Aquile, womit man in Italien eine wasserreiche Gegend bezeichnet. Bevor wir die Stadt (km 0,0) also in nordwestlicher Richtung auf der Staatsstraße Nr. 80, der Beschilderung »Teramo« folgend, verlassen, können wir unsere Trinkflaschen unbesorgt an der »Fontana delle 99 Cannelle«, dem Brunnen der 99 Röhren, auffüllen. Die ersten Kilometer rollt es im breiten Talbecken eben bis San Vittorino (km 5,5) und an der folgenden Straßenkreuzung biegen wir Richtung »Teramo« ab. Nun beginnt auch die Straße langsam bis auf 6% anzusteigen und wer sich noch verpflegen möchte, sollte dies in Arischia (km 8,5) tun, da wir nun für längere Zeit auf keine Ortschaft mehr treffen. Etwas oberhalb des Dorfes erreichen wir die erste Kehre, über die sich die Straße weiter mit gleichmäßigen 6% Steigung einen bewaldeten Hang hochzieht. Wir befinden uns auf dem Anstieg zum Capannellepass, der uns gleich einen guten Einblick in die Straßen- und Steigungscharakteristik gibt, denn von wenigen Ausnahmen abgesehen werden diese Steigungsprozente in der gesamten Region nicht übertroffen. Längere flachere Abschnitte gestatten uns ein relativ angenehmes Vorankommen, dann zieht die Straße in einer weiten Schleife in einen Hügeleinschnitt und ein verfallenes Straßenwärterhäuschen (km 20,0) deutet die kurz darauf folgende Capannellepasshöhe (km 21,0) an. Die Aufschrift »1300 m« auf dem Passschild zeigt die erreichte Höhe an, landschaftlich bietet die Umgebung vorwiegend karges Grün und viele Steine auf einer Hochfläche zu Füßen der felsigen Westseite des Monte San Franco.

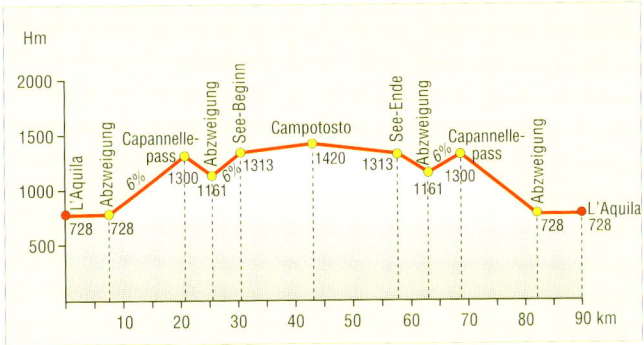

Bis zu einer Straßenkreuzung (km 25,5) können wir es mit Gefälle bis 4% abwärts rollen lassen, um dort der Beschilderung zum See zu folgen. Bis zum Erreichen der Staumauer (km 30,5) müssen wir bei Steigungen bis 5% zwar wieder in die Pedale treten, dann liegt der See vor uns, den wir von hier aber nur zu einem kleinen Teil überblicken können.

Wir halten uns an die Beschilderung »Campotosto« und radeln auf ebener Straße am südlichen Seeufer entlang bis zum Hauptort des Sees, auf einem kleinen Hügel gelegen, zu dem die Straße auf den letzten 500 m mit 6% hochsteigt. Nur hier, in dem einstigen Schäferdorf, hat der Fremdenverkehr etwas Einzug gehalten, während wir im weiteren Verlauf der Seeumrundung, die wir, von einer kurzen Abfahrt aus dem Ort abgesehen, auf weiter ebener Straße durchführen, nur hin und wieder auf kleine Kioske am Straßenrand treffen, wo vorwiegend frische Naturprodukte der Umgebung verkauft werden.

In Poggio Cancelli (km 49,0) haben wir das nördliche Seeende erreicht und treten, der Beschilderung »Ponte delle Stecce/Mascioni« folgend, den Rückweg an. Zu Füßen des Monte Civitella wechseln dabei 5%ige Steigungen mit langen flacheren Abschnitten und auch Abfahrten ab. Die Abzweigung nach Maskoni (km 57,0) lassen wir unbeachtet und überqueren den See stattdessen auf einer modernen Spannbetonbrücke, um wieder zum Stauwehr (km 58,5) zu gelangen. Nach der Abfahrt zur Straßenkreuzung (km 63,5) fordert der etwa 4,5 km lange Gegenanstieg hoch zum Capannellepass (km 69,8) mit seinen 4% Steigung leider nochmals höheren Krafteinsatz, dann aber geht es lange hinunter ins Aternotal (km 82,5) wo man die letzten Kilometer wieder auf ebener Strecke zum Ausgangspunkt (km 90,0) zurückrollt. ∎

Ausgangspunkt	L'Aquilla, 728 m
Anfahrt zum Ausgangspunkt	Autobahn Bologna – Pescara, Ausfahrt Teramo/Giulianova – Richtung Alba Adriatica/L'Aquila – Notaresco Stazione – Bellante Stazione – Autobahnausfahrt L'Aquila Ovest – L'Aquila
Schwierigkeitsbewertung/Höchststeigung	Mittelschwere Radtour mit 6% Höchststeigung
Streckenlänge	90,0 km
Höhendifferenz	850 m
Zeit	4 – 5 Stunden
Übersetzungsvorschlag	39/21–23
Streckenverlauf	L'Aquila – San Vittorino – Arischia – Capannellepass – Campotosto – Capannellepass – L'Aquila
Befahrbarkeit	Ganzjährig befahrbar
Karte	Euro Cart Regionalkarte 1:300.000, RV-Verlag Italien, Blatt Apulien/Molise

44 TOUR Zum Corno Grande 2130 m

Blick über das Sonnenobservatorium auf den Corno Grande

Während wir uns in der vorhergehend beschriebenen Tour um den Lago di Campotosto noch in den mittleren Regionen der Abruzzen aufgehalten haben, wollen wir nun gleich hoch hinauf, nämlich zum höchsten Punkt der Abruzzen, ja des gesamten Apennins, diesem 1500 km langen Gebirgszug, der fast die gesamte italienische Halbinsel durchzieht, dem Corno Grande. 2912 m misst diese höchste Spitze, eingebettet im Massiv des Gran Sasso d'Italia, kurz Gran Sasso genannt, was zu Deutsch etwa mit »großer Felsen« übersetzt werden kann. Für uns geht es hier bis in eine Höhe von 2130 m hinauf, wo eine gut ausgebaute Straße beim Albergo Imperatore an der Bergstation einer Seilbahn zu Füßen der Südseite des Berges endet. Mit »großes Horn« wäre dessen Name etwa zu übersetzen, aber wir sollten vor allen Dingen ein großes

Abruzzen TOUR 44

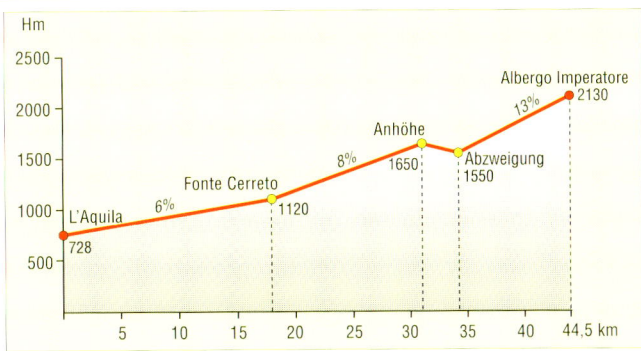

Ritzel dabeihaben, denn die Straße steigt dort hinauf bis auf 13% an.

Ein kleiner Tipp: Wer glaubt, für die gesamte Tour noch nicht genügend Trainingskilometer in den Beinen zu haben, kann diese auch in Fonte Cerreto, einer Ansammlung weniger Hotels und Talstation der Seilbahn hoch zum Corno Grande, beginnen und spart sich dabei gute 18 Streckenkilometer und knappe 400 Höhenmeter.

Wer sich von den 1500 Höhenmetern und dem leider auch großen Verkehrsaufkommen in und um die geschäftige Provinzhauptstadt L'Aquila nicht abschrecken lässt, hält sich hier am besten an die Ausschilderung »Funivia«. Am Stadtende (km 0,0) rollt es erst einmal leicht bis Tempera (km 5,0) abwärts, dann gewinnt man im Talboden der Acqua di San Franco über leichte Anstiege, die mit fast ebenen Abschnitten abwechseln, nur langsam an Höhe, bevor hinter Camarda (km 11,0) die Steigung bis Fonte Cerreto (km 18,0) auf 6% zunimmt. Nur eine Straße führt von hier nach Osten hinein in eine eiszeitlich geformte Karsthochebene, die zu Ehren des Stauferkaisers Friedrich II., der hier im 12. Jahrhundert regierte, Campo Imperatore genannt wird.

Vor uns dehnt sich eine Landschaft mit zahllosen Hügeln aus, durch die sich die Straße mit 4% Steigung, manchmal kurz auch auf 6% zunehmend, in weiten Schleifen nach oben zieht, wobei uns am Straßenrand aufgestellte Schilder mit Höhenangaben immer wieder über die zurückgelegte Höhe informieren. Hin und wieder nimmt die Steigung nun auch bis auf 8% zu, aber noch meint es die Straße nicht ernst mit uns, denn bei km 31,0 geht sie nochmals in eine längere Abfahrt über, die an einer Straßenkreuzung bei km 34,5 endet.

Wir folgen der Beschilderung »Albergo Campo Imperatore« und radeln auf ebener Straße in ein schönes Hochtal, das bald den Blick auf die Gipfelkrone des Corno Grande mit seinen drei Spitzen zulässt, dessen höchste, die 2912 m hohe Occidentale, von den beiden Nebengipfeln, dem 2893 m hohen Centrale und dem 2903 m hohen Orientale, eingerahmt werden.

Auf der Nordseite des Berges befindet sich sogar ein kleiner Gletscher, der Ghiacciaio del Calderone, der Calderonegletscher, der als südlichster Gletscher Europas gilt, den wir allerdings bei unserer Auffahrt von Südosten nicht zu Gesicht bekommen. Stattdessen verschwindet der ganze Berg mit der Einfahrt in einen felsigen Talkessel, in dem die Straße bei km 36,5 anfangs auf 6%, dann bis auf 11% zunehmend zu einer Straßenkreuzung (km 42,0) ansteigt. Den schwersten Teil der Strecke hat sich die Straße bis ganz zum Schluss aufgehoben, nach einem kurzen flacheren Abschnitt nimmt die Steigung nämlich bis auf 13% zu und hält diese auch auf gut der Hälfte der verbleibenden 2,5 km bei, bevor sie sich wieder auf angenehmere 9% zurücklegt. Dann können wir unsere Räder am Betonklotz der Bergstation abstellen, wo noch bis in den Mai hinein die letzten Schneereste vor sich hin schmelzen.

Das alte Gemäuer ist geschichtsträchtiger, als es den Anschein hat. Im Jahre 1943 wurde hier nämlich der gestürzte faschistische Diktator Benito Mussolini festgehalten, bis er am 12. September 1943 von deutschen Fallschirmjägern in einem Kommandounternehmen mit dem Decknamen Eiche befreit wurde. ■

Ausgangspunkt	L'Aquila (728 m) oder Fonte Cerreto (1100 m), 18 km nördlich von L'Aquila, Autobahnausfahrt Assergi
Anfahrt zum Ausgangspunkt	Autobahn Bologna – Pescara, Ausfahrt Teramo/Giulianova – Richtung Alba Adriatica/L'Aquila – Notaresco Stazione – Bellante Stazione – Autobahnausfahrt L'Aquila Ovest – L'Aquila oder nach Fonte Cerreto – Weiterfahrt auf der A24 bis Ausfahrt Assergi – bei Assergi Richtung Laboratori del Gran Sasso – Fonte Cerreto
Schwierigkeitsbewertung/Höchststeigung	Mittelschwere Radtour mit 13% Höchststeigung auf ca. 1 km Länge
Streckenlänge	44,5 km bzw. 26,5 km
Höhendifferenz	1505 m bzw. 1135 m
Durchschnittl. Steigung	3,15%
Zeit	2 3/4 – 3 3/4 Stunden bzw. 2 – 3 Stunden
Übersetzungsvorschlag	39/26–28
Streckenverlauf	L'Aquila – Fonte Cerreto – Albergo Imperatore
Befahrbarkeit	Ganzjährig befahrbar
Karte	Euro Cart Regionalkarte 1:300.000, RV-Verlag Italien, Blatt Apulien/Molise

TOUR 45 — Durch den Abruzzen-Nationalpark

Anversa degli Abruzzi und die schneebedeckten Vorgipfel des Gran-Sasso-Massivs.

Wenn Sie den Reiz, den das Radeln in ursprünglicher Naturlandschaft ohnehin schon bietet, noch mit etwas Nervenkitzel steigern wollen, dürfen Sie sich diese Radtour durch den Abruzzen-Nationalpark nicht entgehen lassen. In dem am 9. November 1922 feierlich eröffneten, in seinen Ursprüngen auf ein königliches Jagdgebiet zurückgehenden Naturraum gibt es nämlich noch Tiere, denen man als Radler besser nicht in freier Natur begegnet, nämlich den Braunbär und den Wolf. 70 bis 100 Exemplare des Abruzzen Braunbärs (lat. Ursus arctos marsicanus) leben in diesem etwa 44.000 Hektar großen Schutzgebiet, das zu Teilen bereits in den Regionen Latium und Molise liegt, während der Apenninen Wolf (lat. Canis lupus italicus) noch etwa 60 Exemplare zählt. Aber keine Sorge, Sie müssen sich nicht Sprinterqualitäten antrainieren, um im Gefahrenfall entkommen zu können, die Tiere sind so scheu und haben sich in den unzugänglicheren Teil zurückgezogen, dass Sie schon das Freigehege in Civitella Alfedena aufsuchen müssten, um wenigstens den Wolf zu Gesicht zu bekommen.

Als Ausgangspunkt für unsere Rundfahrt durch den Abruzzen-Nationalpark bietet sich das Städtchen Pescina, etwa 20 km östlich von Avezzano gelegen, an, unter anderem auch deshalb, da es über eine Autobahnanschlussstelle gut zu erreichen ist. Wir folgen der Beschilderung »Pescasseroli« und radeln auf völlig ebener Straße bis Gioia dei Marsi (km 8,5). Am Ortsende beginnt die Straße auf 6 % anzusteigen und bei kaum einmal nachlassender Steigung geht es nun lange durch niedrigen Wald und dichtes Buschwerk in ein kleines Hochtal, wo sich die Trasse bis Gioia Vecchio (km 22,5) etwas zurücklegt.

Die Ortschaft bildet das Eintrittstor in den Nationalpark, der sich mit der Aufschrift »Benvenuti nel Parco Nazio-

124

Abruzzen

nale d'Abruzzo« auf einer Holztafel ankündigt. Die Straße hält sich eben, fällt bei einer Berghütte (km 25,5) sogar leicht ab und deutet so an, dass wir den Diavolopass erreicht haben. Diesem ist allerdings überhaupt nichts Diabolisches anzumerken. Ganz im Gegenteil, die umgebende Bergwelt mit ihrer durchschnittlichen Höhenlage von 1600 bis 2000 m, die im 2249 m hohen Monte Petroso gipfelt, präsentiert sich, wie man sie sich friedlicher nicht wünschen könnte. Ausgedehnte Buchenwälder mit teilweise 500 Jahre alten Bäumen wechseln mit verstreuten Eibengruppen ab, prächtige Zerreichen stehen zusammen mit Schwarzbuchen, Eschen und verschiedenen Ahornarten, sporadisch sind auch Esskastanienbäume zu sehen, während in höheren Lagen die bizarr gekrümmte Bergkiefer den Temperaturen trotzt, die im Januar unter 0 °Celsius Durchschnittstemperatur liegt.

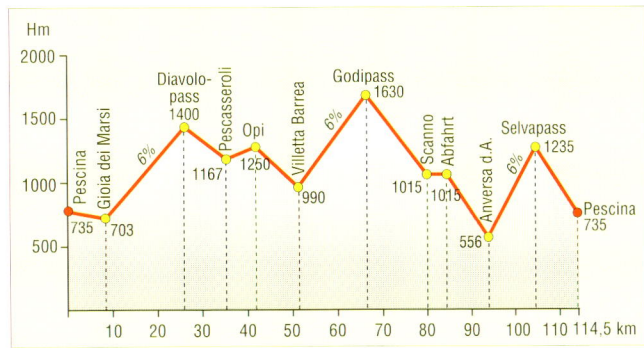

Die schönste Zeit aber ist der Frühling, wenn zum satten Grün der Wälder auf den Wiesen Krokusse, Enziane, Lilien, Anemonen, Primeln und eine Vielzahl anderer Blumenarten blühen. Dann ist es für den Radler auch angenehmer im Park, der von Rom in gut drei Autostunden erreichbar ist und von bis zu zwei Millionen Touristen, vorwiegend in den Sommermonaten, besucht wird.

Vor uns liegt nun eine lange Abfahrt hinunter nach Pescasseroli (km 35,5), dem Fremdenverkehrszentrum des Parks, dann rollen wir auf weiter leicht fallender Straße, der Beschilderung »Scanno« folgend, noch einige Kilometer leicht bergab, bevor bis Opi (km 41,5) leichtere Anstiege und flache Abschnitte abwechseln. Hier halten wir uns an die Hinweisschilder nach »Castel di Sangro«, gelangen durch eine kleine Talverengung unschwierig nach Villetta Barrea (km 50,5) und können die gesparten Kräfte für den 2 km langen und 100 Höhenmeter messenden Abstecher hinauf nach Civitella Alfedena verwenden, um dort das Wolfsgehege zu besuchen.

Diejenigen, die gleich die Weiterfahrt antreten wollen, halten sich an die Beschilderung »Scanno« und folgen durch schattigen Kiefernwald dem guten Asphaltband der Straße, die an den Hängen des Monte Mattone mit 4 % aufwärts führt. Im Rückblick erkennen wir den Stausee von Barrea, während im Vorblick der Wald zurückgeht, die Steigung dafür aber auf 6 % zunimmt. Bis km 63,5 hält sich die Steigung, dann haben wir ein Hochtal erreicht, in dem einige Hotels und zwei Schlepplifte (km 65,5) etwas Wintersport andeuten, und erreichen auf ebener Trasse mit dem Passo Valico di Monte Godi (km 66,5) den höchsten Punkt der Tour. Es geht auch gleich abwärts nach Scanno (km 80,0), das als eines der schönsten Dörfer Italiens gilt und auch einige alte Paläste und prächtige Kirchen aufweisen kann, wo wir das eigentliche Parkgebiet verlassen. Über drei Kehren fällt die Straße weiter zu einem ausgedehnten Stausee ab, an dessen östlichem Ufer entlang wir, die Abzweigung »L'Aquila/Roma« außer Acht lassend, bis zum Seeende (km 84,5) radeln. Dort wartet eine schmale, tief eingeschnitten Schlucht, durch die es auf kurvenreicher, teils mit Verkehrsspiegeln versehenen Trasse abwärts nach Anversa degli Abruzzi (km 93,0) geht, dessen Ortsdurchfahrt noch enger als die Schlucht ist.

Die Landschaft weitet sich, bis Casale (km 96,5) steigt die Straße mit 6 % an und wer sich die Kräfte bis hierher nicht eingeteilt hat, bekommt dies auf dem knapp 7 km langen Anstieg bis 6 %, hoch zu einem Bergrücken, zu spüren. Ein 285 m langer Tunnel (km 104,0) verkündet das Ende der Auffahrt und bis zum Ausgangspunkt (km 114,5) geht es nur noch abwärts. ■

Ausgangspunkt	Pescina, 735 m
Anfahrt zum Ausgangspunkt	Autobahn Bologna – Pescara, Ausfahrt Pescina – auf Strada Provinciale Pescina Staz – Pescina
Schwierigkeitsbewertung/Höchststeigung	Schwere Radtour mit 6 % Höchststeigung
Streckenlänge	114,5 km
Höhendifferenz	2020 m
Zeit	6 – 8 Stunden
Übersetzungsvorschlag	39/23
Streckenverlauf	Pescina – Gioia dei Marsi – Gioia Vecchio – Diavolopass – Pescasseroli – Opi – Villetta Barrea – Godipass – Scanno – Anversa degli Abruzzi – Casale – Selvapass – Pescina
Befahrbarkeit	Ganzjährig befahrbar
Karte	Euro Cart Regionalkarte 1:300.000, RV-Verlag Italien, Blatt Apulien/Molise

TOUR 46 — Im Schatten des Gran Sasso 1361 m

Rocca di Mezzo ist der Wendepunkt unserer Tour.

Eine Radtour im Gran-Sasso-Massiv ist zwar ein landschaftlich reizvolles Unternehmen, stellt aber, wie wir bei der Auffahrt zum Corno Grande (Tour 44) festgestellt haben, schon einige Anforderungen an die Kondition des Radlers. Wer es also lieber noch etwas gemächlicher haben will, trotzdem die landschaftliche Schönheit, den das höchste Gebirge auf der Apenninenhalbinsel bietet, genießen möchte, sollte sich mit dieser Tour befassen.

Dem Gran Sasso unmittelbar gegenüber, nur durch das Aternotal getrennt, liegt eine Berggruppe, die im 2487 m hohen Monte Velino gipfelt. Trotz ihrer auch bereits beachtlichen Höhe kann diese Berggruppe weder bezüglich Form, Aufbau noch ihrer Prominenz mit dem Gran Sasso konkurrieren. Dafür aber bietet sie uns etwas anderes, nämlich wesentlich angenehmere Steigungsverhältnisse als am Gran Sasso, ruhigere Straßen und darüber hinaus immer wieder herrliche Ausblicke auf das gegenüberliegende Felsmassiv, in dessen Schatten wir uns gleichsam bewegen. Ganz wörtlich ist dies allerdings nicht zu nehmen, denn während die Nordseite des Gran Sasso morgens noch lange im Schatten liegt, sind die Hänge, auf denen wir uns bewegen, schon früh von der Sonne beschienen.

Wir verlassen L'Aquila (km 0,0) diesmal der Beschilderung »Avezzano/Sulmona« folgend in östlicher Richtung. An der Porta Napoli vorbei rollen wir ins Aternotal hinab, halten uns weiter an die Hinweisschilder »Avezzano«, überqueren bald die Eisenbahnschienen (km 2,0) und den Fluss, um gemächlich an dessen südlichem Ufer nach Civita di Bagno (km 5,0)

Abruzzen TOUR 46

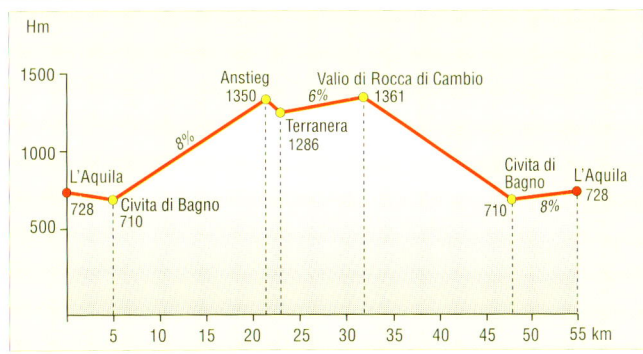

zu radeln. Die Straße beginnt anzusteigen, hält sich aber bei gemäßigten 6%, mit denen sie in weiten Schleifen und Kurven die Berghänge hochzieht. An San Felice d'Ocre (km 10,0) vorbei geht es höher, die Besiedelung nimmt langsam ab und auch der fruchtbare Talboden des Aterno liegt nun schon weit unter uns.

Zwischen gestrüppüberwucherten Hängen radeln wir in herrlich einsamer Landschaft höher und erreichen eine kleine Hochebene, aus der sich die Reste eines verfallenen Kastells hervorheben. Allerdings fesselt dies nur kurz unsere Aufmerksamkeit, denn was sich auf der gegenüberliegenden Talseite zeigt, ist schon von wesentlich größerem Interesse. Wie eine lang gestreckte dunkle Mauer, ohne Fugen, Kanten, Risse oder Einschnitte, erhebt sich das Massiv des Gran Sasso hoch über dem Talboden. Ein Anblick, den man insbesondere dann noch lange im Gedächtnis behält, wenn man die Tour im Frühling unternimmt und wir von grünen Berghängen hinüber auf diesen dunklen Felswall blicken, der nach Neuschneefällen im oberen Bereich noch weiß überzuckert ist, während im Talboden schon die ersten Apfelbäume blühen.

Das Massiv bleibt in unserem Blickfeld, wir radeln an einer Abzweigung (km 13,5) vorbei, uns weiter an die Beschilderung »Avezzano« haltend, treten bei auf 8% zunehmender Steigung kurz etwas fester in die Pedale, aber am Beginn einer Kehrengruppe (km 15,0) lässt diese wieder auf 5% nach. Hat man diese überwunden (km 17,0), rollt es sogar gänzlich eben an Fontavignone (km 19,5) vorbei, wo die Trasse recht geradlinig ansteigend wieder 6% erreicht. Mit dem Höherkommen erkennt man im gegenüberliegenden Massiv nun auch einzelne Spitzen, wie etwa den höchsten Punkt, den 2912 m hohen Corno Grande, während sich westlich der 2623 m hohe Monte Corvo und östlich der 2561 m hohe Monte Prena abheben.

Die Straße fällt leicht ab (km 21,5) und wir erreichen an einer Kreuzung (km 23,0) eine ausgedehnte, völlig ebene Hochfläche, an derem östlichen Rand wir bis Terranera noch kurz abfahren, bevor es bis Rocca di Mezzo (km 26,5) eben rollt. Hier hätte man die Möglichkeit, durch den Ort noch etwa 8 km bis Ovindoli zu radeln, um noch schöne Blicke auf den Bergzug des Monte Sirente zu werfen, sollte spätestens dort allerdings umdrehen, um nicht nach Avezzano ins Fucine-Becken abzufahren, wo wir uns doch zu weit von unserem Ausgangspunkt entfernt hätten.

Wer also in Rocca di Mezzo gleich die Rückfahrt antreten will, radelt am Ort vorbei unschwierig Richtung »Rocca di Cambio«, dessen Häuser sich etwas erhöht an den Berghängen des Monte Cagno angesiedelt haben, und erreicht auf wieder bis 6% ansteigender Trasse mit dem Valio di Rocca di Cambio (km 32,0) den höchsten Punkt dieser Tour. Leider zeigt sich die Trasse hier völlig unüblich für den bisherigen Straßenzustand als ruppig und zudem verstellt uns ein karstiger Hügel kurz die Aussicht auf den Gran Sasso. Fahrfreude und Aussicht bessern sich erst, wenn man bei km 41,5 wieder auf die Auffahrtsstrecke trifft. Bis Civita di Bagno (km 48,0) rollt es lange abwärts, wir erreichen den Talboden des Aterno und nach Überquerung des Flusses (km 53,0) wartet nur noch der 8%ige Anstieg zurück nach L'Aquila auf uns. Mussten wir bei der Ausfahrt die Porta Napoli noch umfahren, dürfen wir bei der Einfahrt in die Stadt (km 55,0) nunmehr direkt unter den mächtigen Rundbögen des Stadttores hindurchfahren. ■

Ausgangspunkt	L'Aquila, 728 m
Anfahrt zum Ausgangspunkt	Autobahn Bologna – Pescara, Ausfahrt Teramo/Giulianova – Richtung Alba Adriatica/L'Aquila – Notaresco Stazione – Bellante Stazione – Autobahnausfahrt L'Aquila Ovest – L'Aquila
Schwierigkeitsbewertung/Höchststeigung	Leichte Radtour mit 8% Höchststeigung
Streckenlänge	55,0 km
Höhendifferenz	720 m
Zeit	2 ¾ – 3 ¾ Stunden
Übersetzungsvorschlag	42/23–26
Streckenverlauf	L'Aquila – Civita di Bagno – Terranera – Rocca di Mezzo – Rocca di Cambio – Civita di Bagno – L'Aquila
Befahrbarkeit	Ganzjährig befahrbar
Karte	Euro Cart Regionalkarte 1:300.000, RV-Verlag Italien, Blatt Apulien/Molise

TOUR 47 Auf die Maielletta 2142 m

Im oberen Teil unserer steilen Route – hier wird im Winter Ski gefahren.

Östlich an den Gebirgsstock des Gran Sasso d'Italia, von diesem nur durch das Pescaratal getrennt, schließt sich mit dem Maiellagebirge der zweitgrößte Gebirgsstock des mittelitalienischen Apennins an. Benannt wurde dieses außerhalb Italiens noch wenig bekannte und zu einem großen Teil in einen Naturpark ausgewiesene Gebirge nach der griechischen Heldin Maja, die in den abruzzesischen Bergen für ihren in der Schlacht verwundeten Sohn Heilkräuter suchte. In Form und Aufbau unterscheidet sich die Maiella deutlich vom Gran Sasso, denn anstatt auf schroffe Felsen treffen wir hier auf grüne Hänge, die kaum einmal von Fels durchsetzt, dafür reich an Wäldern und Wasserquellen sind. Die Hochebenen erinnern mit ihren karstigen Kalkgipfeln manchmal etwas an eine Mondlandschaft, wobei der höchste Gipfel, der 2795 m hohe Monte Amaro, allerdings kaum niedriger ist als der Corno Grande im Gran Sasso. Was die Maiella für uns jedoch so anziehend macht, ist die Tatsache, dass sich hier der höchste anfahrbare Punkt in den Abruzzen befindet. Die Auffahrt zum Skigebiet auf die Maielletta endet nämlich erst in 2142 m Höhe und ist somit um ganze 12 m höher als die Auffahrt zum Albergo Imperatore am Corno Grande im Gran Sasso.

Es versteht sich von selbst, dass wir uns diesen Gipfelsturm in den Abruzzen, der sich mit seinen 28 Streckenkilometern und fast 2000 Höhenmetern mit dem Stilfser Joch in den heimischen Alpen vergleichen kann, nicht entgehen lassen, und finden uns dazu im Industriestädt-

Abruzzen TOUR 47

chen Scafa (km 0,0) ein, etwa 30 km südwestlich von Pescara gelegen und über die Autobahn gut zu erreichen. Da also einiges an Arbeit vor uns liegt, werden wir uns im Ort nicht lange aufhalten, sondern diesen rasch Richtung Pescara verlassen. Schon wenige Meter nach dem Ortsende überqueren wir ein kleines Flüsschen und folgen der rechts abzweigenden Straße Richtung »Lettomanoppello«. Es geht kurz abwärts und wieder heißt es aufzupassen, um die abzweigende Straße Richtung »Lettomanoppello/Pso. Lanciano« nicht zu übersehen, denn im Berichtsjahr war das Hinweisschild gut im Gebüsch am Straßenrand versteckt.

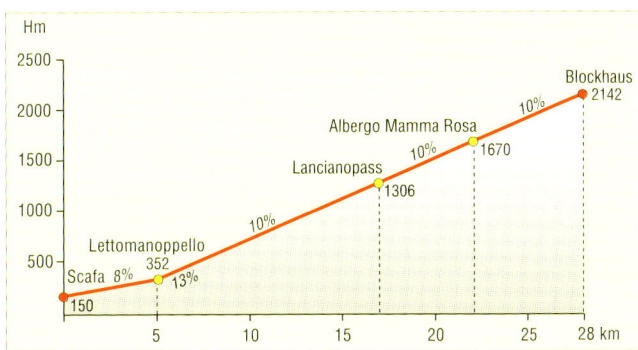

Über zwei Kehren steigt die Straße auf 8 % an, geht aber bald wieder zurück und nach nicht einmal 2 km Fahrt sogar in eine kurze Abfahrt über. Den Schwung sollte man ausnutzen, denn wieder nimmt die Steigung auf 8 % zu, um dann zwischen Wiesen und landwirtschaftlich genutzten Flächen mit 6 % Steigung Lettomanoppello (km 5,0) zu erreichen. Man sollte die Gelegenheit nutzen, sich nochmals zu verpflegen, denn es ist die letzte Ortschaft auf unserem Weg zum Straßenende auf der Maielletta und bis dorthinauf ist es noch ein beschwerlicher Weg. Dies wird einem auch gleich deutlich gemacht, denn noch im Ort steigt die Straße, der Beschilderung »Pso. Lanciano« folgend, auch Hinweisschilder auf die Maielletta sind bereits zu erkennen, auf 13 % an. Fast 2 km mühen wir uns so nach oben und erst mit den letzten Häusern der Ortschaft legt sich die Trasse auf 10 % zurück. Viel gibt die Umgebung nicht her, karges Grün, etwas Gebüsch und vor allem viele flache Steine, die zu Hügeln, Terrassen und Mauern aufgeschichtet wurden. Mit gleichmäßigen 10 % geht es aufwärts, gelb-rote Markierungsstangen leiten in einen Waldgürtel (km 14,5), der zumindest etwas Schatten spendet. Nur einmal geht die Steigung kurz auf 7 % zurück, nimmt über zwei Kehren (km 14,5) wieder auf 10 % zu und unvermittelt deutet eine Bergkuppe mit einer kleinen Feriensiedlung den Lancianopass (km 17,0) an. Wieder geht es kurz abwärts, bevor die Straße der Beschilderung »Blockhaus« folgend durch aussichtslosen Buchenwald mit 8 % Steigung weiter bergaufwärts zieht.

Nach etwa 2,5 km verlässt man das Waldstück und hat noch einige Kehren vor sich, bevor man beim Gasthof Mamma Rosa (km 22,0), einem grauen Blocksteinbau, eine wohlverdiente Rast einlegen kann. Eine Stärkung kann keinesfalls schaden, denn bis zum Ziel sind noch knappe 500 Höhenmeter zu überwinden. Über einen baumlosen, zerfurchten Skihang geht es mit 10 % höher, am Beginn einer Kehre (km 23,5) senkt sich die Trasse auf 8 % ab und im Vorblick scheinen eine Vielzahl von Antennen und Sendemasten direkt aus dem Berg herauszuwachsen. Es ist eine militärische Sendeanlage, die sich direkt neben einem Rifugio (km 26,0) an den Nordhängen des Monte Amaro etabliert hat. Ins Deutsche übersetzt bedeutet dies nichts anderes als »Bitterer Berg« und ob es für uns auch bitter wird, hängt alleine vom Konditionszustand ab. Die Steigung hält sich nämlich weiter bei 10 %, eine zweite militärische Sendeanlage wird passiert, um sich dann mit 8 % Steigung endlich dem höchsten Punkt zu nähern, den ein Parkplatz (km 28,0) mit einem steinernen Brunnentrog und einer Madonnenstatue unspektakulär präsentiert.

Ein Hinweis für die Rückfahrt: Die beim Gasthof Mamma Rosa Richtung »Scafu/ Roccamorice« abzweigende Straße ist in schlechtem Zustand, so dass man wieder über die Auffahrtsstraße abfahren sollte. ■

Ausgangspunkt	Scafa, 150 m
Anfahrt zum Ausgangspunkt	Autobahn Bologna – Pescara – Pópoli, Ausfahrt Alanno/Scafa – Richtung Scafa – Feliciantonio – Scafa
Schwierigkeitsbewertung/Höchststeigung	Mittelschwere bis schwere Radtour mit 13 % Höchststeigung auf ca. 2,5 km Länge
Streckenlänge	28,0 km
Höhendifferenz	1995 m
Durchschnittl. Steigung	7,11 %
Zeit	2 $^{3}/_{4}$ – 3 $^{3}/_{4}$ Stunden
Übersetzungsvorschlag	39/26–28
Streckenverlauf	Scafa – Lettomanoppello – Lancianopass – Albergo Mamma Rosa – Blockhaus
Befahrbarkeit	Ganzjährig befahrbar
Karte	Euro Cart Regionalkarte 1:300.000, RV-Verlag Italien, Blatt Apulien/Molise

Der Gargano ist ein etwa 1000 m hoher Bergrücken in der italienischen Provinz Apulien, der sich als Halbinsel ins Adriatische Meer hineinschiebt. »Sporn des italienischen Stiefels« wird er deshalb genannt, der durch seine dichten Pinienwälder, kristallklares Meer, malerischen Buchten, ursprünglicher Natur und viel erholsamer Atmosphäre zu den vielleicht schönsten Landschaften Süditaliens zählt. Vor allem eine Fahrt durch die »Foresta Umbra«, einen ausgedehnten Mischwald aus Buchen, Eichen, Ahornen, Eschen und Tannen, ein Rest jener Wälder, die einst ganz Apulien bedeckten, ist ein ausgesprochenes Vergnügen, das auch die lange Anfahrt dorthinunter rechtfertigt.

Am Vesuv dagegen finden wir kaum Wald, dafür dunkle Lavafelder, die bei dem ein oder anderen schon ein etwas sonderbares Gefühl aufkommen lassen können. Zumal der wohl bekannteste Vulkan der Welt auch für eine der größten Katastrophen des Altertums verantwortlich war. Wer sich davon aber nicht beeindrucken lässt, den beeindrucken vielleicht die 14 % Steigung, die hier zu bewältigen sind.

Leichter radelt man da schon um den Monte Vulture in der Basilikata, der aber nicht so harmlos ist, wie er sich den Anschein gibt, und immer wieder durch Erdstöße von sich reden macht.

Süditalien

48 TOUR Gargano – Über dem Golf von M

Reizvolle Küstenstraße über der Baia delle Zagare.

Den Gargano kann man ohne Übertreibung als Kleinod an der italienischen Adriaküste bezeichnen. Geografisch bezeichnet ist der Gargano ein nördliches Vorgebirge der Region Apulien an der Ostküste Italiens, das sich als Halbinsel ins Adriatische Meer erstreckt und deshalb auch als »Sporn des italienischen Stiefels« bezeichnet wird.
Landschaftlich gesehen ist es ein bis zu 1000 m hohes Massiv aus kompaktem Kalkstein, das im unteren Teil fruchtbar, im oberen dicht bewaldet ist und an dessen Küstenlinie sich eine unverbrauchte Erholungslandschaft aus dichten Pinienwäldern, kristallklarem Meer mit intimen, malerischen Buchten und ursprünglichen Fischerdörf-

chen erhalten hat, wie man es in Italien ansonsten nur schwerlich ein zweites Mal findet.
Steigern kann den Urlaubsgenuss hier eigentlich nur, wer sein Fahrrad dabei hat und Touren von der Küste ins Hinterland unternimmt, auf gut ausgebauten, selbst in der Hauptreisezeit nur schwach befahrenen Straßen, die bei moderaten Steigungsverhältnissen oft durch Schatten spendenden Wald mit idyllisch gelegenen Picknickarealen, eindeutig dem Begriff Genussradeln zuzuordnen sind.
Dennoch sei nicht ganz vergessen, darauf hinzuweisen, dass man am Ende der nachfolgend beschriebenen Tour, die zweifellos zu einer der schönsten am Gargano zu zählen ist, doch 1250 Höhenmeter in

fredonia 682 m   Apulien   TOUR 48

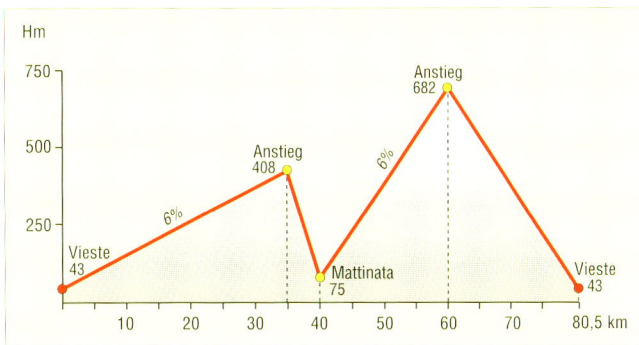

den Beinen hat und deshalb neben einer ausreichenden Übersetzung auch gute Kondition nötig ist.

Vieste (km 0,0), unser Ausgangspunkt an der Ostspitze des Gargano, in exponierter Lage auf einem Felssporn gelegen, hat sich zur Touristenhochburg entwickelt, dabei seinen Charme als einstiges Fischerdorf aber nicht gänzlich verloren. Große Sehenswürdigkeiten sind allerdings mit Ausnahme der Kathedrale aus dem 14. Jahrhundert und der von Kaiser Friedrich II. 1240 erbauten, allerdings nicht zugänglichen Burg nicht zu vermelden und so verlassen wir den Ort der Beschilderung »Manfredonia/Mattinata« folgend über die Uferpromenade. Diese zieht sich auf den ersten 2,5 km schnurgerade und eben an einem einladenden Sandstrand entlang und wer aufpasst, erkennt über den bunten Sonnenschirmen einen großen weißen Monolithen aus dem Meer ragen. Der Legende nach soll es ein zu Stein gewordener Fischer namens Pizzomunno sein, der sich hier einst in ein schönes Mädchen namens Vieste verliebte. Die eifersüchtigen Sirenen verwandelten ihn daraufhin in einen Stein, der nun aus dem Meer heraus auf die Stadt blickt, die den Namen seiner einstigen Geliebten trägt.

Am Ende der Uferpromenade nimmt die Steigung über einen kleinen Hügel auf einer Länge von etwa 700 m auf 6% zu, fällt dann aber wieder zum Meer hinab. Die Straße beschreibt einen Bogen, der uns vom Wasser wegführt, und wieder erwartet uns ein nun schon etwas längerer Anstieg mit 6%, dem eine erneute Abfahrt folgt. Etwa 7 km hat man bis hierher auf dem Tacho, bevor sich die Straße endgültig von der Küste abwendet und dabei schon auf einer Länge von 1,5 km auf 6% ansteigt. Etwa gleich lang rollt man dann wieder abwärts, aber dem schon gut 3,5 km langen folgenden Anstieg mit 6% folgt eine erheblich kürzere Abfahrt von nur 1 km Länge.

Wer sich auf ein gemütliches Einrollen entlang der Küste gefreut hat, wird spätestens hier von der Realität eingeholt, denn das Spiel von Anstiegen und Abfahrten, mit denen die Straße die zur Küste drängenden Bergriesen überwindet, setzt sich bis km 35,0 fort, bevor sich eine weit ins Hinterland reichende Bucht vor uns ausdehnt und wir es auf den letzten 5 km bis Mattinata (km 44,0) rollen lassen können. Schon am Ortsanfang in Mattinata-Est biegen wir auf die Staatsstraße Nr. 89 ab, die uns nach Vieste zurückführen wird. Zwischen Olivenhainen, die von terrassenförmig angelegten Steinmauern getrennt sind, geht es mit 6% Steigung aufwärts und bald blickt man über den im Sonnenlicht silbrig glänzenden Wasserspiegel des Adriatischen Meeres. Der Blick aufs Meer entschwindet nach einem Hügelvorsprung, um den sich die Trasse in ein weites Tal schlängelt, und die Steigung geht auf etwa 4% zurück. Man weiß nicht so recht, ob man das große Kettenblatt und ein großes Ritzel oder besser das kleine Kettenblatt und ein kleineres Ritzel auflegen soll, aber wer das Ganze zu ungestüm angeht, sei gewarnt, der Anstieg ist lange und hält fast 20 km an. Abwechslung bietet sich wenig, dafür ist man beim Radeln in ursprünglicher Natur ziemlich ungestört.

Eine Waldlichtung mit einem verfallenen Haus (km 60,0) deutet das Ende der Steigung an, der eine lange Abfahrt folgt. Streckencharakteristisch gesehen ist diese fast das Spiegelbild der Auffahrt, mit Gefällstrecken bis 6%, die von langen flacheren Abschnitten unterbrochen werden und uns durch Wald und Gestrüpp zurück in die mediterranen Gefilde von Vieste (km 80,5) führt, dessen erste Häuser mit dem Auftauchen von Olivenbäumen zusammentreffen. ■

Ausgangspunkt	Vieste, 43 m
Anfahrt zum Ausgangspunkt	Autobahn Bologna – Pescara – Bari, Ausfahrt Foggia – Richtung Manfredonia/San Giovanni Rotondo – Mattinata – Vieste
Schwierigkeitsbewertung/Höchststeigung	Mittelschwere Radtour mit 6% Höchststeigung
Streckenlänge	80,5 km
Höhendifferenz	1250 m
Zeit	$3\,^{1}/_{24} - 4\,^{3}/_{4}$ Stunden
Übersetzungsvorschlag	39/23
Streckenverlauf	Vieste – Mattinata – Vieste
Befahrbarkeit	Ganzjährig befahrbar
Karte	Euro Cart Regionalkarte 1:300.000, RV-Verlag Italien, Blatt Apulien/Bari

49 TOUR Gargano – Durch die »Foresta Ur

Blick auf Bucht von Peschici.

Die »Foresta Umbra«, der Umbrische Wald, ist zweifellos der Stolz des Gargano. Es ist ein etwa 10.000 Hektar großer Mischwald, der sich an den Hügeln im Hinterland der Küste, in einer Höhenlage von etwa 270 bis 830 m über dem Meer, erstreckt. Das Waldgebiet ist der Rest jener Wälder, die einst weite Teile Apuliens bedeckten, dann aber, als die Römer sich anschickten, zur Weltmacht aufzustreben, rücksichtslos abgeholzt wurden, und das Holz vorwiegend zum Schiffbau verwendet wurde.
Schon die römischen Dichter Ovid, Vergil und Horaz erwähnten in ihren vor 2000 Jahren erschienenen Werken den Wald als »Nemus Garganicum« (lat. nemus Forst, Holz) und rühmten darin dessen Schönheit. Und schön ist dieser Wald mit seinen Zerreichen, Steineichen, dem Maßholder und der Mannaesche im unteren Teil, den dichten Buchenbeständen, den breitblättrigen Bergahornen und der Hornbuche in höheren Lagen und in schattigeren Lagen der Bergulme und Waldlinde wirklich. Es ist ein Idyll für Naturliebhaber, Wanderwege wurden geschaffen und Picknickplätze mit Grillstätten und Bänken aufgestellt und trotzdem herrscht hier erstaunlich wenig Verkehr, selbst in der Hochsaison kann es vorkommen, dass man fast alleine unterwegs ist.

Aber nicht nur für Wanderer und Ausflügler ist dieser Wald ideal, die eher gemächlichen Anstiege, die meist unter der Höchststeigung von 8 % liegen, und die guten Straßen sind alleine schon ein Grund, sich diese Tour nicht entgehen zu lassen, und wen dies alles noch nicht überzeugt, das Wort umbra steht im Italienischen auch für Schatten oder schattiger Ort, an dem man der Hitze an der Küste entfliehen kann.
Peschici (km 0,0), unser Ausgangspunkt, ca. 25 km nördlich von Vieste gelegen, erinnert mit seinen weiß gekalkten Häusern und den vielen gewundenen Treppen eher an ein griechisches Städtchen als an einen Badeort an der Adria und

Apulien — Tour 49

»...ora« 794 m

sorgte vor einigen Jahren weltweit für Schlagzeilen, als 99 Personen aus dem Ort Millionengewinner im Lotto wurden.
Wir verlassen diesen, der Beschilderung »Rodi Garganico« folgend, auf anfangs leicht abfallender Straße, die bald auf einer Länge von 1,5 km mit 6% ansteigt, um dann erneut abzufallen und wer aufs Meer blickt, erkennt auf einem kleinen Felssporn ein so genanntes »trabucco«, Angelruten ähnliche Stangen, über die mit Seilwinden ein Fischernetz aus dem Wasser gezogen wird. Wir rollen am weit ausgelagerten Bahnhof (km 6,0) vorbei noch etwas eben dahin, dann steigt die Trasse bis zu einem einsam im Pinienwald gelegenen Restaurant leicht an, um bis zu einer Abzweigung (km 8,5) wieder abzufallen.

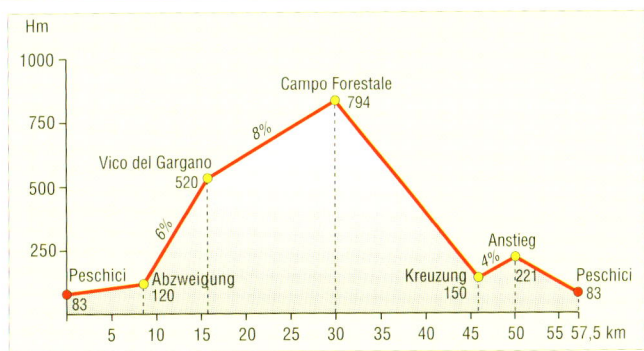

Der Beschilderung »Foresta Umbra« folgend, beginnt die Straße bald auf 6% anzusteigen, aber der Wald lässt noch auf sich warten. Zwischen Olivenhainen, Weinbergen und Kakteen geht es über weit auseinander gezogene Kehren, die rückblickend hin und wieder den Blick zurück auf das Meer freigeben, und wir erreichen mit Vico del Gargano (km 16,0) den Hauptort der Foresta Umbra.
Die Hauptsehenswürdigkeit des Ortes, eine Bergruine, die auf Kaiser Friedrich II. und das Jahr 1240 zurückgehen soll und normannische, schwäbische und aragonische Baustile aufweist, verpassen wir allerdings, wenn wir an einem Kreisverkehr (km 16,5) der scharf links Richtung »Foresta Umbra/Monte San Angelo« abzweigenden Straße folgen, über die wir bei 8% Steigung den Ort wieder verlassen. Vor uns zeigen sich bewaldete Hügelkuppen, denen sich die Trasse aber nur langsam über Anstiege bis 6%, denen immer wieder Abfahrten folgen, nähert, bis bei km 23,5 der Waldrand erreicht wird.
Fast schlagartig wird es dunkel um uns, so dicht drängt sich der Blätterwald über der Straße zusammen, dass fast kein Sonnenstrahl mehr auf die Straße durchdringen kann, und auch die ersten Picknickareale neben der Straße tauchen auf. Bei etwa 4% Steigung kommen wir angenehm höher und bald lässt die Steigung noch weiter nach und geht sogar in eine Abfahrt über.
Eine enge Kurve zwingt zum Abbremsen, wir überqueren eine kleine Brücke (km 26,0), nach der die Steigung wieder auf 4% zunimmt, und unvermittelt erreicht man eine Lichtung, auf der eine Militärkaserne (km 29,5) errichtet wurde.

Für uns bedeutet diese den Rückweg, den wir, der Beschilderung »Vieste/Peschici« folgend, erst einmal mit einem kurzen Anstieg zu den Häusern der Naturparkverwaltung (km 30,0) beginnen. Dort werden Rehe in einem kleinen Gehege gehalten und soweit es unsere Radschuhe zulassen, können wir noch einem Waldlehrpfad folgen, um dort etwa zu erfahren, dass die Hornbuche im Lateinischen als »Carpinus betulus« und die Bergulme als »Ulmus montana« bezeichnet wird.
Die lange Abfahrt beginnt anfangs auf für den Gargano eher ungewöhnlich schlechter Fahrbahn, mit einigen Schlaglöchern und Fahrbahnverengungen, die sich aber im unteren Teil bessert. Bei km 41,5 hebt sich eine verfallene Herrschaftsvilla aus dem Wald ab, der bald darauf von dichtem Gestrüpp abgelöst wird, und auch das Gefälle geht zurück.
An der folgenden Straßenkreuzung (km 46,0) halten wir uns an die Beschilderung »Peschici«, bewältigen eine 4 km lange Steigung mit 4%, bevor es wieder länger abwärts rollt. Den letzten Kilometer, mit dem die Trasse dann mit 4% zurück nach Peschici (km 57,5) ansteigt, können wir entweder mit dem 52er hochdrücken oder leichtfüßiger mit dem 39er hochpedalieren. ■

Ausgangspunkt	Peschici, 83 m
Anfahrt zum Ausgangspunkt	Autobahn Bologna – Pescara – Bari, Ausfahrt Poggio/Imperale/Lesina – Cagnano Varano – bei Vico del Gargano – bei San Menaio – Peschici
Schwierigkeitsbewertung/Höchststeigung	Leichte bis mittelschwere Radtour mit maximal 8% Höchststeigung
Streckenlänge	57,5 km
Höhendifferenz	920 m
Zeit	2 ¾ – 4 Stunden
Übersetzungsvorschlag	39/23–26
Streckenverlauf	Peschici – Vico del Gargano – Campo Forestale – Peschici
Befahrbarkeit	Ganzjährig befahrbar

TOUR 50 Um den Monte Vulture 875 m

Es gibt immer eine schönes Plätzchen für eine Rast.

Unsere Suche nach lohnenden Bergfahrten mit dem Fahrrad in Süditalien führt uns auch in die eher abgelegene und überwiegend gebirgige Region Basilikata (ital. Basilicata), eingebettet zwischen den bekannteren Regionen Kampanien, Apulien und Kalabrien, schon weit im Süden des italienischen Stiefels gelegen. Dort liegt mit dem 1326 m hohen Monte Vulture ein Vulkan, dessen Umrundung schon aus landschaftlicher Sicht lohnt. Aber es gibt noch einen weiteren Grund, dieses Gebiet zu besuchen, denn an den Hängen des Monte Vulture gedeiht mit dem Aglianico del Vulture ein trockener Rotwein, der seit 1971 mit der Qualitätsstufe DOC ausgezeichnet ist und unter Weinkennern im Geschmack als besonders weich, kultiviert, geschmeidig und rund, mit dem Aroma von dunklen Beeren bezeichnet und zum Verzehr von deftigen Gerichten von Schwein und Rind, Braten in dunklen Soßen, gegrilltem Fleisch, Lamm, Wild und kräftigen Käsesorten empfohlen wird.

Den Weingenuss sollte man sich aber aus Gründen der Fahrsicherheit für das Ende unserer Tour aufsparen, die wir in Melfi beginnen, einer Kleinstadt, die man etwa in der Mitte einer von Neapel im Westen und Bari im Osten gedachten Linie findet. Untrennbar ist Melfi mit dem Stauferkaiser Friedrich II. verbunden, dessen Kastell über der Ortschaft thront, während weiter unten der Dom besichtigt werden kann, dessen Campanile (Glockenturm) mit seinem

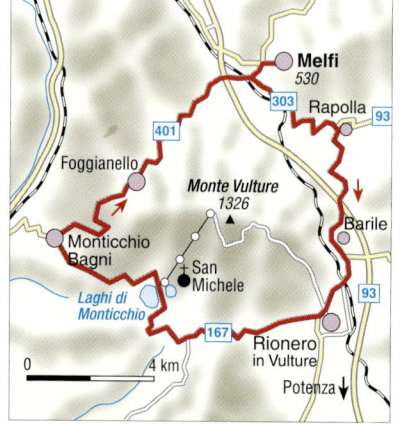

136

Basilikata TOUR 50

schwarz-weißen Dekor ebenfalls noch aus normannischer Zeit um das 11. Jahrhundert stammt.

Nun aber aufs Rad und der leicht ansteigenden und abfallenden kurvigen Straße in das verwinkelt an einem Hang gelegene Dorf Rapolla (km 4,5) gefolgt, das eine gotische Kathedrale aus dem 13. Jahrhundert, die romanisch-byzantinische Kirche S. Lucia aus dem 11. Jahrhundert und die Chiesa del Crocifisso, aus vulkanischem Tuff gehauen, mit Fresken aus dem 14. Jahrhundert, aufweisen kann.

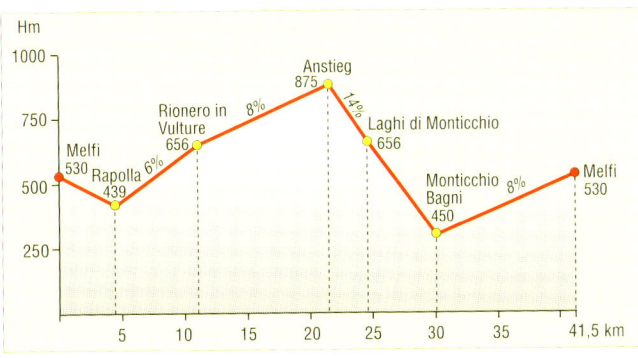

Vorbei an der Abzweigung nach »Barile« (km 9,0), wechseln an den nordseitig gelegenen Hängen des Vulture bis zur nächsten Ortschaft Rionero (km 11,0) Steigungen bis 6% mit flacheren Abschnitten und leichten Abfahrten ab. Im Ort folgen wir anfangs der Beschilderung »Potenza« und wer aufpasst, erkennt kurz vor dem Ortsende die schlecht ausgeschilderte Straße zum Chalet Monte Vulture, die erst kurz unter dessen Gipfel in einer Höhe von etwa 1200 m endet. Knappe 550 Höhenmeter wären es also dorthinauf, allerdings muss auf eine weitere Beschreibung hier leider verzichtet werden, denn im Berichtsjahr war die Trasse schon im unteren Bereich in einem solch katastrophalen Zustand, dass ein Befahrungsversuch abgebrochen wurde.

Am Ortsende (km 14,5) folgen wir der Beschilderung »Monticchio«, die uns zu den Südwesthängen des Vulkans führt, an denen die folgende lange Auffahrt über Steigungen bis 8% von zwei kurzen Abfahrten unterbrochen wird und an einem Schild mit der Aufschrift »875 m« (km 21,5) endet. Die stärkste Steigung von 14% auf dieser Strecke bewältigen wir glücklicherweise auf der folgenden Abfahrt, die uns hinunter nach Monticchio Lago (km 24,5) führt, wo die beiden Kraterseen, die Laghi di Monticchio, auch als »Zwillinge des Vulture« bezeichnet, am Fuße des Monte San Michele, einem Nebengipfel des Vulture, liegen. Der östliche der beiden Seen, die von dichtem Laubwald umgeben sind, ist nur klein, aber bald gibt die leicht ansteigende Trasse den Blick auf den größeren westlich gelegenen Lago Grande frei.

Er ist ein beliebtes Ausflugsziel und Tierparadies, aber auch bekanntes Forschungsobjekt für Klimaforscher, die aufgrund von Bohrkernen aus dem See, unter anderem aufgrund der abgelagerten Algenblüten, versuchen, den Klimaschwankungen während der letzten 100.000 Jahre auf die Spur zu kommen.

An der kleinen Ortschaft Monticchio Bagni (km 30,0) vorbei verlassen wir auf abfallender Straße die Seen und beginnen entlang der Nordwestseite des Vulture den Rückweg. Kurz nach dem Ort treffen wir auf eine Kreuzung, an der wir uns an die Beschilderung »Melfi« halten und auf der mit 6% ansteigenden Straße wieder ein größeres Ritzel zum kleinen Kettenblatt auflegen.

Im Gegensatz zur dichten Bewaldung und den Weinbergen auf der Ost- und Westseite des Vulkans besteht die Vegetation hier meist aus Grünflächen, auf denen Schafe weiden. Auf dem kargen Boden kann man gut die verschiedenen Gesteinsschichten des Untergrundes erkennen, während sich nach Norden hin der Blick über die weiten Hügelketten, die in die angrenzende Region Apulien verlaufen, verliert.

Etwa 2,5 km lang ist dieser Anstieg, dem eine 2 km lange Abfahrt folgt, bevor sich die Trasse wieder in weiten Kurven mit Steigungen bis 8% nach oben zieht (km 39,5). Dann hat man das Schwierigste überwunden und kehrt in einem leichten Auf und Ab zum Ausgangspunkt (km 41,5) zurück. ■

Ausgangspunkt	Melfi, 530 m
Anfahrt zum Ausgangspunkt	Autobahn Bologna – Pescara – Bari, Ausfahrt Foggia – Richtung Tutte Le Direzioni/Foggia – Richtung Tangenziale/Foggia – Melfi
Schwierigkeitsbewertung/Höchststeigung	Leichte bis mittelschwere Radtour mit maximal 8% Höchststeigung
Streckenlänge	41,5 km
Höhendifferenz	700 m
Zeit	2 $\frac{1}{2}$ – 3 $\frac{3}{4}$ Stunden
Übersetzungsvorschlag	39/23–26
Streckenverlauf	Melfi – Barile – Rionero in Vulture – Laghi di Monticchio – Monticchio Bagni – Melfi
Befahrbarkeit	Ganzjährig befahrbar
Karte	Euro Cart Regionalkarte 1:300.000, RV-Verlag Italien, Blatt Latium/Rom/Neapel

51 TOUR Auf den Vesuv 1017 m

Der Vesuv dominiert den Golf von Neapel.

Der Vesuv ist der wohl bekannteste Vulkan der Welt, was leider einem recht traurigen Umstand zu verdanken ist. Sein gewaltiger Ausbruch am 24. August des Jahres 79 n. Chr., bei dem seine Spitze, ähnlich der des Mount St. Helen im Jahre 1980, vollständig weggesprengt wurde und die südlich des Vulkans gelegenen Orte Pompeji, Stabiae und Oplontis unter einer 3 m hohen Ascheschicht begraben wurden und in einer zweiten Eruptionsphase Magmaströme mit einer Geschwindigkeit von bis zu 80 km/h die Stadt Herculaneum vernichtete, dürfte der wohl am besten dokumentierte Ausbruch der Frühzeit gewesen sein. Der römische Schriftsteller Plinius der Jüngere war es vor allem, der als Augenzeuge der Nachwelt diese Geschehnisse übermittelte.

Elf weitere Eruptionen folgten in den Jahren 203 bis 1139, bevor nach einer längeren Phase der Ruhe erst im Jahre 1631 wieder ein Ausbruch vermeldet wurde. Weitere Ausbrüche folgten, der heftigste im Jahre 1906, der den Berg etwa 200 m niedriger machte, und der letzte im Jahre 1941, bei dem die Städtchen Massa di Somma und San Sebastiano fast vollständig zerstört wurden.

Seither ist der Berg zwar ruhig geblieben, aber bei Vulkanologen gilt er weiterhin als der gefährlichste Vulkan der Welt, weshalb wir bei unserer Befahrung durchaus ein gewisses Risiko eingehen. Dass ein Ausbruch aber genau zur Zeit unseres Aufenthaltes passieren könnte, ist nicht sehr wahrscheinlich, zumal dieser von Vulkanologen ständig überwacht wird und eine Vorwarnzeit von zwei Wochen zur Evakuierung gefährdeter Gebiete als durchaus realistisch angenommen wird.

Da erscheint das Risiko, im hektischen Verkehrsgewühl im nahen Neapel mit dem Fahrrad zu Schaden zu kommen, schon ungleich höher, weswegen ich empfehlen möchte, den Aus-

Kampanien

gangspunkt ins nahe Ercolano zu verlegen, das man über die Autobahn A3/E45 relativ schnell erreicht.
Gleich nach der Ausfahrt steigen wir aufs Rad und legen am besten gleich einen großen Berggang ein, denn den Hinweisschildern »Vesuvio« folgend, nimmt die Steigung gleich einmal auf 300 m Länge auf 10% zu. Dann legt sie sich auf 6% zurück und wir folgen dem schmalen, kurvenreichen und schlechten Sträßchen, das sich nach etwa 2,5 km Fahrtstrecke aber bis auf 14% Steigung aufsteilt, bevor es in die von der Autobahnausfahrt Torre del Greco heraufführende Straße einmündet (km 3,0).

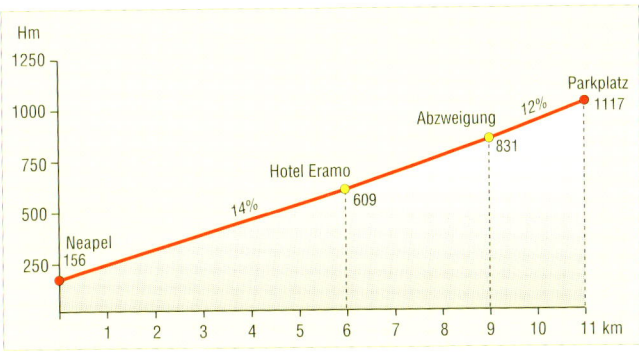

Wer hofft, dass die Auffahrt nun etwas angenehmer wird, wird leider enttäuscht. Zwar bessert sich der Straßenzustand etwas, aber über eine enge Kehrenstrecke steigt die Straße zwischen 10 und 12% weiter an, erreicht kurz sogar bis zu 14%, während in den Kehren holpriges Kopfsteinpflaster die Sache nicht gerade erleichtert. Einziger Lichtblick ist die sich langsam erweiternde Aussicht über die Dächer von Neapel und das dahinter schimmernde Meer, während die nähere Umgebung nur von Lavabrocken und Ginsterbüschen geprägt wird.

Beim Hotel Eramo (km 6,0) lässt die Steigung kurz etwas nach und wir können auch einen Blick auf das Observatorium werfen, wo die Experten um Prof. Giovanni Macedonio jede Regung des Berges rund um die Uhr mit einem dichten Netz von Messgeräten und Sensoren überwachen, dabei kleinste Erdbewegungen sowie Zusammensetzung, Druck und Temperatur der austretenden Gase messen. Sogar aus dem All melden GPS-Sensoren und Radarsatelliten jede Bodenbewegung auf den Millimeter genau und stündlich wird ein Hitzebild zur Erde gefunkt. Trotz dieses Aufwands ist eine exakte Vorhersage über einen erneuten Ausbruch nicht möglich, aber die Experten rechnen fest damit, dass dies in den nächsten 100 bis 150 Jahren sein wird.

Am gefährdetsten ist dabei die sogenannte rote Zone, in der mehr als 500.000 Menschen leben und in der auch unsere weitere Auffahrtsstrecke verläuft, über die die Straße nun mit 11% Steigung entlang eines riesigen erstarrten Lavastromes anzieht. An der folgenden Straßenkreuzung (km 9,0) können wir uns entscheiden, ob wir der rechts abzweigenden und mit »Cratere Vesuvio« ausgeschilderten Straße folgen, auf der die Steigung bald in eine etwa 1,5 km lange Abfahrt zur Talstation eines Sesselliftes übergeht, der in etwa 5 Minuten Fahrzeit unmittelbar an den Kraterrand führt.

Wer die linke Straße wählt, hat es auch nicht mehr sehr weit, allerdings etwas schwerer, denn sie steigt auf etwa 2 km Länge nochmals mit 12% Steigung an. Dann stehen wir auf einem Parkplatz (km 11,0), von dem einige Serpentinen über Lavahänge ebenfalls zum 1281 m hohen Kraterrand führen. Wer nur seine Radschuhe dabeihat, wird auf die 20-minütige Wanderung, genauso wie auf den herrlichen Rundblick, der von den Phlegräischen Feldern, den Inseln Ischia und Procida über die Dächer von Neapel bis nach Capri, Pompeji und die Sarnoebene reicht, leider verzichten müssen.

Hinweis: Die Auffahrt zum Vesuv ist sehr stark befahren und sollte an Wochenenden besser gemieden werden. Um den schlechten Straßenabschnitt im unteren Teil zu umgehen, kann die Auffahrt auch über die etwas längere, aber bessere Straße von der Autobahnausfahrt Torre del Greco begonnen werden. ■

Ausgangspunkt	Neapel, 156 m
Anfahrt zum Ausgangspunkt	Autobahn Rom – Neapel, Ausfahrt Ercolano oder Torre del Greco
Schwierigkeitsbewertung/Höchststeigung	Mittelschwere Radtour mit 14% Höchststeigung an mehreren kurzen Abschnitten, längere Steigungsabschnitte bis 12%
Streckenlänge	11,0 km
Höhendifferenz	860 m
Durchschnittl. Steigung	7,82%
Zeit	1 – 1 ½ Stunden
Übersetzungsvorschlag	42/26
Streckenverlauf	Neapel – Hotel Eramo – Parkplatz
Befahrbarkeit	Ganzjährig befahrbar
Karte	Euro Cart Regionalkarte 1:300.000, RV-Verlag Italien, Blatt Latium/Rom/Neapel

Etwa auf Höhe des Rheinknicks bei Basel beginnend erstrecken sich die Vogesen auf einer Länge von fast 170 km und bis zu 20 km Breite Richtung Norden zum Pfälzer Wald. Ein Mittelgebirge, das zu mehr als zwei Dritteln mit Tannen, Fichten, Buchen, Ahornen und Erlenwald bedeckt ist. In Kammnähe finden sich Hochmoore und Hochweiden mit vom Wind zerzausten und mit Flechten bedeckten Tannen, die manchmal um kleine Bergseen gruppiert sind. Den höchsten Punkt bildet der Grand Ballon, auch Großer Belchen genannt, mit seiner Höhe von 1424 m. Hier findet sich auch der höchste Übergang, der uns auf 1336 m hinaufführt. Hier wurde im Übrigen Radsportgeschichte geschrieben, als im Jahre 1905 dieser Berg erstmals ins Programm der Tour de France aufgenommen wurde. Damals noch ein unerhörtes Wagnis, von dem nicht sicher war, ob die Teilnehmer diesem Hindernis auch gewachsen waren, der starren Naben, fehlender Gangschaltung, Ballonreifen und Bremsen, die diesen Namen kaum verdienten, wegen. Es ging gut, der Alpinismus war im Radsport eingekehrt und mit dem uns nunmehr zur Verfügung stehenden Material sollten die Vogesen eher als Genusstour angesehen werden.

52 TOUR Ballon-Passstraße 1178 m

Unterwegs am Petit Ballon.

Zu den ganz großen und bekannten Pässen wie etwa dem Galibier, dem Mont Ventoux oder dem Tourmalet zählt der Ballonpass in den französischen Südvogesen sicherlich nicht und dennoch hat er eine eigene ganz besondere Geschichte aufzuweisen. Der Ballonpass, franz. Ballon d'Alsace, auch Elsässer oder Welscher Belchen genannt, war im Jahre 1905 der erste richtige Berg, der in das Programm der Tour de France aufgenommen wurde. Damals war man sich noch gar nicht sicher, ob ein solcher Berg überhaupt mit dem Fahrrad zu bewältigen war, was freilich eher an den Fahrrädern, schweren Stahlklötzen mit starren Naben, ohne Gangschaltung und mit Bremsen, die ihren Namen kaum verdienten, lag, als an der Kondition der Fahrer, die damals Strecken von bis zu 467 km in erstaunlichem Durchschnittstempo bewältigten.

Das Experiment gelang, der Franzose René Pottier bewältigte den Anstieg zum Ballonpass als Erster und erwarb sich somit den Titel des ersten inoffiziellen Bergkönigs der Tour de France, das offizielle Bergtrikot wurde erst 1933 eingeführt. Die Etappe damals gewann ein anderer, der Franzose Hyppo-

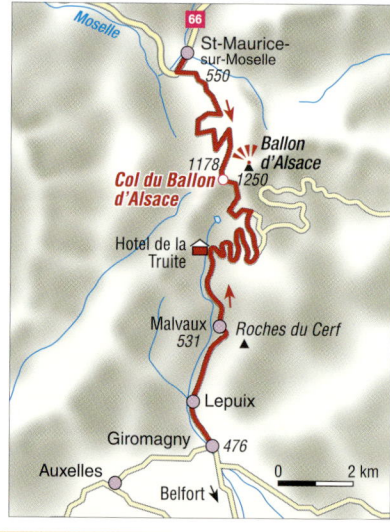

lite Aucouturier, während der Gesamtsieger Louis Trousselier, genannt Trou-Trou's, hieß. René Pottier musste diese Tour nach seinem Parforceritt leider gesundheitsbedingt beenden, gewann sie dafür aber ein Jahr später 1906.

Nordseite

Wir beginnen unseren Anstieg zum Ballonpass über die Nordseite in St-Maurice-sur-Moselle (km 0,0), dessen Name für den heiligen Mauritius steht, der als Schutzpatron im Ortsnamen einer ganzen Reihe französischer Ortschaften genannt wird. Mit »Belfort/Ballon d'Alsace« ist unser Weg gut ausgeschildert und über die Hänge der südlichen Talseite beginnt die Straße anzusteigen. Nach 3 km Fahrt deuten zwei Steinmauern ein Brücklein an, den nächsten Kilometer radelt man fast eben, bevor dann die Steigung am Beginn einer Kehre (km 4,0) wieder auf 7% zunimmt.

Dichter Wald nimmt uns auf, durch den die Trasse, nur hin und wieder von einer Kehre unterbrochen, recht gleichmäßig mit 7% Steigung nach oben führt. Über uns, auf dem Ballon de Servance, wird der Sendemast wieder sichtbar, der schon am Beginn der Auffahrt als Anhaltspunkt zu erkennen war, und über eine Kehre (km 7,5) verlassen wir den Wald.

Zwischen Wiesenflächen, auf dem die Pferde eines Gestüts weiden, und zwei kleinen Schleppliften, die hier etwas Wintersport andeuten, hält sich die Steigung weiter bei 7 % und bald darauf tauchen wir wieder in einen Waldgürtel ein. Schnell bleibt auch dieser hinter uns zurück (km 9,0) und zwei Bars am Straßenrand deuten nun schon die nahe Passhöhe an. Der höchste Punkt ist wenig später nach einer kleinen Kehre bei kaum noch ansteigender Trasse beim Restaurant du Sommet (km 9,5) erreicht, wo wir vielleicht auf den Tacho blicken und unsere Durchschnittsgeschwindigkeit berechnen können. Bei René Pottier soll diese für den

142

Lorraine/Franche-Comté

TOUR 52

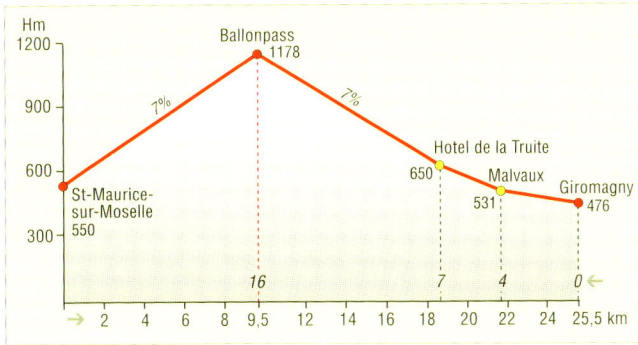

Anstieg nämlich bei 20 km/h gelegen haben, eine Geschwindigkeit, die zumindest der Autor, trotz moderner Rennmaschine, auch nicht annähernd erreichte.

Den Berichten der damaligen Zeit zufolge soll allerdings die Abfahrt über die Südseite des Passes fast anstrengender als die Auffahrt gewesen sein, der Geometrie und Sitzposition des Rahmens, die nicht für schnelles Kurvenfahren ausgelegt waren, und vor allem der Bremsen wegen, die enorme Anstrengungen verlangten, um halbwegs akzeptable Verzögerungswerte zu erreichen. Mit unseren modernen Rennmaschinen sollte es hier aber keine Probleme geben und so können wir entspannter nach Giromagny abfahren, um den Pass vielleicht nochmals über dessen Südseite in der Auffahrt zu bewältigen.

Südseite

Wir verlassen die Kleinstadt Giromagny (km 0,0), die ihre Blütezeit als Bergwerkstadt im 14. Jahrhundert hatte, die nach und nach durch kleine Industrieansiedlungen ersetzt wurde, in nördlicher Richtung auf der D 465. Die Straße hält sich im Talboden der Savoureuse und steigt bis Malvaux (km 7,0), von zwei kurzen 7%igen Anstiegen abgesehen, nur mäßig an. Wald nimmt uns auf, die Steigung auf 7% zu, die Häuser der Ortschaft bleiben im Talboden zurück und beim Hotel de la Truite (km 7,0), zu Deutsch Forelle, weist schon der Name auf schmackhafte Fischgerichte hin. Hinter dem Hotel rauscht ein kleiner Wasserfall über eine Felswand und bald darauf folgt die erste Kehre (km 7,5) auf dieser Auffahrtsseite. Weitere Kehren folgen in größeren Abständen und die Steigung hält sich weiterhin bei gleichmäßigen 7%. Wer mitgezählt hat, es ist die fünfte Kehre (km 13,0), nach der die Steigung auf 5% zurückgeht, und wenig später radelt man an der Einmündung der von Masevaux heraufführenden Straße (km 13,5) vorbei.

Die ersten Parkplätze werden erreicht, das Restaurant Chaumière (km 15,0) lädt zur Rast ein, bis zur Auberge d'Alsace (km 15,5) nimmt die Steigung nochmals auf 7% zu, hat dann aber ein Einsehen und steigt bis zum Restaurant du Sommet (km 16,0) auf der Passhöhe nur noch leicht an.

Heute gilt der Ballonpass als Berg der zweiten von insgesamt fünf Schwierigkeitskategorien und wurde zuletzt während der Tour de France 2005 auf der 9. Etappe von Gérardmer nach Mulhouse über 170 km am 10. Juli überquert. Der Sieger dieser Etappe war der Däne Michael Rasmussen, der im Gesamtklassement bis zum vorletzten Tag auf Rang drei lag, dann aber nach einer Pannen- und Sturzserie beim Zeitfahren in St-Etienne auf den siebten Rang zurückfiel. ■

	Nordseite	Südseite
Ausgangspunkt	St-Maurice-sur-Moselle, 550 m	Giromagny, 476 m
Anfahrt zum Ausgangspunkt	Autobahn Basel – Mulhouse/Mühlhausen – Belfort, Ausfahrt 16 Thann/Cernay – St-Maurice-sur-Moselle	Autobahn Basel – Mulhouse/Mühlhausen – Belfort, Ausfahrt 15 Belfort/Masevaux – Richtung Belfort/Soppe-le-Bas – Giromagny
Schwierigkeitsbewertung/Höchststeigung	Leichte Radtour mit 7% Höchststeigung	Leichte Radtour mit 7% Höchststeigung
Streckenlänge	9,5 km	16,0 km
Höhendifferenz	630 m	705 m
Durchschnittl. Steigung	6,61%	2,75%
Zeit	1 – 1 1/4 Stunden	1 1/4 – 1 3/4 Stunden
Übersetzungsvorschlag	39/23	39/23
Streckenverlauf	St-Maurice-sur-Moselle – Passhöhe	Giromagny – Malvaux – Hotel de la Truite – Restaurant Chaumière – Auberge d'Alsace – Passhöhe
Passöffnungszeiten	Ganzjährig befahrbar	Ganzjährig befahrbar
Karte	Euro Cart Regionalkarte 1:300.000, RV-Verlag Frankreich, Blatt 3, Elsaß/Lothringen/Champagne	Euro Cart Regionalkarte 1:300.000, RV-Verlag Frankreich, Blatt 3, Elsaß/Lothringen/Champagne

53 TOUR Hunsruck-Passstraße 748 m

Herbststimmung über den Kuppen der Vogesen.

Eigentlich ist der Hunsruckpass, am Rande des Vogesenhauptkamms gelegen, nur eine kleine Erhebung. Knappe 400 Höhenmeter sind auf seiner Nordseite zu bewältigen, von Süden her sind es nur wenig mehr, aber im Renntempo gefahren können selbst diese, wie man sieht, gestandene Radprofis in Verlegenheit bringen.

Nordseite

Um auf den Spuren der Tour de France und des eingangs genannten Ausspruchs zu bleiben, beginnen wir die Auffahrt über die Nordseite in der kleinen Ortschaft Bitschwiller-les-Thann, im Tal der Thur gelegen und über die N 66 in nordwestlicher Richtung von Mulhouse/Mühlhausen nach etwa 25 km gut zu erreichen. In Bitschwiller-les-Thann (km 0,0) lässt die Häuserzeile gegenüber dem Rathaus gerade genügend Platz für die Richtung »Col du Hunsruck/ Masevaux« abzweigende Straße. Noch im Ort überqueren wir die Eisenbahnschienen, dann rollt es, von einem kurzen 6%igen Anstieg abgesehen, bis zu den letzten Häusern des Ortes (km

Es war am Hunsruckpass auf der 18. Etappe der Tour de France, am 24. Juli 1997 über 176 km von Colmar nach Montbéliard, als Udo Bölts seinen legendären Ausspruch »Quäl dich, du Sau!« tat. Gemeint war damit sein Teamkollege bei Telekom, Jan Ullrich, der, leicht erkältet, an diesem Anstieg seinen Widersacher Richard Virenque ziehen lassen musste. Die Worte zeigten Wirkung, Udo Bölts führte Ullrich wieder an die Spitzengruppe heran und Bölts, Virenque und Ullrich fuhren gemeinsam über die Ziellinie. Drei Tage später gewann Ullrich als erster und bislang einziger Deutscher mit 9:09 Minuten Vorsprung vor Virenque die Tour de France. Sieger der Etappe über den Hunsruckpass, auch das soll nicht vergessen werden, war der französische Radprofi Didier Rous.

1,0) eben dahin. Die Steigung nimmt auf 7% zu und ein kleines Gehöft am Straßenrand markiert die letzte Ansiedlung vor der Passhöhe. Über zwei kleine Schleifen radelt man in dichten Wald ein und über rauen, grobkörnigen Asphalt, der für die Vogesen eher untypisch ist und nur in den Kurven und Kehren vom gewohnten Teerbelag abgelöst wird, geht es auf bis 9% ansteigender Trasse höher. Schon bald legt sich die Steigung wieder zurück, hält sich auf einer Länge von 1 km bei angenehmen 4%, um dann wieder auf 7% zuzunehmen. Ein kleines Blockhaus (km 4,5) ist am Straßenrand zu erkennen, dahinter in dichtem Wald fast verborgen einige Parkplätze, dann folgt der schwierigste Teil des Anstiegs. Nach einem kurzen Flachstück nimmt die Steigung auf 500 m

Alsace TOUR 53

Länge auf 10% zu, lässt kurz etwas nach, um dann nochmals auf einer Länge von etwa 500 m sogar 11% zu erreichen (km 6,0). Dann kann man vom 26er Ritzel, das an solchen Steigungen durchaus zum Einsatz kommen kann, wieder auf ein kleineres Ritzel schalten und die letzten Meter zur Passhöhe (km 6,5) bei 5% Steigung mit gemäßigtem Kräfteeinsatz zurücklegen und sich überlegen, an welcher Stelle der Auffahrt die besagten Worte denn nun gefallen sind.

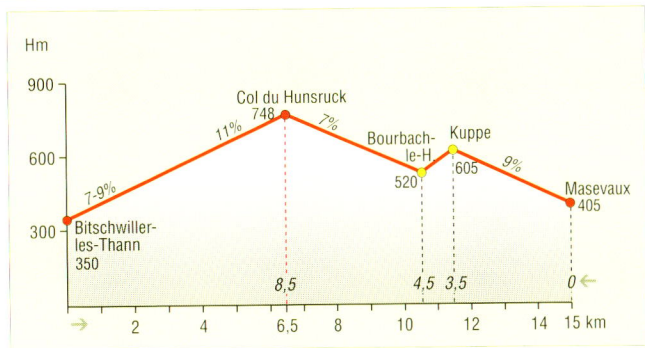

Südseite

Masevaux, das etwa 300 Einwohner zählende Städtchen, ebenfalls etwa 20 km westlich von Mulhouse-Mühlhausen im Tal der Doller, an der D 466 gelegen, ist unser südlicher Ausgangspunkt. Wenn wir den Hinweisschildern Richtung »Bourbach-le-Haut/Thann« folgen, fallen uns vielleicht die Zusatzschilder mit der Aufschrift »Route Joffre« auf. Sie erinnern daran, dass die Strecke während des Ersten Weltkrieges von französischen Soldaten unter dem Kommando des Divisionsgenerals Joseph Joffre errichtet wurde, der neben dem Ausbau weiterer Eisenbahnlinien und Fernstraßen so eine hohe Mobilität der Armee erreichen wollte.

Wir folgen der aus dem Ort (km 0,0) mit 8% bis Houppach (km 1,0) ansteigenden Trasse und können es auf einer kurzen Abfahrt in den Ort, der als Wallfahrtsort bekannt ist und auch Klein-Einsiedeln genannt wird, kurz abwärts rollen lassen. Schon am Ortsende zieht die Steigung über eine Kehre wieder auf 7 bis 9% an, zurückgehender Wald gibt den Blick auf das Tal der Doller unter uns frei und eine kleine Kuppe (km 3,5) wird erreicht. Die etwa 1 km lange Abfahrt endet in Bourbach-le-Haut (km 4,5), der letzten Ortschaft vor der Passhöhe, dessen früheste Bewohner Holzfäller aus Tirol waren. Wir müssen etwas Acht geben, denn am Ortseingang erwarten uns, genau wie wenig später am Ortsausgang, enge Kehren mit holprigem rötlichem Kopfsteinpflaster, dann tauchen wir wieder in den vom Rossberg herunterziehenden dichten Wald ein.

Die Steigung hält sich bei angenehmen 7%, woran sich bis zur Passhöhe auch nichts mehr ändern wird. Zwei Kehren (km 7,5) unterbrechen die Auffahrt, dann ist der höchste Punkt (km 8,5), ein kleiner Einschnitt zwischen zwei Bergkuppen, erreicht.

Von hier hat man einen schönen Ausblick auf die Elsässische Ebene, die Burgundische Pforte, durch die ursprünglich der Rhein im Mittelalter abfloss, sowie nach Norden zum Grand Ballon. Die Auberge de la Fourmi versteckt sich dagegen etwas in dichtem Wald neben der Straße. ■

	Nordseite	Südseite
Ausgangspunkt	Bitschwiller-les-Thann, 350 m	Masevaux, 405 m
Anfahrt zum Ausgangspunkt	Autobahn Basel – Mulhouse/Mühlhausen – Belfort, Ausfahrt 16 Thann/Cernay – Bitschwiller-les-Thann	Autobahn Basel – Mulhouse/Mühlhausen – Belfort, Ausfahrt 15 Belfort/Masevaux – Richtung Burnhaupt/Altkirch – Richtung Belfort – Autobahnausfahrt Belfort/Masevaux – Richtung Guewenheim/Masevaux – Guewenheim – Masevaux
Schwierigkeitsbewertung/Höchststeigung	Leichte Radtour mit 11% Höchststeigung auf ca. 500 m Länge	Leichte Radtour mit 9% Höchststeigung
Streckenlänge	6,5 km	8,5 km
Höhendifferenz	400 m	430 m
Durchschnittl. Steigung	6,12%	5,03%
Zeit	³/₄ – 1 ¹/₄ Stunden	³/₄ – 1 ¹/₄ Stunden
Übersetzungsvorschlag	39/26	39/23-26
Streckenverlauf	Bitschwiller-les-Thann – Passhöhe	Masevaux – Bourbach-le-Haut – Passhöhe
Passöffnungszeiten	Ganzjährig befahrbar	Ganzjährig befahrbar
Karte	Euro Cart Regionalkarte 1:300.000, RV-Verlag Frankreich, Blatt 3, Elsaß/Lothringen/Champagne	Euro Cart Regionalkarte 1:300.000, RV-Verlag Frankreich, Blatt 3, Elsaß/Lothringen/Champagne

54 TOUR Vogesenkammstraße 1360 m

Blick vom Grand Ballon, dem höchsten Berg der Vogesen.

Hat man die aus Sicht eines trainierten Radlers eher leichten Passstraßen, Ballon und Hunsruck erfolgreich bezwungen, kann man sich nun an eine größere Aufgabe heranwagen. Von beiden erstgenannten Pässen gar nicht weit entfernt, etwas östlich, nur durch das Tal der Thur getrennt, liegt mit der Vogesenkammstraße eine aus fahrerischer Sicht schon etwas anspruchsvollere Tour vor uns.

Diese auch Route des Crêtes (Gratstraße) genannte Aussichtsstraße führt von Uffholtz auf gut 50 km Länge nach Norden Richtung Schluchtpass und erreicht dabei an der Ostseite des Großen Belchen (franz. Grand Ballon), auch Gebweiler Belchen genannt, mit 1424 m Höhe höchster Berg der Vogesen, eine Höhe von immerhin 1360 m. Knappe 1350 Höhenmeter sind auf dieser Strecke zu bewältigen, die bei Höchststeigungen bis 10 % durchaus schon konditionelle Anforderungen stellt.

Es schadet also nichts, sich vor unserer Tour noch etwas zu stärken, allerdings sollte dies nicht zu kurz vor dem Fahrtbeginn erfolgen, denn die kulinarischen Köstlichkeiten, für die das Elsass berühmt ist, sind auch für die Anzahl ihrer Kalorien bekannt. Als Beispiel seien hier nur die Flammeküeche (Flammkuchen), Kougelhopf (schwerer Hefenapfelkuchen), Apfeltarte (Apfelkuchen), Bretele (Butterplätzchen mit Zimt und Nüssen), Mignadises (süße Törtchen) oder das elsässische Hauptgericht, der Baeckeofte (»Bäckerofen«), ein nahrhafter Eintopf aus Fleisch, Kartoffeln und Zwiebeln, zu nennen. Bestimmt keine mediterrane Küche, aber einen großen Teil der Kalorien kann man gleich wieder abarbeiten, wenn man in Uffholtz (km 0,0), das sich unmittelbar an Cernay anschließt, der Beschilderung »Vieil Armand/Le Markstein« folgt. Die Straße zieht sich anfangs geradlinig aus dem Ort, um am Beginn der ersten Kehre (km 2,0) auf 7 % anzusteigen. Durch dichten Wald aus Buchen, Tannen und Fichten fol-

Alsace TOUR 54

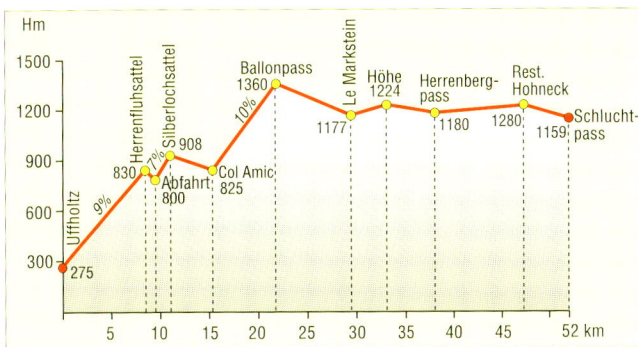

gen nun weitere Kehren, die Trasse steigt bis auf 9 % an und wird nur hin und wieder von kürzeren flacheren Abschnitten unterbrochen. Wer auf den Tacho blickt, hat gut 8,5 km hinter sich, wenn er nun auf einer Länge von 1 km abfahren kann, bevor die Straße bis zum Silberlochsattel (km 11,0) wieder auf 7 % Steigung anzieht.

Der Wald wird bald von aussichtsreichen Wiesenflächen unterbrochen und geht mit Überschreiten der 1000-m-Marke ganz zurück, genau wie die Steigung, denn, von einem längeren Flachstück unterbrochen, rollt es nun bis zur Straßenkreuzung am Col Amic (km 15,5) abwärts.

Wer sich seine Kräfte bis hierher gut eingeteilt hat, ist im Vorteil, denn lange zieht sich die Straße nun an den Hängen des Sudelkopfes, vorbei an der Auberge du Grand Ballon (km 19,0), wobei die Steigung zwar 8 % nicht übersteigt, aber auch nirgends merklich darunter liegt.

Den höchsten Punkt der Straße bilden mehrere Hotels und Restaurants (km 22,0), etwa 60 Höhenmeter unterhalb des Gipfels des Großen Belchen, mit der Radarstation für die zivile Luftfahrt, den Flughäfen Basel und Strasbourg-Mühlhausen, gelegen, zu dem es noch ein Fußmarsch von etwa 15 Minuten hinauf wäre. Es ist ein schöner Aussichtspunkt mit einer Orientierungstafel am Hauptgipfel und einem Denkmal für die Blauen Teufel (franz. Diables bleus), französische Gebirgsjäger, die die Straße im Ersten Weltkrieg errichtet hatten, etwas unterhalb des Gipfels, mit einem Blick über die Rheinebene, den Schwarzwald und den Jura und bei günstigen Wetterbedingungen zu den Alpen bis hin zum Montblanc. Der Große Belchen gilt allerdings auch als der kälteste Ort des Elsass, dessen tiefste Temperatur hier am 10. Februar 1956 mit −30,2 °C gemessen wurde. Leider sind die Vogesen aufgrund ihrer exponierten Lage auch deutlich niederschlagsreicher als der benachbarte Schwarzwald, der allerdings auch nicht gerade als regenarm gilt.

Schönes Wetter ist hier oben also nicht unbedingt vorauszusetzen, aber eine Regenjacke haben wir ohnehin immer dabei, und sei es nur als Windschutz auf der folgenden langen Abfahrt nach Le Markstein (km 29,5).

Die Skilifte an den Berghängen des Markstein zeigen, dass hier, genau wie am Grand Ballon, eifrig Wintersport betrieben wird, und noch bis in den April hinein halten sich Schneeflecken entlang der Straße. Diese steigt bis zu einer »Höhe 1224« genannten Abzweigung (km 33,0), die nach Sondernach/Münster führt, leicht an, um dann bis zum Herrenbergpass (km 38,0) genauso leicht wieder abzufallen.

Auch im weiteren Verlauf fällt die Trasse zwar meist ab, wird aber immer wieder von kurzen, oft nur wenig über 100 m langen Gegenanstiegen mit 6 % Steigung unterbrochen und beim Chalet Rainkopf (km 44,0) geht es bis zum Restaurant Hohneck (km 47,5) sogar mit Steigungen bis 7 % aufwärts. Längere flachere Abschnitte sorgen allerdings für ein nicht allzu schwieriges Vorankommen und wer will, kann die 1,5 km lange Auffahrt zum Aussichtspunkt am Hohneck in 1362 m Höhe, ebenfalls ein bekannter Skiberg in den Südvogesen, noch anhängen.

Zurück am Restaurant Hohneck erwarten uns dann keine Schwierigkeiten mehr, denn bis zum Kreuzungspunkt am Schluchtpass (km 52,0) geht es fast nur noch abwärts. ■

Ausgangspunkt	Uffholtz bei Cernay, 728 m, ca. 15 km westlich von Mulhouse/Mühlhausen
Anfahrt zum Ausgangspunkt	Autobahn Basel – Mulhouse/Mühlhausen – Belfort, Ausfahrt Thann/Cernay – Uffholtz
Schwierigkeitsbewertung/Höchststeigung	Mittelschwere Radtour mit 10 % Höchststeigung
Streckenlänge	52,0 km
Höhendifferenz	1345 m
Durchschnittl. Steigung	4,93 %
Zeit	3 – 4 Stunden
Übersetzungsvorschlag	39/26
Streckenverlauf	Uffholtz – Silberlochsattel – Col Amic – Auberge du Grand Ballon – Le Markstein – Herrenbergpass – Chalet Rainkopf – Restaurant Hohneck – Kreuzungspunkt Schluchtpass
Passöffnungszeiten	Ganzjährig befahrbar
Karte	Euro Cart Regionalkarte 1:300.000, RV-Verlag Frankreich, Blatt 3, Elsaß/Lothringen/Champagne

TOUR 55 Platzerwasel-Passstraße 1280 m

Col du Platzerwasel –
noch nicht der höchste Punkt unserer Tour.

Gleich östlich der Vogesenkammstraße führt die Platzerwasel-Passstraße aus dem Tal der Fecht an den Nordhängen des 1267 m hohen Petit Ballon nach oben, trifft dann auf die Vogesenkammstraße, der sie auf etwa 4 km Länge folgt, um sich über die Südseite des Petit Ballon nach Lautenbach, unweit von Guebwiller, in das Tal der Lauch abzusenken. Die Platzerwaselpassstraße ist aus zwei Dingen für den Radler interessant: Zum einen erschließt sie eine Landschaft, die mit ihren weiten und ruhigen Wäldern als charakteristisch für die Vogesen anzusehen ist, zum anderen aber weist sie, zumindest auf ihrer Nordseite schon Steigungen bis 12 % auf, die für die Vogesen eigentlich nicht typisch sind.
Über diese Nordseite wollen wir unsere Befahrung auch beginnen und wählen dafür die Stadt Munster als Ausgangspunkt. Der Ortsname leitet sich vom lat. monasterium für Kloster ab, steht aber auch für eine Käsespezialität, den bekannten Munsterkäse. Es ist ein aromatischer Weichkäse mit gewaschener Rinde, der aus einem Tag alter Milch hergestellt wird. Typisch für ihn ist sein aromatischer Geruch und bei 45 bis 50 % Fett in der Trockenmasse liefern 100 Gramm etwa 280 kcal. Letzteres nur als Hinweis für den etwaigen Kalorienbedarf unserer Tour, der bei Bergauffahrten ja ziemlich hoch sein soll.

Nordseite

Wenn man in Munster (km 0,0) zwar Kopfsteinpflaster, aber keine Beschilderung zum Platzerwaselpass findet, folgt man den Hinweisen »Luttenbach/Metzeral« und radelt auf der Rue de Lauttenbach zwischen Wiesen im breiten, von bewaldeten Hügeln umsäumten Tal der Fecht durch mehrere kleine Ortschaften auf der fast ebenen D 10 bis Metzeral (km 6,0). Auch bis Sondernach (km 8,0) kann man sich weiterhin einrollen, dann allerdings wird es schon ernster. Im Ort folgen wir der Beschilderung »Schnepfenried/ Route des Crêtes«, sind nunmehr auf der D 27 und die Steigung nimmt zu. Immerhin 9 % sind es, mit denen uns die durch hochstämmigen Nadelwald über mehrere Kehren ansteigende Trasse fordert. Erst kurz nach der einsam im Wald gelegenen Auberge de Casse (km 13,5) geht die Steigung leicht, aber doch spürbar bis zu einer Straßenkreuzung (km 14,5) auf 7 % zurück.

Die Hinweisschilder »Route des Crêtes/Le Markstein« zeigen uns den Weg, nach Osten hin eröffnen sich schöne Ausblicke auf die gegenüberliegende Talseite, deren bewaldete Hügel allmählich in die kahlen Kuppen des Hilsenfirsts und Wirbelkopfs übergehen, und die Talstation eines kleinen Schlepplifts (km 15,0) deutet das

Alsace TOUR 55

schwierigste Teilstück der Auffahrt an. Auf 12% nimmt die Steigung zu und hält diese auch auf einer Länge von 500 m bei und man wird um jeden zusätzlichen Zahn am Ritzel dankbar sein.

Ein Schild deutet den Platzerwaselpass, einen aussichtslosen Waldsattel zwischen Schnepfenriedkopf und Nonselkopf, an, den wir kurz darauf erreichen (km 17,0). Wer von hier oben zur Vogesenkammstraße, der Route des Crêtes, weiterfahren will: Die Trasse fällt kurz ab, steigt dann mit bis zu 9% Steigung zum Col de Breitfirst (km 21,0) an, bevor sie leicht fallend bis zur Straßenkreuzung »Le Markstein/Le Grand Ballon« (km 25,5), auch »Höhe 1224« genannt, in die Vogesenkammstraße einmündet.

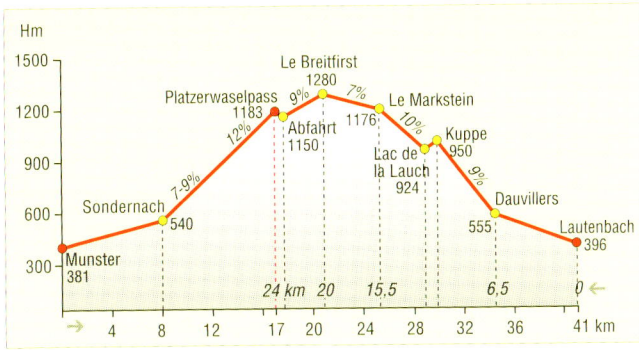

Südostseite

Auch in Lautenbach (km 0,0), unserem Ausgangspunkt für die Auffahrt über die Südostseite, werden wir keinen Hinweis auf unser Ziel finden. Also folgen wir der D 430, die in westlicher Richtung in das Tal der Lauch führt und sich bis Linthal (km 1,0) eben hält. Die 5%igen Steigungen bis Dauvillers (km 6,5), das offenbar nur aus einem Anwesen besteht, das sich neben der Straße versteckt, werden immer wieder von flacheren Abschnitten abgelöst, dann aber nimmt die Steigung auf 9% zu. Über mehrere Kehren geht es durch dichten Wald aufwärts, bei km 10,0 legt sich die Trasse auf 6% zurück, um dann auf einer kleinen Kuppe (km 11,0) bis zum Lac de la Lauch (km 12,0) abzufallen. Am tiefschwarzen Stausee entlang rollen wir noch ein kurzes Stück eben, bevor uns wieder ein Steigungsstück (km 12,5) bevorsteht. Auf 10% nimmt die Steigung zu, um sich erst kurz vor dem Hinweisschild »Le Markstein« zurückzulegen. Über die Hochweiden und vorbei an den Hotelbauten unterhalb der kahlen Kuppe des 1266 m hohen Markstein treffen wir an der folgenden Kreuzung (km 15,5) auf die Vogesenkammstraße (Route des Crêtes), der wir nun ein kurzes Stück Richtung »Col de la Schlucht/La Bresse« folgen.

Wir sollten den Ausblick über die fahlgrünen Hochweiden bis zur Rheinebene im Osten genießen, denn bereits an der nächsten Kreuzung (km 19,5) verlassen wir diese Aussichtsterrasse, der Beschilderung »Sondernach/Munster« folgend, wieder und radeln auf bis 7% ansteigender Straße zum Le Breitfirst (km 20,0) hinauf. Er stellt für uns den höchsten Punkt der Auffahrt dar, dem eine Abfahrt bis zur Auberge Uffrein (km 23,5) folgt, die allerdings immer wieder von kurzen 6%igen Anstiegen unterbrochen wird. Mit 7% Steigung geht es dann zur Passhöhe (km 24,0), wo ein Gefälleschild andeutet, dass die Straße am Beginn der Abfahrt über die Nordseite mit 12% abfällt. ■

	Nordseite	Südostseite
Ausgangspunkt	Munster/Münster, 381 m	Lautenbach, 396 m, ca. 4 km westlich von Guebwiller
Anfahrt zum Ausgangspunkt	Autobahn Basel – Mulhouse/Mühlhausen – Colmar, Ausfahrt 23 Colmar/Munster – Colmar – Turckheim – Munster/Münster	Autobahn Basel – Mulhouse/Mühlhausen – Colmar, Ausfahrt 18/18 A Bourtzwiller – Lautenbach
Schwierigkeitsbewertung/Höchststeigung	Mittelschwere Radtour mit 12% Höchststeigung	Mittelschwere Radtour mit 10% Höchststeigung
Streckenlänge	17,0 km	24,0 km
Höhendifferenz	805 m	945 m
Durchschnittl. Steigung	4,71%	4,42%
Zeit	1 ¼ – 1 ¾ Stunden	1 ½ – 2 Stunden
Übersetzungsvorschlag	39/26	39/26
Streckenverlauf	Munster/Münster – Metzeral – Sondernach – Auberge de Casse – Platzerwaselpass – Col de Breitfirst – Straßenkreuzung Le Markstein/Le Grand Ballon	Lautenbach – Linthal – Dauvillers – Lac de la Lauch – Le Breitfirst – Auberge Uffrain – Passhöhe
Passöffnungszeiten	Ganzjährig befahrbar	Ganzjährig befahrbar
Karte	Euro Cart Regionalkarte 1:300.000, RV-Verlag Frankreich, Blatt 3, Elsaß/Lothringen/Champagne	Euro Cart Regionalkarte 1:300.000, RV-Verlag Frankreich, Blatt 3, Elsaß/Lothringen/Champagne

56 TOUR Vogesenstraße 1100 m

Auf der nahezu baumlosen Champ du Feu.

Gar nicht weit von Strasbourg /Straßburg entfernt, über die Autobahnen A 352 oder A 351 in südwestlicher Richtung nach etwa 30 km gut zu erreichen, liegt der Sommerluftkurort Obernai. Ein reizvolles Städtchen, von dem man sagt, es sei der elsässischste Ort weit und breit. Eine alte Stadtmauer mit Schießscharten und wehrhaften Rundtürmen umschließt zahlreiche alte Fachwerk- und Steinhäuser mit Vorbauten, Balkonen und Erkern, wie etwa in der rue Dietrich oder am Place d l'Etoile, wo auch der »Sechs-Eimer-Brunnen« im Renaissancestil des 16. Jahrhunderts als Werk der Straßburger Künstler Ottmann und Müller zu bestaunen ist. Das Schloss Oberkirch wurde auf den Fundamenten von drei Türmen einer mittelalterlichen Burg aus dem 15. Jahrhundert erbaut und im Gärtchen neben der katholischen Kirche finden sich galloromische Gräber und merowingische Sarkophage und sogar ein Schwert aus der Bronzezeit wurde dort gefunden.

Der ganze Ort strahlt eine längst vergangene Zeit aus und fast möchte man meinen, dass wir in unserer Radkleidung und unseren Rennrädern gar nicht so in dieses alte Ortsbild passen möchten. Warum wir uns aber nach Obernai aufmachen sollten, hat einen ganz bestimmten Grund: Es ist Ausgangspunkt der Vogesenstraße, die hier im Département Bas-Rhin ihren Ausgangspunkt nimmt und auf knapp 50 km Länge nach Süden zieht, dabei mehrere kleine Pässe überwindet und mit dem Champ

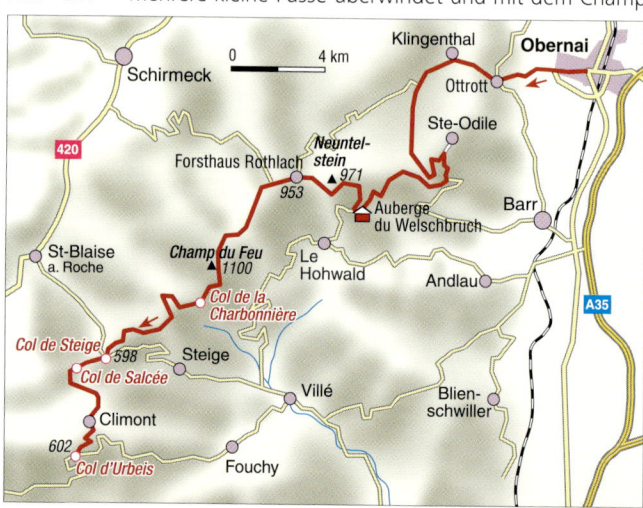

150

Alsace

TOUR 56

du Feu, dem Feuerfeld, eine Höhe von 1100 m erreicht.

Das holprige Kopfsteinpflaster im Ortskern nehmen wir in Kauf, wenn wir Obernai (km 0,0), der Beschilderung »Ottrott/Le Champ du Feu« folgend, verlassen. Auf der D 426 rollt es anfangs bis Klingenthal (km 4,5), das nicht mit der gleichnamigen Ortschaft im sächsischen Vogtland verwechselt werden sollte, eben. Nur kurz steigt die Straße mit 8% aus dem Ort heraus an, um sich gleich darauf bis zu einer Kreuzung (km 7,0) zurückzulegen.

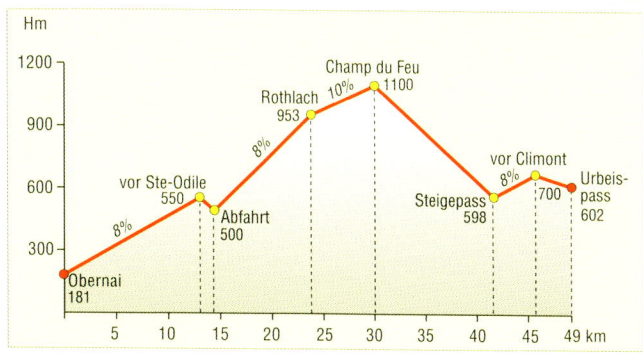

Hier sollten wir die Vogesenstraße verlassen und den Abstecher über die Strecke »Ste-Odile/Le Hohwald« wählen, die landschaftlich von der Streckenführung her reizvoller ist. Mit 8% beginnt die Straße in weiten Kurven an den Hängen des Odilienberges anzusteigen und wer aufpasst, erkennt an manchen Stellen einen Mauerwall. Es ist die Heidenmauer, eine mehr als 10 km lange und bis zu 3 m hohe Steinmauer, von der man vermutet, dass sie bereits von keltischen Stämmen um 1000 v. Chr. als so genannte Fliehburg errichtet wurde.

Während des Mittelalters wurde die Mauer als Steinbruch zum Bau der umliegenden Burgen und Klöster verwendet, wie wohl auch vom Kloster Sainte Odile, das wir nun erreichen. Bei den Parkplätzen (km 13,5) können wir überlegen, ob wir die wenigen hundert Meter zum Kloster auf einem lang gestreckten Buntsteinfelsen, gute 760 m über der Rheinebene gelegen, noch hinaufradeln. Das Kloster der heiligen Odilia erlebte seine Blütezeit im 12. Jahrhundert, wurde nach Plünderungen und Bränden Ende des 17. Jahrhunderts wieder aufgebaut und ist heute nicht nur eines der bekanntesten Ausflugsziele, sondern auch der meistbesuchte Wallfahrtsort im Elsass.

Wer gleich weiterradeln möchte, biegt Richtung Rothlach ab, fährt bald bis über eine Kreuzung (km 14,5) hinaus noch etwas ab, bevor die Straße zu einer weiteren Kreuzung bei der Auberge du Welschbruch (km 20,0) wieder auf 5% anzusteigen beginnt. Die Steigung nimmt auf 8% zu, hält diese auf 1 km Länge bei, geht bis zum Forsthaus Rothlach (km 24,0) wieder zurück, dann ist noch ein etwa 800 m langer Anstieg mit 10% zu überwinden, bevor es in einem langen, aber leichten Auf und Ab auf die Hochfläche des Champ du Feu (km 30,0) geht. Woher die Bezeichnung Feuerfeld kommt, ist nicht so recht zu klären, denn im Deutschen wird die Gegend mit Hochfeld bezeichnet.

Im Sommer ein beliebtes Wandergebiet, zählt das Champ du Feu zu einem der bekanntesten Skigebiete im Elsass mit 13 Liftanlagen an den Berghängen, das wir nun zum Charbonnièrepass (km 32,5) abfahren. Hier lohnt vielleicht eine Einkehr in die Auberge de la Charbonnière mit Elsässer Spezialitäten wie Baeckeoffe, choucroute, ripples, travers de por au miel, grillades und den »spécialités montagnardes« mit gratin de munster, raclette, tariflette und assietes de charcuterie, die eigentlich keiner deutschen Übersetzung bedürfen. Den kurzen 6%igen Anstieg zum Urbeispass (Col d'Urbeis) geht man so gestärkt locker an, zumal sich wieder eine lange Abfahrt hinunter zum Steigepass (km 41,5) anschließt. Dann überrascht ein Schild mit der Aufschrift »Salcéepass«, dem ein etwa 1 km langer Anstieg mit 8% Steigung bis Climont (km 46,0) folgt. Es war der letzte Anstieg auf unserer Fahrt über die Vogesenstraße, die an einer Straßenkreuzung am Urbeispass (km 49,0) endet, zu der es fast nur noch abwärts geht. ■

Ausgangspunkt	Obernai, 181 m
Anfahrt zum Ausgangspunkt	Autobahn Basel – Strasbourg/Straßburg, Ausfahrt 11 Obernai/Niedernai – Obernai
Schwierigkeitsbewertung/Höchststeigung	Mittelschwere Radtour mit 10% Höchststeigung
Streckenlänge	49,0 km
Höhendifferenz	1075 m
Durchschnittl. Steigung	3,06%
Zeit	2 ½ – 3 ½ Stunden
Übersetzungsvorschlag	39/26
Streckenverlauf	Obernai – Klingenthal – Sainte Odile – Auberge du Welschbruch – Forsthaus Rothlach – Champ du Feu – Charbonnièrepass – Steigepass – Salcéepass – Climont – Urbeispass
Passöffnungszeiten	Ganzjährig befahrbar
Karte	Euro Cart Regionalkarte 1:300.000, RV-Verlag Frankreich, Blatt 3, Elsaß/Lothringen/Champagne

Das Zentralmassiv, franz. Massif Central, beginnt etwa da, wo sich die Montblancgruppe entschieden nach Süden wendet, und stellt, von dieser durch die Rhône getrennt, in der Form fast ein gleichschenkeliges Dreieck mit den Eckpunkten Lyon, Clermont-Ferrand und Carcassone dar. Die höchste Erhebung bildet der »nur« 1885 m hohe Puy de Sancy, dennoch braucht dieses Gebiet einen Vergleich mit anderen europäischen Berggebieten, die Alpen und Pyrenäen einmal ausgenommen, nicht zu scheuen.

Auffallend ist vor allem die Vielfalt der Landschaften, die mit den zerklüfteten vulkanischen Bergstöcken in der Auvergne im Norden beginnt. Es folgen die phantastischen Canyons in der Causse, einem verkarsteten Kalkplateau, und geht über in die waldreichen Cevennen mit ihrem bereits mediterranen Klima.

Das Massif Central ist insgesamt gesehen eine raue Landschaft von manchmal melancholischer Schönheit, die trotz ihrer teilweisen Abgeschiedenheit ideale Voraussetzungen für Radler bietet: wenig Verkehr, aber gut ausgebaute Straßen mit meist ausgeglichenen Steigungen, die meist unter der 10 %-Marke angesiedelt sind.

57 TOUR Baracuchet- mit Supeyres-Pässe

Clermont-Ferrand liegt an unserer Anfahrtsstrecke.

Einen schönen Einblick in die Bergwelt und Landschaft des Zentralmassivs gibt der Supeyrespass, der uns von Montbrison im Tal der Loire hinüber in das Land der Vulkane, nach Ambert in der Region Auvergne führt. Dies vorweg, es sind nirgends große Schwierigkeiten zu erwarten, die Steigung überschreitet die 6-%-Marke nicht, lediglich der Höhenunterschied von guten 1250 m fordert doch schon Kondition und ergibt sich vor allem aus der Tatsache, dass dem Supeyrespass bei der Auffahrt über die Ostseite der Baracuchetpass vorgelagert ist und wir auf einer fast 7 km langen Abfahrt knapp 300 Höhenmeter verlieren, die wir dann natürlich wieder aufholen müssen.

Allzu viel ist über unseren Ausgangspunkt Montbrison nicht in Erfahrung zu bringen. Der französische Komponist und Dirigent Pierre Boulez wurde hier 1925 geboren, an Sehenswürdigkeiten sind die Kirche Nôtre-Dame-d'Espérance aus dem 12. bis 16. Jahrhundert, die Kirche von Moingt aus dem 11. Jahrhundert zu nennen und in den Reiseführern werden noch das Musée d'Allard, das Musée de la Poupée und der Palais de la Diana genannt.

Ostseite

Wir verlassen Montbrison (km 0,0), der Beschilderung »Col de Baracuchet/Lérigneux« folgend, und radeln in ein stark gewelltes Hügelgelände ein, dessen karge Böden nur vereinzelte Mais- und Getreidefelder zulassen So begleiten uns vorwiegend Wälder und Wiesen, zwischen denen 6 % Steigung nicht überschritten wird und meist sogar weit darunter liegt.

Wir sind also nicht allzu sehr abgelenkt und werden so an einer Kreuzung (km 3,5) den Abzweiger nach Lérigneux nicht übersehen, der uns in das kleine Kirchdorf (km 8,5) führt, wo wir der Beschilderung »Roche/Dovézy« folgen, denn das Hinweisschild zum Baracuchetpass war zumindest im Berichtsjahr etwas versteckt hinter einer Hausmauer angebracht.

Mit Steigungen bis 6 % radeln wir zu einer weiteren Kreuzung (km 10,0) und folgen der nach links weisenden Ausschilderung, die nun wieder gut sichtbar aufgestellt ist. Mit gewohnten 6 % geht es höher, der Laub- und Nadelwald wird bald lichter und wir erreichen eine Hochfläche, auf der sich zwischen blumenübersäten Bergmatten vereinzelte Kiefern verteilen.

154

traße 1366 m   Rhône-Alpes/Auvergne

Der Baracuchetpass (km 16,0) ist erreicht und wir lassen es etwa 500 m zu einer Kreuzung abwärts rollen, an der wir nun erstmals auf eine Beschilderung zum Supeyrespass treffen. Durch eine fast baumlose Hochfläche, die von leichten Mulden durchzogen wird, radeln wir, nur einmal von einem leichten Gegenanstieg unterbrochen, weiter abwärts bis zu einer kleinen Brücke (km 23,0), wo wir wieder das kleine Kettenblatt auflegen müssen.

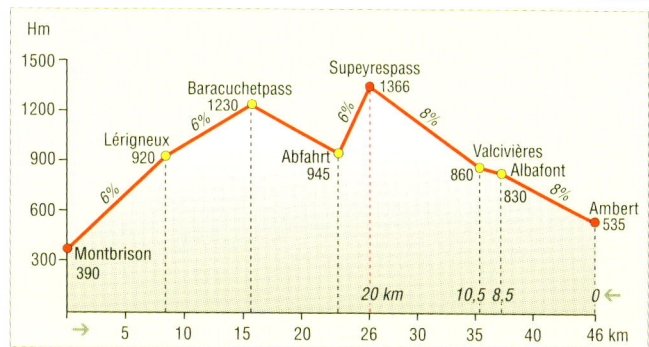

Gut Trainierten wird das 21er Ritzel genügen, denn wieder hält sich die Trasse bei 6% durch einen kleinen Waldgürtel, hinter dem die Passhöhe (km 26,0), eigentlich ein Wiesenrücken mit einem Steinkreuz und einem Passschild, erreicht ist.

Westseite

Zwei Zähne am Ritzel größer als bei der Auffahrt über die Ostseite werden wir schon ketten müssen, denn auf der Westseite nimmt die Steigung schon auf 8% zu. Vor große Schwierigkeiten wird uns dies allerdings wohl auch nicht stellen.

Ambert (km 0,0), mit seinen etwa 7500 Einwohner immerhin Hauptort des gleichnamigen Arrondissements, ist bekannt für seinen Edelpilzkäse Fourme-d'Ambert, mit dem wir uns vielleicht stärken oder den wir als Wegzehrung für unsere Auffahrt mitnehmen, bevor wir der Beschilderung »Valcivières« folgen. Durch eine enge Häuserzeile verlassen wir den Ort, bald ist das Tal der Dore gequert und die Steigung nimmt auf 8% zu. An der folgenden Kreuzung (km 4,5) wählen wir von den beiden Alternativen die geradeaus führende Straße, um uns einen Umweg von 6 km zu ersparen.

Wenig später geht die Steigung zurück, eben radeln wir zu einer kleinen Brücke (km 8,0), über die wir auf wieder leicht ansteigender Trasse die Häusergruppe von Albafont (km 8,5) erreichen. Durch dichten Laubwald rollen wir am Ortsende wieder abwärts zu einer weiteren Brücke (km 9,5), nach der die Steigung bis zu einer Kreuzung (km 10,0) wieder auf 7% zunimmt. Wieder lässt uns eine kurze Abfahrt Schwung holen und nach einer Kehre ist mit Valcivières (km 10,5) die letzte Ortschaft vor der Passhöhe erreicht.

Am Dorfplatz mit der alten Kirche vorbei geht es mit Steigungen zwischen 6 und 8% höher zu einem kleinen Gehöft (km 14,0), wo in ländlicher Ruhe landwirtschaftliche Produkte feilgeboten werden. Nochmals können wir das große Kettenblatt auflegen. Zum letzten Mal neigt sich die Straße kurz abwärts, steigt dann auf 6 bis 8% durch einen lichten Waldgürtel an, der abrupt endet, und gleich darauf sehen wir das Steinkreuz auf der Passhöhe (km 20,0), die eine weite Aussicht nach Westen, über das Tal der Dore zu den Hügeln des Monts du Livradois bietet. ■

	Ostseite	Westseite
Ausgangspunkt	Montbrison, 390 m, ca. 35 km nordwestlich von St-Etienne	Ambert, 535 m
Anfahrt zum Ausgangspunkt	Autobahn Lyon – St-Etienne – Clermont-Ferrand, Ausfahrt 7 Montrond-les-Bains/Montbrison – bei Cérizet – Savigneux – Montbrison	Autobahn Lyon – St-Etienne – Clermont-Ferrand, Ausfahrt 7 Montrond-les-Bains/Montbrison – bei Cérizet – Savigneux – bei Montbrison – Saillant – Ambert
Schwierigkeitsbewertung/Höchststeigung	Mittelschwere Radtour mit 6% Höchststeigung	Mittelschwere Radtour mit 8% Höchststeigung
Streckenlänge	26,0 km	20,0 km
Höhendifferenz	1265 m	835 m
Durchschnittl. Steigung	5,25%	4,15%
Zeit	2 – 2 1/2 Stunden	1 1/2 – 2 1/4 Stunden
Übersetzungsvorschlag	39/23	39/23
Streckenverlauf	Montbrison – Lérigneux – Baracuchetpass – Passhöhe	Ambert – Valcivières – Passhöhe
Passöffnungszeiten	Ganzjährig befahrbar	Ganzjährig befahrbar
Karte	Euro Cart Regionalkarte 1:300.000, RV-Verlag Frankreich, Blatt 7, Languedoc/Roussillon/Auvergne	Euro Cart Regionalkarte 1:300.000, RV-Verlag Frankreich, Blatt 7, Languedoc/Roussillon/Auvergne

58 Béal-Passstraße 1390 m

Die Almwiesen rund um den Col du Béal

Etwas nördlich des Supeyrespasses führt uns ein weiterer lohnender Übergang vom Tal der Loire hinüber in das Tal der Dore, über das Berggebiet der Monts du Forez, mit dem die Gebirgslandschaft der Auvergne nach Osten hin langsam ausläuft. Auch der Béalpass hält keine allzu großen Schwierigkeiten für uns bereit, wenngleich doch knapp 1000 Höhenmeter auch erst einmal überwunden werden müssen. Mit einer Gesamterhebung von nur 1640 m bieten die Monts du Forez nicht viel mehr als Mittelgebirgscharakter, viel Tannenwald, dafür aber eine weitgehend unberührte Natur, mit wenig Verkehr, von beliebten Ausflugstagen vielleicht einmal abgesehen, in der sich recht ungestört radeln lässt.

Ostseite

Unser Ausgangspunkt ist das Städtchen Leigneux (km 0,0), zu finden, wenn wir von Montbrison auf der D 8 17 km nördlich nach Böen fahren. Auf dem Rad folgen wir dort der Beschilderung »Thiers« und überqueren nach 2 km das Flüsschen Lignon. Interessanter als das Industriestädtchen sind die imposanten Reste der mittelalterlichen Festung von Sail-sous-Couzan, die auf einem felsigen Hügel weithin das Tal überwacht und bei freiem Eintritt besichtigt werden kann. Auf ebener Straße erreichen wir den Ort (km 1,5), die Steigung nimmt auf 6% zu, die Straße wendet sich nach Westen und verlässt den bewaldeten Taleinschnitt der Lignon. Die Steigung hält sich lange, bis gut 2 km hinter St-Georges-en-Couzan (km 8,0), wo sich eine leicht gewellte Wald- und Wiesenlandschaft vor uns öffnet. Vor uns zeigt sich der Pierre sur Haute, mit 1634 m höchster Berg im Département Puy-de-Dôme, dessen Spitze eine Fernsehantenne ziert. Bis Davoisenne (km 11,5) radeln wir eben und bis Chalmazel (km 16,5) geht es sogar leicht bergab.

Unser Weiterweg zweigt vor dem eigentlichen Ortskern (km 17,0) zum Béalpass ab, an einer alten Festung vorbei nimmt die Steigung kurz auf 7% zu, um sich bis zu einer Kreuzung (km 21,0) wieder auf 5% zurückzulegen. Die Straße wird schmaler, Nadelwald verwehrt die Aussicht und mit 6% Steigung, anfangs auch länger darunter, geht es weiter nach oben. Der Wald lichtet sich (km 25,5) und durch ausgedehnte Almwiesen erreichen wir die Passhöhe (km 27,5) zu Füßen des nur unwesentlich höher erscheinenden Puy Gros im Westen und der Kuppe des Procher im Süden.

156

Rhône-Alpes/Auvergne

TOUR 58

Südwestseite

Wer an einem Donnerstag nach Ambert, Ausgangspunkt für die Auffahrt zum Béalpass über dessen Südwestseite, kommt, kann einen lebhaften Markt erleben, auf dem die Händler und Landwirte der Umgebung ihre Waren feilbieten. Vor allem kunsthandwerkliche Gegenstände, für welche die Region bekannt ist, während als leibliche Spezialität ein Edelpilzkäse, Fourme d'Aubert genannt, einen guten Ruf erworben hat. Ansonsten ist Ambert (km 0,0) ein eher ruhiges Städtchen, auch wenn

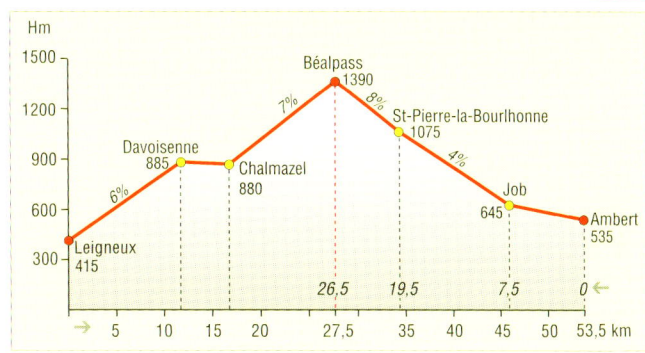

die Hauptstraße durch den Ort stark befahren ist. Über diese müssen wir die Ortschaft dann auch Richtung »Vichy/Clermont-Ferrand« verlassen, aber schon kurz nach dem Ortsende (km 1,0) zweigt unser Weiterweg Richtung »La Forie/ Job« ab und es wird deutlich ruhiger. Wir bleiben noch in der breiten Talfurche, die die Dore hier geschaffen hat, und bis Job (km 7,5) wechseln leichte Anstiege mit ebenen Abschnitten und kurzen Abfahrten ab. Auch weiterhin hält sich die Straße unterhalb des Bergzuges, der das Tal begrenzt, und über Steigungen bis 4 %, von flacheren Abschnitten abgelöst, kommen wir schnell voran. Erst allmählich tastet sich die Trasse an den Hängen aufwärts, um bis St-Pierre-la-Bourlhonne (km 19,5) schon auf 5 % zuzunehmen.

Nicht einmal 200 Seelen zählt das Dörfchen, aber immerhin ist unser Ziel, der Col du Béal, erstmals ausgeschildert. Wer sich verpflegen möchte, sollte dies hier tun, denn bis zur Passhöhe wird sich ansonsten keine Gelegenheit mehr dazu bieten. Schon im Ort nimmt die Steigung auf bisher unbekannte 8 % zu, freie Wiesenhänge gestatten den Blick zurück über das Doretal nach Westen zu den Bergzügen des Livradois, die in ihrem zentralen Teil vorwiegend aus Granitplateaus mit zahlreichen, bis zu 1200 m tiefen Senken besteht.

Die Monts du Forez, in denen wir uns bewegen, sind dagegen ein überwiegendes Waldgebirge mit dichten Tannenwäldern und in einen solchen Waldgürtel radeln wir nun ein. Auch über die Waldgrenze (km 25,5) hinaus wird die 8 %ige Steigung beibehalten und legt sich auch bis zur Passhöhe (km 26,0) nicht mehr zurück. Dort erwartet uns ein Restaurant, das allerdings nicht ganzjährig geöffnet ist und an klaren Tagen eine Aussicht nach Westen bis zur Vulkankette der Puys bei Clermont-Ferrand bietet, während sich im Osten das ebene Loiretal unter uns ausdehnt.

Wer daran glaubt, kann sich hier noch einen kleinen Stein als Glücksbringer oder Souvenir einstecken, denn diese gelten in diesen von Mythen und Sagen umwobenen Landschaften des Livradois und Forez als Symbole für Weisheit. ■

	Ostseite	Südwestseite
Ausgangspunkt	Leigneux, 415 m, ca. 20 km nördlich von Montbrison	Ambert, 535 m
Anfahrt zum Ausgangspunkt	Autobahn Lyon – St-Etienne – Clermont-Ferrand, Ausfahrt 33 Villefranche-sur-Saône – Richtung Villefranche-sur-Saône – Limonest – Lentilly – L'Arbresle – Feurs – La Fabrique – Leigneux	Autobahn Lyon – St-Etienne – Clermont-Ferrand, Ausfahrt St-Etienne Centres – Richtung Roanne/Clermont-Ferrand – Ausfahrt 7 Montbrison-les-Bains – Savignieux – Saillant – Saint-Anthème – Ambert
Schwierigkeitsbewertung/Höchststeigung	Mittelschwere Radtour mit 7 % Höchststeigung	Mittelschwere Radtour mit 8 % Höchststeigung
Streckenlänge	27,5 km	26,0 km
Höhendifferenz	980 m	855 m
Durchschnittl. Steigung	3,54 %	3,29 %
Zeit	2 – 2 3/4 Stunden	1 3/4 – 2 1/4 Stunden
Übersetzungsvorschlag	39/23	39/23
Streckenverlauf	Leigneux – Sails-sous-Couzan – St-Georges-en-Couzan – Davoisenne – Chalmazel – Passhöhe	Ambert – Job – St-Pierre-la-Bourlhonne – Passhöhe
Passöffnungszeiten	Ganzjährig befahrbar	Ganzjährig befahrbar
Karte	Euro Cart Regionalkarte 1:300.000, RV-Verlag Frankreich, Blatt 7, Languedoc/Roussillon/Auvergne	Euro Cart Regionalkarte 1:300.000, RV-Verlag Frankreich, Blatt 7, Languedoc/Roussillon/Auvergne

59 TOUR Œillon-Passstraße 1233 m

Am Col de l'Œillon – auf der Kuppe dahinter befindet sich die Messstation.

Die allermeisten davon für Montainbiker oder Genussradler, die flachere Strecken bevorzugen, aber wir haben schon Größeres vor. Die Tour über den Œillonpass, der den Park durchquert und bis in eine Höhe von 1233 m führt, stellt nämlich schon einige Anforderungen an den Radler, sind doch zumindest von der Ostseite, die wir hier zuerst beschreiben wollen, mehr als 1000 Höhenmeter mit Steigungen bis 10 % zu bewältigen.

Ostseite

Chavanay (km 0,0), ein kleines Straßendorf an der Nationalstraße 86, zwischen Lyon und Valence gelegen, ist unser Ausgangspunkt. Wir folgen der Beschilderung »Col de l'Œillon« und radeln, auf der Route de Pélussin, anfangs durch Laubwald, dann zwischen Weizenfeldern und Apfelbäumen auf einer kaum einmal über 5 % ansteigenden

Zwischen Saint-Etienne im Westen und dem Rhônetal im Osten erstreckt sich über eine Fläche von etwa 70.000 Hektar der Parc Naturel Régional du Pilat, der Naturpark Pilat. Es ist eine urwüchsige und ursprünglich gebliebene Mittelgebirgslandschaft, die im 1432 m hohen Crêt de la Perdrix gipfelt und ein bisschen an den Schwarzwald und die Vogesen erinnert, denn mehr als 35 % der Parkfläche sind mit dichten Wäldern bedeckt. Daneben aber gibt es reizvolle Almgebiete mit üppigen und artenreichen Blumenwiesen, mit Ginsterbüschen und Narzissenteppichen und in den höheren Lagen verstecken sich Torfmoore zwischen den Hügelketten. Die kleinen Weiler, ruhigen Dörfer, einsamen Gehöfte und hin und wieder ein gotisches oder romanisches Kirchlein stören die Ruhe im Park nicht, der neben 560 km Wanderwegen und 420 km Reitwegen auch 600 km Radrouten aufweisen kann.

Straße nach Pélussin (km 4,5). Im Ort folgen wir der Beschilderung »St-Etienne« und auch auf den nächsten Kilometern bis zu einer scharfwinkligen Abzweigung (km 9,0), nimmt die Steigung nur auf maximal 6 % zu.
Wir haben so also genügend Zeit, uns warm zu fahren, und die nun ansetzende 10 %ige Steigung hinauf zum kleinen Weiler Le Priel (km 11,0) sollte uns vor keine größeren Probleme stellen. Die Steigung hält sich weiterhin bei 10 %, nach einer Linkskurve (km 12,0) radeln wir in urwüchsigen Nadelwald ein und an einem kleinen Brunnen am Straßenrand (km 14,0) können wir unsere Trinkflaschen auffüllen, wenn wir es nicht vorzie-

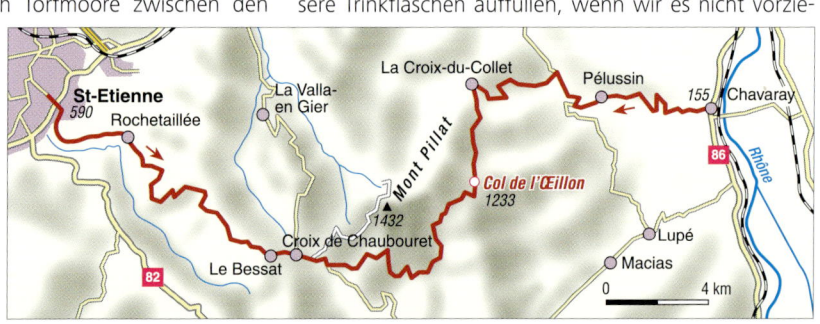

Rhône-Alpes TOUR 59

hen, uns im Hotel Croix-du-Collet (km 15,0) zu stärken.
Die Steigung der geradlinig verlaufenden Straße geht im weiteren Verlauf nicht wirklich spürbar zurück, wendet sich erst entschieden nach Westen (km 16,5), um sich dann beim Belvédère de la Faucharet noch etwas abzusenken. Es ist ein schöner Aussichtspunkt mit freier Sicht nach Osten, die allerdings durch den Dunst über dem Rhônetal oft getrübt ist. 1 km noch, dann ist die Passhöhe (km 19,5) erreicht und wer will, kann noch eine Fleißaufgabe einlegen. Eine 1,5 km lange Straße mit 12 % Steigung führt hier noch zur Table d'Orientation, in einer Mulde zwischen den beiden sichtbaren Bergrücken gelegen, hoch.

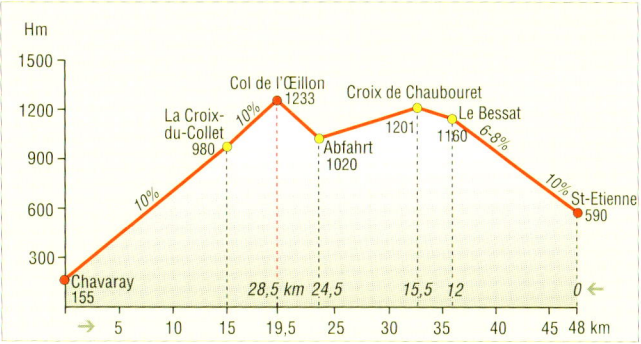

Westseite

Die Zweckbauten und Kohlefördertürme der Industriestadt Saint-Etienne demonstrieren, dass hier eher auf harte Arbeit als auf Tourismus gesetzt wird. Dennoch gibt es in der autofreien Altstadt einige angenehme Plätze mit Straßencafés und Restaurants, die zum Verweilen einladen. Den Radsportbegeisterten ist Saint-Etienne vielleicht vom Zeitfahren der vorletzten Etappe der Tour de France 2005 bekannt, wo der bislang Dritte im Gesamtklassement Michael Rasmussen zweimal stürzte, viermal das Rad wechselte und im Klassement auf Platz 7 der Gesamtwertung zurückfiel.
Der Zeitfahrkurs lag im Norden der Stadt, wir müssen dagegen in den südöstlichen Teil, um dort am Ortsende auf einen Kreisverkehr zu treffen, den wir, der Beschilderung »Les Bessat« folgend, wieder verlassen. Kurz danach sehen wir die Hinweisschilder »Rocetaillée/Parc du Pilat«, bis zur Stadtgrenze nimmt die Steigung auf 10 % zu, um dann bis Rochetaillée (km 4,5) auf 4 % zurückzugehen. Wir sind auf der D 8, die uns nun an einer verfallenen Burgruine vorbei zuerst bei Steigungen bis 6 %, dann auf 8 % zunehmend bis Les Essertines (km 7,5) führt.
Den Verkehr von St-Etienne haben wir lange schon hinter uns gelassen, bei gemächlicher Steigung von 4 % radeln wir in einer weiten Hügellandschaft, in der kleine Waldgruppen von Wiesen abgelöst werden, über Le Bessat (km 12,0) zum Croix de Chaubouret, einem teils bewaldeten Hügelrücken und beliebten Ausflugsziel. Eine kurze Abfahrt folgt, nach der wir scharf abbremsen, um die zum Col d'Œillon abzweigende Straße nicht zu verpassen. Mit 6 % geht es wieder aufwärts, um nach nur 1 km Länge zu einer Kreuzung (km 24,5) abzufallen. Allzu viele Höhenmeter haben wir dabei nicht verloren, bis zum Hotel de l'Œillon (km 27,5) gewinnen wir bei Steigungen bis 8 % wieder an Höhe, dann zieht sich die Trasse mit 6 % über eine Kehre zum Restaurant auf der Passhöhe (km 28,5). ■

	Ostseite	Westseite
Ausgangspunkt	Chavanay, 155 m, ca. 20 km südwestlich von Vienne	Saint-Etienne, 590 m
Anfahrt zum Ausgangspunkt	Autobahn Lyon – Vienne – Valence, Ausfahrt 10 Ampuis/Condrieu – Richtung Ampuis/Condrieu – Verenay – Chavanay	Autobahn Lyon – St-Etienne, Ausfahrt A 72/ St-Etienne Centres – Saint-Etienne
Schwierigkeitsbewertung/Höchststeigung	Mittelschwere Radtour mit 10 % Höchststeigung	Leichte Radtour mit maximal 10 % Steigung
Streckenlänge	19,5 km	28,5 km
Höhendifferenz	1080 m	850 m
Durchschnittl. Steigung	5,52 %	3,94 %
Zeit	1 3/4 – 2 1/4 Stunden	1 3/4 – 2 1/4 Stunden
Übersetzungsvorschlag	39/26	39/26
Streckenverlauf	Chavanay – Pélussin – Le Priel – Hotel Croix-du-Collet – Belvédère-de-la-Faucharet – Passhöhe	St-Etienne – Rochetaillée – Les Essertines – Le Bessat – Croix de Chaubouret – Hotel de l'Œillon – Passhöhe
Passöffnungszeiten	Ganzjährig befahrbar	Ganzjährig befahrbar
Karte	Euro Cart Regionalkarte 1:300.000, RV-Verlag Frankreich, Blatt 7, Languedoc/Roussillon/Auvergne	Euro Cart Regionalkarte 1:300.000, RV-Verlag Frankreich, Blatt 7, Languedoc/Roussillon/Auvergne

TOUR 60 Croix-de-Boutières-Passstraße 1500

Der Ort Borée an der Anstiegsroute zum Boutièrepass.

Fährt man von Saint-Etienne Richtung Süden, kommt man nach gut 75 km über kurvige Départementalstraßen in das Städtchen Saint Agrève im Département Ardèche, das für uns allerdings nur Durchgangsstation auf dem Weg nach St-Martin-de-Valamas ist, noch einmal 15 km auf der D 120 südlich von St-Agrève entfernt. Wir sind im Velay angelangt, wie das Gebiet zwischen der Vulkankette der Auvergne, den Puys im Norden und der noch weiter südlich gelegenen rauen Karstlandschaft der Cevennen genannt wird. Der östliche Teil des Velay wird dabei von einem Bergzug vulkanischen Ursprungs beherrscht, der Vivarais genannt wird und im 1754 m hohen Mont Mézenc gipfelt. Im Winter gilt der Mont Mézenc als Reich der Winde, aber ab Mai, wenn die Sonne den Schnee von seinen Hängen geschmolzen hat, blühen hier Narzissen, Alpenanemonen, Bergveilchen und Enziane. Von den durchaus lohnenden Passstraßen im Velay führt uns die höchste hinauf zum Mont Mézenc bis in eine Höhe von 1500 m, die mit knappen 1000 Höhenmetern auch schon einige Anforderungen für uns bereithält.

Ostseite

In St-Martin-de-Valamas (km 0,0) finden wir die Abzweigung der D 278 Richtung Lachapelle/Chanéac etwas außerhalb des Ortskerns. Die Straße hält sich noch etwas eben im Tal der Saliouse, aber schon bald wechselt man, der Beschilderung »Chanéac/Borée« folgend, über eine Brücke (km 2,5) in das Tal der Azette über. Mit 4% Steigung radeln wir taleinwärts, wechseln bald die Talseite und die Steigung nimmt bis Chanéac (km 4,5) auf 6% zu.

Es ist ein schmales, wohltuend einsames Tal, wie es für die Ardèche typisch ist, durch das uns das enge Sträßchen mit Steigungen bis 7%, von flacheren Abschnitten unterbrochen, höher führt. Einige Häuser deuten den Talschluss an, Wald nimmt uns auf, durch den die Straße über Kehren nun, mit 8% Steigung, höher führt. Diese Steigung hält sich auch über die Waldgrenze hinaus bis zum Beginn einer Hochebene (km 11,0), legt sich dort auf 5% zurück (km 14,0), bevor man in die kleine Ortschaft Boreé (km 15,5) sogar leicht abwärts rollt.

Es ist eine ruhige Ortschaft, deren Steinhäuser sich um eine kleine Kirche zu Füßen eines Hügels mit felsigen Ansätzen scharen, wo aber nichts auf unser Ziel, den Croix-de-Boutières-Pass, hinweist. Also halten wir uns an die Beschilderung »Les Estables/Le Mézenc« und fahren erst einmal weiter leicht ab, bis die Straße am Fuße eines felsigen Kegels (km 17,0) wieder auf 6%

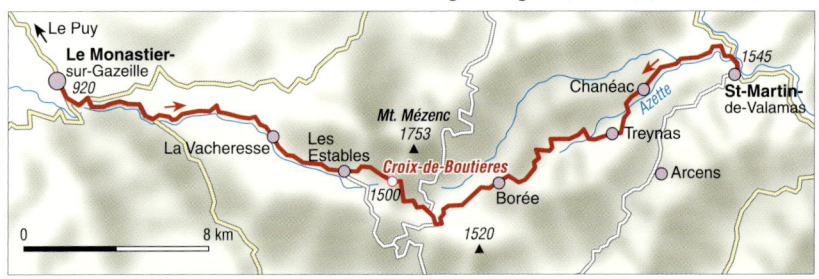

Rhône-Alpes/Auvergne

TOUR 60

ansteigt. Bald eröffnet sich uns ein schöner Blick nach Süden über die Bergketten der Ardèche, an einer Kreuzung (km 19,5) orientieren wir uns an dem Hinweis »Fay-sur-Lignon«, um an der kurz darauf folgenden Kreuzung wieder auf die Abzweigung »Les Estables/Le Mézenc« zu treffen.
Nun wird die Wegfindung einfacher, wir sind am Rande eines Talkessels, dessen Ränder nur vereinzelt Fels aufweisen, angelangt und folgen der Straße, die mit 6% Steigung zur Passhöhe hinaufleitet.

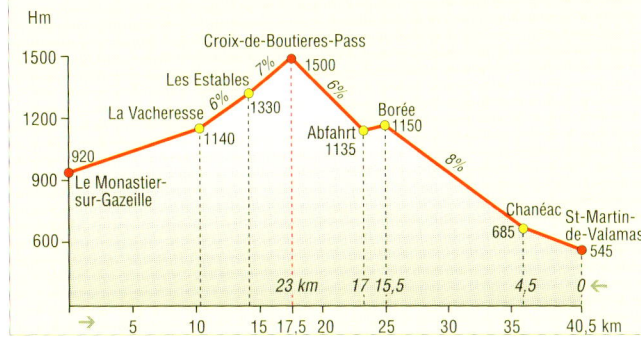

Westseite

Unser Ausgangspunkt für die Auffahrt zum Croix-de-Boutieres über die Westseite ist das etwa 1800 Einwohner zählende Städtchen »Monastier-sur-Gazeille« im Département Haute-Loire gelegen. An Sehenswürdigkeiten wären die ehemalige Abteikirche Saint-Chaffre aus dem 11. bis 15. Jahrhundert, die Kirche Saint-Jean-Baptiste aus dem 12. bis 15. Jahrhundert und das Prähistorische Museum zu verzeichnen. Mit einer Höhenlage von 920 m liegt der Ort deutlich höher als der Ausgangspunkt auf der Ostseite, was für uns Radler eine relativ einfache Auffahrt bedeutet, zumal die Steigung hier 7% nirgends überschreitet.

In Le Monastier-sur-Gazeille (km 0,0) folgen wir den Hinweisen »Les Estables/Gerbier de Jonc« und radeln auf leicht fallender Straße unter einer hohen Steinbrücke (km 1,5) hindurch in einen kleinen Talboden bis zu einer Kreuzung (km 4,5) ab. Wir halten uns an die Beschilderung »Les Estables« und erreichen erst einmal die Ortschaft La Vacheresse (km 10,5) über Anstiege bis 6%, die jedoch immer wieder von flacheren Abschnitten und auch leichten Abfahrten abgelöst werden. Es ist eine karge Landschaft, von eher herber Schönheit, durch die die Straße über baumlose Hochflächen und dürre Wiesen leicht ansteigend nach Les Estables (km 14,5) führt.

Ein Schild in der Ortsmitte gibt unser Ziel an und die daneben vermerkte Entfernungsangabe von 2,5 km zeigt, dass wir nicht mehr allzu weit davon entfernt sind. Mit 7% steigt die Straße an, ein kleiner Waldgürtel wird durchfahren und gleich darauf liegt die Passhöhe (km 17,5) mit dem großen steinernen Kreuz vor uns. Das Wäldchen versperrt uns leider jegliche Aussicht und so müssten wir wenige Meter über die Ostseite abfahren, wo wir in einer Kehre die Berglandschaft der Ardèche, aus der sich wie Kegelstümpfe längst erloschene Vulkane hervorheben, überblicken können. ■

	Westseite	Ostseite
Ausgangspunkt	Le Monastier-sur-Gazeille, 920 m, ca. 20 km südöstlich von Le Puy	St-Martin-de-Valamas, 545 m
Anfahrt zum Ausgangspunkt	Autobahn Lyon – St-Etienne, Ausfahrt 33 Villefranche-sur-Saône – Richtung Villefranche-sur-Saône/Lyon Richtung Givors, vorbei an St-Chamond, vorbei an Firminy, vorbei an Yssingeux – Le Pertuis – Saint-Julien – Chapteuil – Le Monastier-sur-Gazeille	Autobahn Lyon – St-Etienne, Ausfahrt 33 Villefranche-sur-Saône – Richtung Villefranche-sur-Saône/Lyon – Richtung Givors, vorbei an St-Chamond, vorbei an Firminy, vorbei an Yssingeux – Le Pertuis – Saint-Julien – Chapteuil – Saint-Agrève – Saint-Martin-de-Valamas
Schwierigkeitsbewertung/Höchststeigung	Leichte Radtour mit maximal 7% Höchststeigung	Mittelschwere Radtour mit 8% Höchststeigung
Streckenlänge	17,5 km	23,0 km
Höhendifferenz	580 m	970 m
Durchschnittl. Steigung	3,31 %	4,15 %
Zeit	1 1/4 – 1 3/4 Stunden	1 3/4 – 2 1/4 Stunden
Übersetzungsvorschlag	39/23	39/23
Streckenverlauf	Le Monastier-sur-Gazeille – La Vacheresse – Les Estables – Passhöhe	St-Martin-de-Valamas – Chanéac – Borée – Passhöhe
Passöffnungszeiten	Ganzjährig befahrbar	Ganzjährig befahrbar
Karte	Euro Cart Regionalkarte 1:300.000, RV-Verlag Frankreich, Blatt 7, Languedoc/Roussillon/Auvergne	Euro Cart Regionalkarte 1:300.000, RV-Verlag Frankreich, Blatt 7, Languedoc/Roussillon/Auvergne

61 TOUR Pré-de-la-Dame-Bergstraße 1450 m

Blick auf Pré de la Dame inmitten des großen Staatsforstes.

Ziemlich genau 37 km nördlich von Alès, an der Départementalstraße 906, liegt das Städtchen Génolhac. Man erreicht es auch, wenn man von Le Bleymard über den Finielspass (Tour 62) nach Le Pont-de-Montvert geradelt ist und von dort auf der kurvigen D 998 29 km Richtung Osten fährt, um dort ebenfalls auf die D 906, kurz vor Génolhac, zu treffen. Erleichtern soll diese Beschreibung eigentlich nur das Auffinden der Ortschaft, was selbst auf einer guten Karte in dem doch etwas unübersichtlichen Gebiet des Zentralmassivs und speziell auch in den Cevennen, in denen wir uns hier bereits befinden, nicht immer ganz einfach ist.

Mit seinen etwa 850 Einwohnern ist Génolhac schon ein größeres Städtchen für diese Region, mit großen Steinhäusern aus grob verfugten Steinquadern, deren restaurierte Fassaden teilweise noch auf das 12. Jahrhundert zurückgehen. In den engen Gassen der Altstadt verläuft teilweise noch in der Mitte eine Regenrinne mit groben Pflastersteinen, denen man das sensible Speichengeflecht eines Rennradreifens besser nicht aussetzt. Neben Charme, Hotels und auch drei Campingplätzen hat Génolhac aber noch etwas zu bieten: Es ist nämlich Ausgangspunkt für eine Auffahrt über die Pré-de-la-Dame-Bergstraße, die als einer der schönsten Aussichtspunkte in den Cevennen gilt. Allzu große Erwartungen, was diese Aussicht betrifft, darf man freilich nicht haben, insbesondere dann, wenn man von Alpenpanoramen verwöhnt ist, aber alleine schon das Radeln in dieser ruhigen Umgebung macht Spaß und knappe 1000 Höhenmeter bei Steigungen bis 11 % sind auch nicht zu verachten.

In Génolhac (km 0,0) ist unser Ziel gut ausgeschildert und wir verlassen die Ortschaft auf der D 362 in

162

Languedoc-Roussillon

TOUR 61

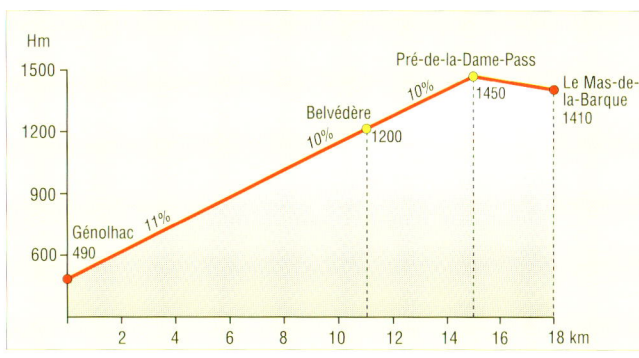

westlicher Richtung gleich mit dem Berggang, denn die Steigung nimmt noch im Ort auf 11% zu. Auf einer Länge von 1 km wird diese auch beibehalten und legt sich erst am Beginn einer Kehre zurück. Wir radeln in einen dichten Laubwald aus Eichen, Buchen und Kastanien ein, der bald in das Nationalparkgebiet der Cevennen übergeht. Wir können es ruhiger angehen lassen, Steigungen zwischen 6 und 8% bringen uns höher, links und rechts nur Wald, der zwar keinerlei Aussicht gewährt, dafür aber an heißen Tagen als Schattenspender willkommen ist.

Mit dem Höherkommen nimmt auch die Steigung zu, erreicht bis 10%, wird aber auch immer wieder von längeren flacheren Abschnitten unterbrochen. Recht eintönig legt man so Pedalumdrehung um Pedalumdrehung, Meter um Meter und Kilometer um Kilometer zurück, bis sich der Wald in einer Kehre völlig unerwartet lichtet. Eine Tafel klärt uns auf, dass wir den Belvédère des Bouzèdes, also den Aussichtspunkt von Bouzèdes, erreicht haben (km 11,0).

Tief unter uns, fast unüberblickbar weit, breitet sich die Cevennenlandschaft aus, aber das Auge sucht vergeblich markante oder hervorstechende Punkte. Fast ist man versucht, den Vergleich mit einem zerknitterten grünen Tuch zu suchen, in dessen Falten sich Flussläufe eingegraben haben und sich vereinzelt die roten Dächer der kleinen Ortschaften herausheben. Aber damit würde man dieser Landschaft, die zum großen Teil im Jahre 1985 als Nationalpark, den Parc National des Cévennes, ausgewiesen wurde, der 1985 sogar von der UNESCO zur »Réserve Mondial de Biosphère«, zum »Biosphärenreservat«, erklärt wurde, Unrecht tun.

Eine überaus vielfältige Flora und Fauna hat sich in den Wäldern und Wiesen hier erhalten. Mehr als 2000 verschiedene Pflanzenarten kann der Kundige unterscheiden und die Wälder sind reich an Wildschweinen, Hirschen und Rehen. Es gibt Greifvögel, vom Mäusebussard über Habicht, Sperber bis zum Schwarzmilan, und in den Abendstunden jagen Uhus, Waldkäuze und Schleiereulen. Wer nach oben blickt und Glück hat, kann vielleicht sogar einen der seltenen Habichtadler oder Schmutzgeier sehen, die hier vor dem Aussterben bewahrt werden sollen, oder einen Gänse- oder Mönchsgeier, die majestätisch diese grandiose Landschaft überfliegen.

In den Wäldern versteckt sich zudem noch die mit ihrer Fleckenzeichnung etwas unheimlich wirkende Ginsterkatze und an den Flüssen wären Biber zu beobachten. Dort hält sich allerdings auch die giftige Eidechsennatter auf, die bis zu 2,5 m lang wird und damit an Größe sämtliche Reptilien Europas übertrifft.

Auf unserer Weiterfahrt brauchen wir aber keine größere Angst vor ihr zu haben, denn wie erwähnt, bevorzugt sie Wassernähe und ist zudem so scheu, dass man kaum auf sie treffen wird. Wir verabschieden uns von der Aussicht und der Steintafel, die uns über die Landschaftspunkte informierte, dann nimmt uns wieder Wald auf und eine Steigung von 10%. Zuerst geht die Steigung auf 6% zurück (km 12,0), dann lichtet sich der Wald (km 14,5) und kurz darauf deutet ein Schild an, dass wir das Steigungsende (km 15,0) erreicht haben.

Ein Restaurant finden wir hier oben leider nicht, dazu müssen wir noch 3 km bis Le Mas-de-la-Barque (km 18,0) abfahren, wobei wir aber nur 40 Höhenmeter verlieren. ■

Ausgangspunkt	Génolhac, 490 m, ca. 37 km nordwestlich von Alès
Anfahrt zum Ausgangspunkt	Autobahn Lyon – St-Etienne, Ausfahrt 33 Villefranche-sur-Saône – Richtung Villefranche-sur-Saône/Lyon – Richtung Givors/Saint-Etienne – Le-Puy-en-Velay – Langogne – Villefort – Génolhac
Schwierigkeitsbewertung/Höchststeigung	Mittelschwere Radtour mit 11% Höchststeigung auf ca. 1 km Länge
Streckenlänge	15,0 km
Höhendifferenz	960 m
Durchschnittl. Steigung	6,40%
Zeit	1 1/4 – 1 3/4 Stunden
Übersetzungsvorschlag	39/26
Streckenverlauf	Génolhac – Belvédère des Bouzèdes – Passhöhe – Restaurant Le Mas-de-la-Barque
Passöffnungszeiten	Ganzjährig befahrbar
Karte	Euro Cart Regionalkarte 1:300.000, RV-Verlag Frankreich, Blatt 7, Languedoc/Roussillon/Auvergne

Tour 62 — Finiels-Passstraße 1541 m

Kurz vor dem Finielspass.

Wir sind im »wilden Süden« Frankreichs angelangt, schon an der Grenze des Zentralmassivs, in der Region Languedoc-Roussillon, wo zwischen den Quellen der Ardèche und des Hérault die Cevennen liegen. Es ist eine Region mit vielen unterschiedlichen Gesichtern, wo sich Berge mit Schluchten, Tälern, Hochebenen und wilden Flüssen abwechseln und kleine malerische Dörfer mit verwinkelten Gassen einen ganz besonderen Reiz ausstrahlen und wenn schon nicht zu längerem Verweilen, so doch zu einer Rast und zum Betrachten einladen. Die Bewohner leben hier noch im Einklang mit der Natur, die durchaus schon von der Sonne des Mittelmeers verwöhnt wird, aber auch wegen ihres Regenreichtums bekannt ist und immer wieder kommt es zu mächtigen Gewittern, die wahre Sturzfluten über die Landschaft niedergehen lassen. Dann sucht man am besten Schutz in einem der Natursteinhäuser mit ihren Schieferdächern, die den Wetterkapriolen oft schon seit Jahrhunderten trotzen. Hier, in dieser urwüchsigen, teils rauen und karstigen Gegend, die vor allem auch ihrer Wildbäche, der so genannten »gardons«, wegen bekannt ist, finden wir aber auch die höchste Passstraße der Cevennen und des ganzen Zentralmassivs, die uns an den Hängen des Mont Lozère, auch Dach der Cevennen genannt, bis in eine Höhe von 1541 m führt.
So richtig hoch ist das alles freilich nicht, da ist man von den Alpen ganz andere Dimensionen gewöhnt, aber der Reiz liegt hier eindeutig in einer für uns völlig ungewohnten Landschaft.

Südseite

Wir beginnen unsere Auffahrt über die höchste Passstraße des Zentralmassivs über die Südseite, in der kleinen Ortschaft Le Pont-de-Montvert, an der hier noch jungen Tarn gelegen, das vor allem Wanderer und Wassersportler, wie Kanu- und Kajakfahrer, anlockt. So unscheinbar das Dörfchen auch wirkt, war es doch im 18. Jahrhundert Auslöser des Kamisardenkrieges, wie die protestantischen Hugenotten damals genannt wurden. Im überwiegend katholischen Frankreich wurden sie ihrer Religion wegen verfolgt und wer seinem Glauben nicht abschwören wollte, gefangen genommen und zu Galeerenstrafen verurteilt. In Le Pont-de-Montvert wurde 1702 der Abt von Chayla, der hier die Hugenotten verfolgte, von Aufständischen auf der Brücke über die Tarn getötet, was zu einem allgemeinen Aufstand der Kamisarden führte, der zwei Jahre andauerte. Es dauerte allerdings noch bis in das Jahr 1789, bis sich in Frankreich wirklich niemand mehr seiner Religion wegen fürchten musste.

Le Pont-de-Montvert (km 0,0) war also nicht immer ein wirklich friedlicher Ort, den wir nun, der Beschilderung »Finiels/Le Bleymard« folgend, verlassen. Über eine Kehre mit 6% Steigung radeln wir in das Tal der Rieumalat ein, deren dürre, karge Böden mit viel Steinen nur etwas Schafzucht zulassen. Nur hin und wieder hat sich in kleinen Senken etwas mehr Erde angesammelt und lässt so etwas üppigere Vegetation sprießen.
Hinter Finiels (km 5,5), das sich als eine Ansammlung weniger Steinhütten entpuppt, nimmt die Steigung auf 9% zu und hält diese bis zu einer kleinen Brücke (km 6,5)

Languedoc-Roussillon

TOUR 62

bei. Im Vorblick zeigt sich nun schon der begrünte Höhenrücken des Mont Lozère, dessen Kuppe aus einem Waldgürtel aufragt. Es ist eine karstige Hochfläche, in die wir nun einradeln, und neben der Straße fallen die riesigen, teils aufgeschichteten Granitblöcke auf, die von Wind, Wasser und Frost im Laufe der Jahrtausende glatt geschliffen wurden.

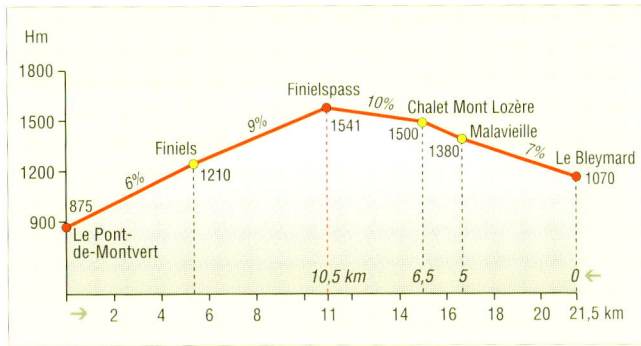

Die Steigung geht auf 6% zurück, Wald nimmt uns auf (km 9,5), dann legt sich die Steigung nochmals zurück und bald ist die Passhöhe (km 11,0) erreicht, die sich als baum- und strauchlose Hochfläche präsentiert, in der man einem Sturm oder Gewitter nicht schutzlos ausgesetzt sein möchte.

Nordseite

Wer die Auffahrt über die Südseite bereits kennt, bemerkt sofort den landschaftlichen Unterschied der beiden Strecken. Hier ist keine Verkarstung anzutreffen und auch die Steine fehlen fast völlig, dafür erstrecken sich über leicht gewellten Bergrücken ausgedehnte Wälder und Wiesen und fast vermeint man, in einer gänzlich anderen Region zu sein. Auch unser Ausgangspunkt Le Bleymard (km 0,0), mit seinen charakteristischen schiefergedeckten Häusern, drängt sich nicht in eine enge Schlucht, sondern breitet sich im weiten Talboden aus.

Wir folgen der Beschilderung »Mont Lozère«, überqueren einen kleinen Bach und radeln fast eben bis Le Mazel (km 1,0). Die Straße präsentiert sich gut ausgebaut, steigt auf 7% an und führt uns über eine Kehre nach Malavieille (km 5,0), dessen Häuser sich allerdings unterhalb der Straße, von einer Steinböschung gedeckt, verstecken. Mit gleich bleibender Steigung von 7% geht es über einen bewaldeten Hang höher und wir erreichen einen großen Parkplatz mit dem Chalet Mont Lozère und einem Hotelkomplex (km 6,5). Auch ein Skilift ist zu sehen, aber große Schussfahrten sind auf den flachen Hängen eher nicht möglich. Dafür nimmt die Steigung der Straße nun auf für uns schon ganz beachtliche 10% zu, tritt in den Cevennen-Nationalpark ein und hält die Steigung bis zu einer kleinen Kuppe (km 7,5) bei. Die weite Hochfläche, auf der wir nun fast eben die letzten Kilometer zur Passhöhe (km 10,5) zurücklegen, ist im Sommer ein beliebtes Wandergebiet und im Winter ein Langlaufrevier.

Zum Gipfel des Mont Lozère, der von hier gar nicht weit entfernt scheint, müsste man, Wanderschuhe vorausgesetzt, doch eine knappe Stunde einplanen, könnte dort oben bei klarem Wetter dafür aber bis zum Mittelmeer sehen. ■

	Südseite	Nordseite
Ausgangspunkt	Le Pont-de-Montvert, 875 m	Le Bleymard, 1070 m
Anfahrt zum Ausgangspunkt	Autobahn Lyon – Nîmes, Ausfahrt 25 Nîmes-Ouest – Richtung Nîmes-Ouest – Richtung Alès Centre – Alès bei Florac – Le Pont-de-Montvert	Autobahn Lyon – St-Etienne, Ausfahrt 33 Villefranche-sur-Saône – Richtung Villefranche-sur-Saône/Lyon – Richtung Givors/Saint-Etienne – Le-Puy-en-Velay – Les Salces – Bagnols-les-Bains – Le Bleymard
Schwierigkeitsbewertung/Höchststeigung	Leichte Radtour mit 9% Höchststeigung	Leichte Radtour mit 10% Höchststeigung
Streckenlänge	11,0 km	10,5 km
Höhendifferenz	670 m	475 m
Durchschnittl. Steigung	6,05%	4,48%
Zeit	1 1/4 – 1 3/4 Stunden	1 – 1 1/2 Stunden
Übersetzungsvorschlag	39/26	39/26
Streckenverlauf	Le Pont-de-Montvert – Finiels – Passhöhe	Le Bleymard – Le Mazel – Malavieille – Chalet Mont Lozère – Passhöhe
Passöffnungszeiten	Ganzjährig befahrbar	Ganzjährig befahrbar
Karte	Cart Regionalkarte 1:300.000, RV-Verlag Frankreich, Blatt 7, Languedoc/Roussillon/Auvergne	Euro Cart Regionalkarte 1:300.000, RV-Verlag Frankreich, Blatt 7, Languedoc/Roussillon/Auvergne

Tour 63 — Cevennen-Höhenstraße 1040 m

Herrliche Aussichten von der Cevennen-Höhenstraße.

Die Tour über den Finielspass (Tour 62) hat uns bereits einen ersten Einblick in die Landschaft der Cevennen gebracht, der allerdings sowohl vom landschaftlichen Aspekt als auch von den fahrerischen Ansprüchen her noch deutlich gesteigert werden kann: nämlich mit einer Fahrt über die Cevennen-Höhenstraße. Es ist eine gut 50 km lange Panoramastrecke von Florac im Norden bis St-Jean-du-Gard im Süden, mitten durch den Cevennen-Nationalpark, eine unverwechselbare Landschaft mit tiefen Schluchten, ausgedehnten Nadelbaumforsten, Eichen-, Kastanien- und Buchenwäldern und den charakteristischen Causses, felsigen wasserarmen Kalksteinplateaus mit einer üppigen Flora aus Narzissen, südlichen Tulpen und dem Federgras mit seinen merkwürdigen länglichen Blütenköpfen.

Nur etwa 500 Menschen leben ständig innerhalb des Parkgebietes, dafür gibt es Abertausende von Schafen, die auf den Kalksteinwiesen und Bergen grasen und aus deren Milch der berühmte Roquefortkäse hergestellt wird. Florac, unser Ausgangspunkt, ist ein typisches Cevennendorf, leicht verwittert, aber sympathisch und mit knorrigen Alleebäumen, denen man ansieht, dass sie sich oft unter den Böen heftiger Fallwinde biegen mussten. Trotz des mediterranen Landschaftsbildes und der Nähe zum Mittelmeer zählen die Cevennen zu den niederschlagsreichsten Regionen Frankreichs, da sie sich wie eine Staumauer den vom Mittelmeer heranströmenden Luftmassen entgegenstellen. Stoßen diese dann auf kalte atlantische Luft, kommt es zu äußerst heftigen Wolkenbrüchen. Sollte Sie ein solcher in Florac erwischen, suchen Sie am besten das Schloss aus dem 17. Jahrhundert auf, früher ein Gefängnis, heute aber den Besuchern als Naturkundliches Museum zugänglich, mit einem Informationszentrum zum 1970 gegründeten »Parc National des Cévennes«.

Meist verschwindet der Regen hier aber so schnell, wie er gekommen ist, und wir verlassen Florac (km 0,0) auf der D 907, noch etwas eben an der Tarnon entlang, bevor die Straße an der rechten Talseite auf 5% ansteigt, um

Languedoc-Roussillon TOUR 63

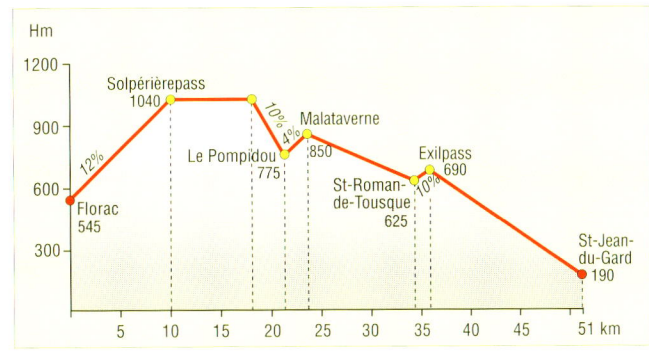

etwa bei km 3,0 wieder fast 2 km abzufallen. Wir überqueren eine Brücke (km 5,0), die Steigung zieht auf einer Länge von 1 km auf 12% an, um sich am Beginn einer Kehre (km 6,0) zu besinnen und auf 6% zurückzugehen.

Eine weitere Kehre führt uns hinauf auf einen Hügelrücken, der uns einen schönen Ausblick in ein parallel verlaufendes Tal bietet, bevor die Trasse bis St-Laurent-de-Trêves (km 8,5) noch einmal auf 12% ansteigt. Hier sollte man eine Rast einlegen, denn in der ehemaligen Kirche ist das Écomusée de la Cevennes untergebracht, das in einer audiovisuellen Führung über das Leben der Dinosaurier informiert, die hier vor 190 Millionen Jahren lebten und deren Spuren auf einem Kalkfelsen über dem Ort entdeckt wurden.

Nach dem Ort steigt die Straße bis zu einer Kreuzung am Solpérièrepass (km 10,0) mit 8% an, wo wir an der Abzweigung nach Barre-des-Cévennes vorbei der D 9 noch hinauf zu einer kleinen Kuppe, dem höchsten Punkt der Strecke, folgen. Es ist ein fast baum- und strauchloses Hochplateau, auf dem nur ein paar genügsame Schafe ihr karges Leben fristen, während die gegenüberliegende Talseite dagegen dicht bewaldet ist und auch die weiter entfernt liegenden Bergzüge des Languedoc sind von dichten Wäldern bedeckt.

Die Straße hält sich auf der Hochfläche und an einem Aussichtspunkt ist tief unter uns der Fluss Gardon-de-Saint-Jean zu erkennen, wobei hier alle Flüsse mit Gardon beginnen, die sämtlich nach Südosten streben, um sich in der Hügellandschaft der Garriques bei Nîmes zum Gard zu vereinen. Wir passieren das Dörfchen L'Hospitalet (km 14,5), noch rollt es eben, bis die Trasse plötzlich ins Tal abbricht (km 18,0). Es folgt eine rasante Abfahrt mit Gefälle bis 10% hinab nach Le Pompidou (km 21,5), wo man bis Malataverne (km 23,5) bei auf 4% ansteigender Trasse zumindest wieder ein größeres Ritzel auflegen muss, bevor es nach einem ebenen Abschnitt bis St-Roman-de-Tousque (km 34,5) wieder abwärts rollt.

Am Ort selbst radeln wir vorbei, wobei die Steigung kurz auf 10% zunimmt, sich dann aber zum Exilpass (km 36,0) auf 8% zurücklegt. Aus fahrerischer Sicht haben wir das Gröbste hinter uns, denn die vom Pass abfallende Straße wird nur noch einmal von einem kurzen leichten Gegenanstieg zum Col Saint-Pierre (km 42,5) unterbrochen.

Die Wiesenlandschaft ist langsam in eine Waldzone übergegangen und war der Straßenverlauf bisher nicht allzu kurvig, geht es nun über schön geschwungene Schleifen zu einer Kreuzung im Gardontal (km 49,5) abwärts, bevor man bis Saint-Jean-du-Gard (km 51,0) auf ebener Straße wieder treten muss.

Das etwa 500 Einwohner zählende Feriendorf im Département Gard war im 17. Jahrhundert Zentrum der protestantischen Hugenotten, die damals unter König Ludwig XIV. ihres Glaubens wegen verfolgt wurden. Als Kamisarden (franz. Camisards) bezeichnet, wehrten sie sich und in der Folge kam es zwischen 1702 und 1705 zu Aufständen, die letztlich aber niedergeschlagen wurden. Erst ein Verdikt König Ludwigs XIV. im Jahre 1787 gestattete den Hugenotten wieder freie Glaubensausübung. Wer noch genügend Kondition hat und mehr über dieses Thema erfahren möchte, im Weiler Mialet, etwa 12 km von St-Jean-du-Gard auf der D 50 in nordwestlicher Richtung entfernt, informiert das Musée du Désert in 15 Zimmern über die Geschichte und Verfolgung der Hugenotten in Südfrankreich. ■

Ausgangspunkt	Florac, 545 m
Anfahrt zum Ausgangspunkt	Autobahn Lyon – St-Etienne, Ausfahrt 33 Villefranche-sur-Saône – Richtung Villefranche-sur-Saône/Lyon – Richtung Givors/Saint-Etienne – Le-Puy-en-Velay – Balsièges – Florac
Schwierigkeitsbewertung/Höchststeigung	Mittelschwere Radtour mit 12% Höchststeigung
Streckenlänge	51,0 km
Höhendifferenz	635 m
Durchschnittl. Steigung	4,95%
Zeit	2 1/4 – 3 1/4 Stunden
Übersetzungsvorschlag	39/26–28
Streckenverlauf	Florac – St-Laurent-de-Trêves – Solpérièrepass – L'Hospitalet – Le Pompidou – Malataverne – St-Roman-de-Tousque – Exilpass – Col Saint-Pierre – St-Jean-du-Gard
Passöffnungszeiten	Ganzjährig befahrbar
Karte	Euro Cart Regionalkarte 1:300.000, RV-Verlag Frankreich, Blatt 7, Languedoc-Roussillon/Auvergne

Die Pyrenäen bilden den Abschluss unserer Tourensammlung und runden gleichsam den Kreis ab, der in den Alpen begonnen hat. Mit diesen können sie sich weder von der Größe noch, im Gesamten gesehen, von der Landschaft her messen. Dennoch, Aubisque und Tourmalet etwa erfordern schon gute Kondition und Bergerfahrung. Dies wird bereits deutlich, wenn man die Bilder von den Übertragungen der Tour de France sieht, in deren Programm die Pyrenäen regelmäßig stehen und die nicht unwesentlich dazu beigetragen haben, dass die Tour de France als bekanntestes und schwerstes Radrennen der Welt angesehen wird. In den Anfangsjahren dieses Radrennens war das damals noch abgelegene Berggebiet regelrecht gefürchtet und es war die Rede von Schwindel erregenden Abgründen, steilsten Passanstiegen und plötzlich vor den Radlern auftauchenden Wölfen und Bären. Die Fahrer mussten die damals noch unbefestigten Straßen meist schiebend bewältigen.

Heute kann man dort ausgesprochen schön radeln, die Infrastruktur hat sich auf die Radler eingestellt und statt Wölfen und Bären trifft man auf Hinweisschilder mit Kilometer- und Höhenangaben entlang der bekannteren Passstraßen.

64 Aubisque- und Soulor-Pässestra

Mäßige Steigung am Col du Soulor.

Wenn wir unsere Touren über die französischen Pyrenäenpässe von der westlichen, also der atlantischen Seite her beginnen, ist der Aubisquepass der erste Pass auf unserer Liste. Ausgangspunkt ist Laruns im Tal der Ossau, 40 km südwestlich von Pau, der Hauptstadt des Départements Pyrénées-Atlantiques.

Westseite

Kurz hinter Laruns (km 0,0) überqueren wir auf einer kleinen Brücke die Ossau und folgen an der Abzweigung zur spanischen Grenze vorbei der D 918, die in Schleifen mit 6 bis 8% Steigung über einen bewaldeten Hang hochsteigt. In Eaux-Bonnes (km 5,0), einem Thermalquellenbadeort, fallen uns die alten Kurgebäude auf, die um die so genannte Belle Epoque, also Ende des 19., Anfang des 20. Jahrhunderts, ihre Blütezeit hatten. Schon im Ort nimmt die Steigung auf 10% zu, die Straße beschreibt eine enge Linkskurve, um sich dann bei gleich bleibender Steigung über die gestrüppüberwucherten Hänge der rechten Talseite hochzuziehen.
An einem winzigen Stausee vorbei geht die Steigung auf 5% zurück und gestattet uns so ein angenehmes Vorankommen, das nach der kleinen Brücke über das Flüsschen Le Valentin (km 7,5) aber unterbrochen wird. Auf 13% nimmt die Steigung zu, hält diese auf 200 m Länge bei, bis wir über eine weitere Brücke auf die sonnigere linke Talseite wechseln und hoch über uns schon die Hotelanlagen des Skiortes Gourette erkennen. Über Steigungen zwischen 8 und 10% geht es höher, eine weite Schleife lässt rückblickend die Sicht bis zum Talanfang zu, dann ist mit Gourette (km 13,5) die letzte Ortschaft vor der Passhöhe erreicht.
Eine eindrucksvolle Lage hat sich der Ort auf einem kleinen Hochplateau zu Füßen der Berge des Pyrenäen-Nationalparks ausgesucht, deren teilweise begrünte Flanken von glatten, grauen, senkrecht abstürzenden Felsmauern durchbrochen werden.
In einer weiten Linksschleife führt die Straße wieder aus dem Ort heraus, die Almmatten und Tannenwälder am Straßenrand erinnern fast etwas an die heimischen Alpen, aber bei einer beständigen Steigung zwischen 10 und 12% bleibt wenig Muße, hier Vergleiche anzu-

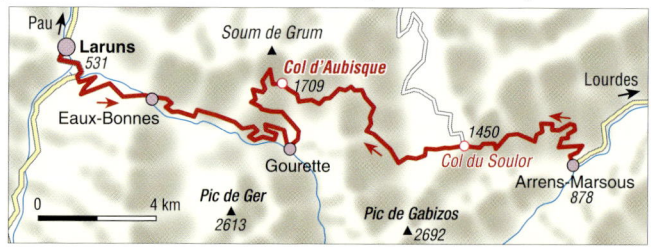

170

1709 m   Aquitaine/Midi-Pyrénées   TOUR 64

stellen. Beim Hotel Les Crêtes Blanches (km 16,5) kann man dann über sich bereits das Hotel Col d'Ausbisque auf der Passhöhe (km 18,5) erkennen, zu der sich die Straße durch eine mit kargen Wiesen bedeckte Hochfläche bei nicht nachlassender Steigung hochzieht.

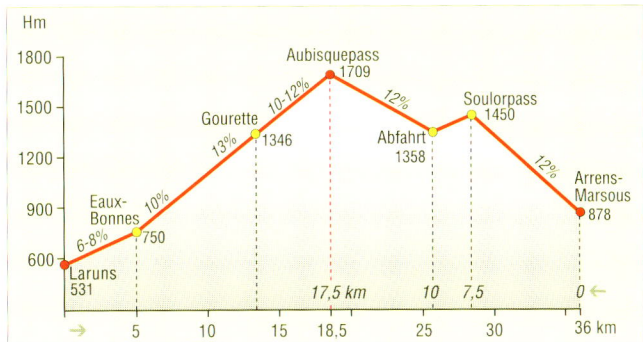

Ostseite

Wenn man die Tour von Osten her beginnt, ist es gut zu wissen, dass dem Aubisquepass von dieser Seite her der Soulorpass vorgelagert ist. In der Praxis bedeutet dies für den Radler, dass ihn nach 7,5 km Auffahrt in 1450 m Höhe die Soulorpasshöhe erwartet, von der es erst einmal auf 2,5 km Länge wieder abwärts geht, wobei man knappe 100 Höhenmeter verliert, bevor die restlichen 350 Höhenmeter und 7,5 Streckenkilometer zur Aubisquepasshöhe anstehen.

In Arrens-Marsous (km 0,0), dem Ausgangspunkt der Ostseite, etwa 25 km südlich von Lourdes im oberen Tal der Arrens gelegen, halten wir uns also an die Beschilderung »Col du Soulor«. In reizvoller, einsamer Umgebung geht es zwischen grünen Wiesen, Laubbäumen und vereinzelten schiefergedeckten Steinhütten mit 10 % Steigung, die kurz aber auch immer wieder 12 % erreicht, nach oben. Nur hin und wieder legt sich die Trasse kurz einmal zurück, aber bald entschädigt der Blick auf die Bergumrahmung für die Mühen des Aufstiegs. Bei km 6,0 werden in einer kleinen Steinhütte landwirtschaftliche Produkte feilgeboten und wer will, kann sich hier mit Gelee Royal stärken, bevor es bei weiterer Steigung bis 12 % zu einer kleinen Alm beim Chalet du Soulor (km 7,0) geht. Nicht mehr weit ist es nun zur Passhöhe des Soulorpasses (km 7,5), die unvermittelt vor uns liegt.

Über zwei großzügig angelegte Kehren rollt es abwärts, ein etwa 100 m langer unbeleuchteter Kehrentunnel zwingt uns zu vorsichtiger Fahrweise und kurz danach (km 12,5) nimmt die Steigung auf den nächsten beiden Kilometern erst leicht, dann aber wieder auf 10 % zu. Ein kurzes Laubwaldstück (km 14,5) gewährt uns etwas Schatten, aber genauso froh wird man über die Tafeln am Straßenrand sein, die an allen größeren Pyrenäenpässen zu finden sind und nicht nur die Entfernung zur Passhöhe angeben, sondern uns auch über die aktuelle Höhe und die durchschnittliche Steigung auf den nächsten Kilometern informieren.

Drei davon sind es noch zur Passhöhe (km 17,5), die sich mit Steigungen bis 12 %, glücklicherweise immer wieder von flacheren Abschnitten unterbrochen, dann aber je nach Konditionszustand doch noch mehr oder weniger in die Länge ziehen. ■

	Westseite	Ostseite
Ausgangspunkt	Laruns, 531 m, ca. 40 km südlich von Pau	Arrens-Marsous, 878 m
Anfahrt zum Ausgangspunkt	Autobahn Toulouse Ausfahrt 25/Foix/Tarbes, Ausfahrt 11 Pau-Est/Soumoulou – Nousty – Idron – Jurançon – Gan – Laruns	Autobahn Toulouse Ausfahrt 25/Foix/Tarbes, Ausfahrt 12 Lourdes/Tarbes-Ouest – Lourdes – Argelès–Gazost – Arrens-Marsous
Schwierigkeitsbewertung/Höchststeigung	Mittelschwere Radtour mit 13 % Höchststeigung auf ca. 200 m Länge	Mittelschwere Radtour mit 12 % Höchststeigung an mehreren kürzeren Abschnitten
Streckenlänge	18,5 km	17,5 km
Höhendifferenz	1180 m	925 m
Durchschnittl. Steigung	6,37 %	4,75 %
Zeit	1 3/4 – 2 1/4 Stunden	1 3/4 – 2 1/4 Stunden
Übersetzungsvorschlag	39/26–28	39/26
Streckenverlauf	Laruns – Eaux-Bonnes – Gourette – Hotel les Crêtes Blanches – Passhöhe	Arrens-Marsous – Chalet du Soulor – Soulorpass – Aubisquepasshöhe
Passöffnungszeiten	15. Mai bis 31. Oktober	15. Mai bis 31. Oktober
Karte	Euro Cart Regionalkarte 1:300.000, RV-Verlag Frankreich, Blatt 6, Südfranzösische Atlantikküste/Aquitaine/Pyrénées	Euro Cart Regionalkarte 1:300.000, RV-Verlag Frankreich, Blatt 6, Südfranzösische Atlantikküste/Aquitaine/Pyrénées

65 TOUR Tourmalet-Passstraße 2115 m

Auf der Westseite des Tourmaletpasses.

Westseite

Wir beginnen unsere Auffahrt über die Westseite durch den Thermalbadeort Luz-St-Sauveur (km 0,0), der sich in das enge Tal der Luz zwängt, auf mit 10% ansteigender Straße. Eine kurze Abfahrt am Ortsende geht in einen leichten Anstieg durch den Vorort Esterre über, dann radelt man bei einer gleichmäßigen Steigung zwischen 8 und 10% in wenig aussichtsreicher Umgebung höher. Die Einfahrt in den vor allem als Wintersportort bekannten Kurort Barèges erkaufen wir uns über zwei enge Kehren mit 12% Steigung und auch die Ausfahrt hält diese Steigung bereit. Langsam öffnet sich das Tal, die Umgebung wird alpiner und über Steigungen zwischen 10 und 12% geht es, je nach Konditionszustand mehr oder weniger schnell, höher.

An der Abzweigung nach Super Barèges (km 10,0) vorbei, lassen längere Flachstücke streckenweise wieder ein kleineres Ritzel zu, ein kleiner Talboden wird erreicht, dann geht es fast geradlinig wieder mit 10% Steigung durch schönen Mischwald nach oben. Über eine kleine Steinbrücke wechselt man in einer weiten Schleife auf die Hänge der gegenüberliegenden Talseite und bei der Bar La Laquette (km 11,5) kann man sich nochmals mit Essen und Getränken versorgen.

Über eine Kurve verlassen wir das Seitental und über uns sind bereits die großzügigen Kehren zu erkennen, die zur Passhöhe führen. 10 bis 12% beträgt die Steigung an den kahlen, dunkelbraunen Berghängen, an denen fast jegliche Vegetation verschwunden ist. Nur die Spitze des Pic de Campana hebt sich markant südlich der Passhöhe ab, an dessen Wandfuß (km 15,5) wir die Schlusssteigung in Angriff nehmen. Die hat es dann mit Steigungen bis 14% noch in sich, bis wir unsere Räder vor dem Restaurant am leider wenig aussichtsreichen Scheitelpunkt (km 19,0) abstellen können.

Der Tourmalet ist mit seiner Höhe von 2115 m zwar nicht der höchste Pass in den französischen Pyrenäen, der Pont d'Envalira mit 2407 m in Andorra ist höher, dafür aber der bekannteste, zumindest unter Radsportlern, die sich auch für die Tour de France interessieren, in deren Programm er erstmals 1910 aufgenommen wurde. Mythen und Geschichten haben sich seitdem entwickelt und die bekannteste ist wohl die von Eugène Christophe, der im Jahr 1913 auf dem Gipfel 18 Minuten Vorsprung vor seinen Verfolgern hatte und bei der Abfahrt einen Gabelbruch erlitt.

Materialwagen und Ersatzräder gab es damals noch nicht und so rannte er 12 km hinunter nach Ste-Marie-de-Campan, um dort in einer Schmiede die Gabel zu reparieren. Vier Stunden verlor er dabei und erhielt zusätzlich noch eine 10-minütige Zeitstrafe, die später auf drei Minuten reduziert wurde, weil ihm ein Junge half, den Blasebalg für das Schmiedefeuer zu betätigen.

172

Midi-Pyrénées TOUR 65

Ostseite

Die alte Schmiede, in der Eugène Christophe, auch le Vieux Galois, frz. für der alte Gallier, genannt, nach seinem Missgeschick auf der Abfahrt des Tourmaletpasses seine Gabel reparierte, gibt es zwar nicht mehr, dafür ist an dem an dieser Stelle errichteten Haus eine Gedenktafel angebracht, die an dieses Geschehen erinnert, und wenn man es nicht gleich findet, fragt man einfach im Office du Tourisme, an der Hauptstraße gelegen, nach. Ansonsten ist Ste-Marie-de-Campan (km 0,0) ein ruhiges Städtchen mit grauen Steinhäusern, dem man deutlich ansieht, dass hier alles seinen gewohnten Gang geht und von Hektik nichts zu verspüren ist.

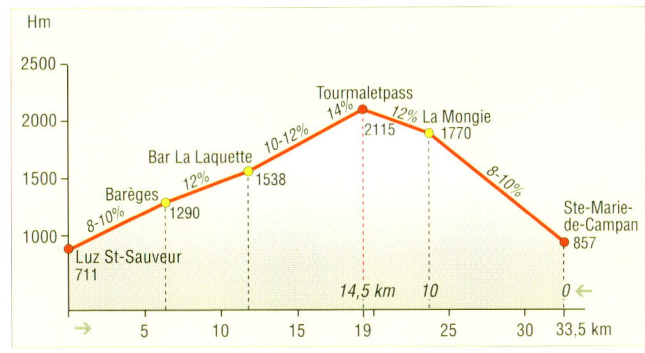

Auch wir gehen die Auffahrt ohne Hektik an, die in der Ortsmitte, bei der Kirche aus dem 16. und 17. Jahrhundert, mit dem reich verzierten Barockaltar, gut ausgeschildert ist. Über Steigungen bis 8%, meist jedoch weit darunter, radeln wir nach Gripp (km 2,5), wo die Steigung schon auf 10% zunimmt. Mischwald nimmt uns auf und begleitet uns zu dem kleinen Ferienort Artigues (km 5,0), nach dem es kurvenreich mit Steigungen zwischen 8 und 10%, vorbei an einem Wasserfall und der Talstation einer kleinen Seilbahn, höher geht. Nach einer Lawinengalerie lichtet sich der Wald und gibt den Blick auf die Spitze des Pic du Midi de Bigorre, mit dem weithin sichtbaren Sendemast des Observatoriums, frei.

Bis La Mongie (km 10,0) sind weitere kleine Lawinengalerien zu durchfahren, wobei die Steigung nicht unter 10% zurückgeht, sondern an einigen Stellen sogar auf 12% zunimmt. Der Ort ist hauptsächlich als Wintersportort bekannt, wird aber öfter auch als Zielort der Tour de France eingeplant.

Für uns ist die Auffahrt noch nicht zu Ende, wir radeln auf weiter nur einmal kurz auf 8% zurückgehender Steigung durch den Ort und bald nach der Ortschaft zeigt uns wieder eine Tafel an, dass wir noch 3 km zur Passhöhe zu überwinden haben. Unter Skilifttrassen hindurch geht es bei kaum einmal unter 10% fallender Steigung höher und in den Kurven nimmt die Steigung sogar deutlich spürbar bis auf 12% zu. Kurz unterhalb des Scheitelpunktes bietet ein Parkplatz etwas Aussicht, aber auch die Passhöhe ist nicht gänzlich uninteressant. In dem Restaurant dort oben hängen neben alten Fotos aus den frühen Jahren der Tour de France auch noch zwei alte Räder aus dem Jahre 1908 und auf einer Steinmauer gegenüber quält sich ein nackter Rennradler mit stark erschöpften Gesichtszügen im Wiegetritt als 3 m hohe Stahlskulptur nach oben. ■

	Westseite	**Ostseite**
Ausgangspunkt	Luz-St-Sauveur, 711 m	Ste-Marie-de-Campan, 857 m
Anfahrt zum Ausgangspunkt	Autobahn Toulouse Ausfahrt 25/Foix/Tarbes, Ausfahrt 12 Lourdes/Tarbes-Ouest — Lourdes — bei Argelès-Gazost — bei Soulom — Luz-St-Sauveur	Autobahn Toulouse Ausfahrt 25/Foix/Tarbes, Ausfahrt 14 Tournay/Bagnères-de-Bigorre — Bagnères-de-Bigorre — Beaudéan — Ste-Marie-de-Campan
Schwierigkeitsbewertung/Höchststeigung	Schwere Radtour mit 14% Höchststeigung an mehreren kurzen Abschnitten; längere Steigungsabschnitte bis 12%	Mittelschwere Radtour mit 12% Höchststeigung an mehreren kurzen Abschnitten
Streckenlänge	19,0 km	14,5 km
Höhendifferenz	1405 m	1260 m
Durchschnittl. Steigung	7,39 %	8,68 %
Zeit	2 $\frac{1}{4}$ – 3 $\frac{1}{2}$ Stunden	1 $\frac{3}{4}$ – 2 $\frac{1}{2}$ Stunden
Übersetzungsvorschlag	39/26 – 28	39/26
Streckenverlauf	Luz-St-Sauveur — Esterre — Barèges — Super-Barèges — Bar La Laquette — Passhöhe	Ste-Marie-de-Campan — Gripp — Artigues — La Mongie — Passhöhe
Passöffnungszeiten	01. Juni bis 31. Oktober	01. Juni bis 31. Oktober
Karte	Euro Cart Regionalkarte 1:300.000, RV-Verlag Frankreich, Blatt 6, Südfranzösische Atlantikküste/Aquitaine/Pyrénées	Euro Cart Regionalkarte 1:300.000, RV-Verlag Frankreich, Blatt 6, Südfranzösische Atlantikküste/Aquitaine/Pyrénées

66 TOUR Aspin-Passstraße 1489 m

Auf dem Col d'Aspin sind wir nicht allein.

Ste-Marie-de-Campan ist nicht nur Ausgangs- und Endpunkt, je nachdem von welcher Seite man kommt, des Tourmaletpasses, sondern auch des unmittelbar nach Osten hin anschließenden Aspinpasses. Im Gegensatz zum anspruchsvollen Tourmalet ist dessen Befahrung keine allzu große Angelegenheit, wenngleich etwa 630 Höhenmeter auf 13 km Länge mit Steigungen bis 10 % auch erst einmal überwunden werden müssen. Prüfen Sie deshalb Ihre Kräfte, wenn Sie den Aspin vielleicht gleich nach einer Überquerung des Tourmalet noch in Angriff nehmen wollen. Machbar wäre dies für gut trainierte Radler durchaus und man kann sich ja ein Beispiel an den Teilnehmern der Tour-de-France-Etappe im Jahre 1910 nehmen, die damals schon den Peyresourde, den Aspin, den Tourmalet und den Aubisque auf einer 326 km langen Etappe von Luchon nach Bayonne in einem Aufwasch befuhren. Immerhin zehn Fahrer bewältigten die Strecke im Zeitlimit, der Etappensieger hieß Octave Lapize, der die Rundfahrt schließlich auch als Gesamtsieger für sich entscheiden konnte.

Westseite

Wenn Ihnen in Ste-Marie-de-Campan vielleicht fast lebensgroße Strohpuppen, die so genannten Mounaques, auffallen, die dort zu bestimmten Zeiten auf fast allen öffentlichen Plätzen aufgestellt werden – sie erinnern an einen alten Brauch. Wenn früher im Dorf geheiratet wurde, wurden alle jungen Leute des Ortes zur Hochzeit eingeladen. Weigerte sich der oder die Auserwählte aber, Geld zu spenden oder ein Essen auszugeben, setzte man ihm eine solche Puppe vor die Tür und schlug einen Monat lang Krach. Wir verlassen Ste-Marie-de-Campan (km 0,0) auf der D 918 in südöstlicher Richtung, der Beschilderung »Col d'Aspin« folgend. Das Tal, in das wir einradeln, macht mit seinen Hügeln und Wiesen einen geradezu freundlichen Eindruck und auch die Steigung ist eher moderat, wobei sich Steigungen bis 8 % mit flacheren Abschnitten abwechseln. Kurz vor Payolle (km 6,5) rollt es sogar kurz abwärts, dann passen wir uns der gemächlich neben uns dahinfließenden l'Adour de Pay-

174

Midi-Pyrénées TOUR 66

olle an und radeln eben bis zum einst bedeutenden Steinbruch von Espiadet. An einer Schranke (km 7,5) vorbei nimmt die Steigung auf 10 % zu und durch dichten Tannenwald windet sich die Straße bei gleich bleibender Steigung höher. Ein kleiner Schlepplift zeigt, dass hier auch etwas Wintersport betrieben wird, und mit Überfahren der Waldgrenze (km 11,5) geht auch die Steigung auf 8 % zurück. Zwischen Almwiesen, die im Frühling ihren Blütenreichtum präsentieren und von kleinen Mischwäldchen durchsetzt sind, geht es aufwärts

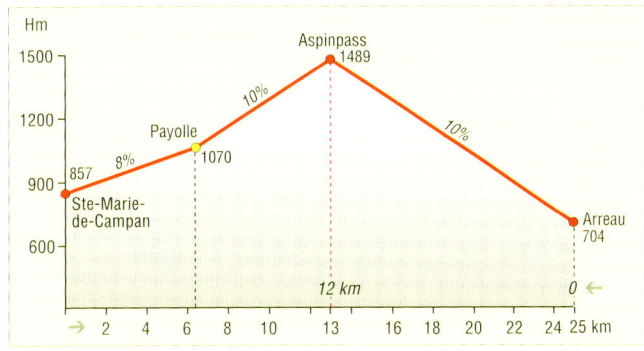

und bald ist der flache Sattel der Passhöhe (km 13,0) erreicht. Ein Restaurant wird man hier oben vergeblich suchen, dafür bietet sich eine weit reichende Aussicht, die im Süden zu den schwach vergletscherten Gebirgszügen um den Pic Perdiguero an der Grenze zu Spanien und im Westen zum Pic du Midi de Bigorre über dem Tourmalet reicht. Wem ein Restaurant nun aber doch lieber wäre, der müsste 2 km über die Ostseite abfahren.

Ostseite

Mit seinen engen Gassen und den alten Fachwerkhäusern aus dem 16. Jahrhundert ist in Arreau (km 0,0), unserem Ausgangspunkt auf der Ostseite, durchaus mittelalterliches Flair zu verspüren. Schmuckstück der Ortschaft ist das historische Marktgebäude, in dem die Bauern und Händler der Umgebung jeden Donnerstagmorgen ihre Waren feilbieten.

Wir radeln im Ort Richtung Norden und dürfen dabei kurz vor dem Ortsausgang, direkt gegenüber einer Tankstelle, die etwas versteckt abzweigende Straße zum Aspinpass nicht übersehen.

Die 8 %ige Steigung geht bald wieder zurück und nach einer weiten Rechtsschleife wird ein kleiner Bach (km 2,0) überquert. Die Steigung nimmt auf 10 % zu, tief unter uns sind die Häuser von Arreau zu erkennen und bei auf 6 % zurückgehender Steigung kommen wir gut voran. Hoch über uns ist sogar schon der Sattel der Passhöhe zu erkennen und auch auf diesem Pyrenäenpass informieren uns jeden Kilometer Schilder über die Höhe, Entfernung zum Pass und durchschnittliche Steigung.

Bei km 6,0 deutet eine verfallene Steinhütte zusätzlich an, dass die Hälfte des Weges hinter uns liegt. Die Steigung nimmt wieder auf 8 bis 10 % zu und an den gestrüppüberwucherten Hängen neben der Straße tritt vereinzelt dunkler Schiefer zutage.

Ein Restaurant (km 10,0) bietet die letzte Möglichkeit zur Verpflegung, dann geht es mit gleichmäßiger Steigung von 10 % nach oben. Ein kurzes, etwa 300 m langes Waldstück bietet noch etwas Schatten, dann leitet uns eine niedrige Steinmauer entlang der Straße zur Passhöhe (km 12,0). ■

	Westseite	Ostseite
Ausgangspunkt	Ste-Marie-de-Campan, 857 m	Arreau, 704 m
Anfahrt zum Ausgangspunkt	Autobahn Toulouse Ausfahrt 25/Foix/Tarbes, Ausfahrt 14 Tournay/Bagnères-de-Bigorre – Bagnères-de-Bigorre – Beaudéan – Ste-Marie-de-Campan	Autobahn Toulouse Ausfahrt 25/Foix/Tarbes, Ausfahrt 16 Lannemezan/Arreau – La Barthe-de-Neste – Arreau
Schwierigkeitsbewertung/Höchststeigung	Leiche Radtour mit 10 % Höchststeigung	Leiche Radtour mit 10 % Höchststeigung
Streckenlänge	13,0 km	12,0 km
Höhendifferenz	635 m	785 m
Durchschnittl. Steigung	4,86 %	6,54 %
Zeit	1 1/4 – 1 3/4 Stunden	1 1/4 – 1 3/4 Stunden
Übersetzungsvorschlag	39/23–26	39/26
Streckenverlauf	Ste-Marie-de-Campan – Payolle – Passhöhe	Arreau – Passhöhe
Passöffnungszeiten	01. April bis 31. November	01. April bis 31. November
Karte	Euro Cart Regionalkarte 1:300.000, RV-Verlag Frankreich, Blatt 6, Südfranzösische Atlantikküste/Aquitaine/Pyrénées	Euro Cart Regionalkarte 1:300.000, RV-Verlag Frankreich, Blatt 6, Südfranzösische Atlantikküste/Aquitaine/Pyrénées

TOUR 67 Peyresourde-Passstraße 1569 m

Auf der Ostseite des Col de Peyresourde.

Mit seiner Höhe von 1569 m flößt der Peyresourdepass nicht wirklich Respekt ein, wenngleich der zu bewältigende Höhenunterschied, 865 m sind es auf der Westseite, 944 m vom Osten her, schon durchaus beachtlich ist. Dass man Pässe allerdings nie unterschätzen darf, zeigt eine andere Begebenheit: Bei der Tour de France 2001 kam hier am Peyresourdepass Jan Ullrich von der Straße ab und stürzte einen Abhang hinab. Mit viel Glück überstand er diesen Ausritt unverletzt und die Bilder, wie er mit dem Rad in den Händen den Abhang wieder hochkam, eine Leitplanke überkletterte und die Tour fortsetzte, gingen um die Welt. Erwähnenswert sei hier auch noch die faire Geste des Amerikaners Lance Armstrong, der als Gesamtführender wartete, bis Ullrich wieder aufschließen konnte, und dann erst im Renntempo weiterfuhr.

Westseite

Die Gefahr, in der gleichen Kurve wie Jan Ullrich zu Fall zu kommen, ist für uns gering, denn wir bewältigen diese Stelle bei der Auffahrt, wenn wir unsere Tour in Arreau (km 0,0) beginnen.

In der Ortschaft überqueren wir die Aure und verlassen diesen dann über die lang gezogene Hauptstraße auf der D 618 Richtung Südosten. Man kommt gut voran, denn in dem hügeligen, meist bewaldeten Tal steigt die Straße auf den ersten Kilometern bis Bordères-Louron (km 5,0) nur mäßig an. Danach rückt das Tal zwar zusammen, aber die Steigung geht nicht über 6 % hinaus und wir erreichen Avajan (km 9,0), wo wir der links zum Peyresourdepass abbiegenden Straße folgen. Die Louron wird überquert, die Straße wird schmaler und die Steigung nimmt nun schon auf 10 % zu. An den Hängen der linken Talseite geht es nach oben, nur hin und wieder wird die Steigung von kürzeren flacheren Abschnitten unterbrochen und unter uns sind die verstreuten Dörfer der Talschaft zu sehen und auch ein kleiner See ist zu erkennen. Bei der Häusergruppe von Avajan (km 10,5) wartet eine kleine Abfahrt, die uns zur Abzweigung nach Loudenvielle bringt, an der vorbei die Steigung wieder auf 10 % zunimmt. Über zwei Kehren biegt man in das von der Passhöhe herabziehende Tal ein und weder die nähere Umgebung mit spärlichem Laubwald und Wiesen noch die weitere, mit dem immerhin knapp über 3000 m hohen Pic Perdiguero im Süden, vermittelt den Eindruck von Hochgebirge.

Mit Mont (km 14,0) wird die letzte Ortschaft vor der Passhöhe durchfahren, die Steigung hält sich weiter bei

Midi-Pyrénées TOUR 67

10 %, ein Restaurant (km 16,0) bietet Gelegenheit zur Rast, aber wer durchfahren will, auch auf der Passhöhe gibt es eine Hütte. Nicht mehr weit ist es dort hinauf, an einem kleinen Campingplatz vorbei geht die Steigung auf 8 % zurück, die Passhöhe rückt ins Blickfeld und ist bald danach auch erreicht (km 18,5).
Hauptanziehungspunkt dürfte dort oben nicht die Aussicht, die sich wenig ergiebig zeigt, sondern die Holzhütte mit selbst gebackenen Spezialitäten, frischem Honig und leckeren Crêpes sein.

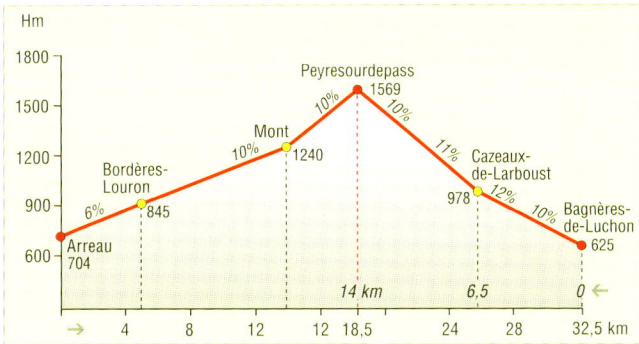

Ostseite

Bagnères-de-Luchon, von den Einheimischen kurz Luchon genannt, ist eines der beliebtesten Thermalbäder in den Pyrenäen und wer es etwas lebhafter will, ist hier richtig. Wir werden also, zumindest in den Sommermonaten, nicht alleine sein, wenn wir den Ort (km 0,0) auf der Rue des Cols verlassen. Am Elektrizitätswerk vorbei hält sich die Steigung noch mäßig, zieht aber nach Überquerung eines Flüsschens (km 1,0) auf 10 % an. 1 km behält sie diese bei, dann folgt ein Flachstück und eine kurze Abfahrt, bevor es nach einer weiteren Flussüberquerung wieder mit 8 bis 10 % Steigung höher geht.
Breit und gut ausgebaut präsentiert sich die D 618, die uns über mehrere Kurven und Kehren, an einer kleinen Steinkapelle (km 4,0) vorbei, höher bringt und bis Saint-Aventin (km 5,0), dessen Kirche aus dem 12. Jahrhundert als schönste der ganzen Region gilt, ist sogar ein 12 %iges Steigungsstück wegzudrücken.

Am Ortsende legt sich die Straße aber wieder auf angenehmere 6 % zurück und erst hinter Cazeaux-de-Larboust (km 6,5), dessen Kirche ebenfalls Beachtung verdient, heißt es wieder kräftiger in die Pedale zu treten. Bis auf 11 % nimmt die Steigung bis zur Ortschaft Garin (km 8,0) zu und das flache Stück im Ort geht am Ortsausgang schon wieder in eine 10 %ige Steigung über. Die Umgebung zeigt sich mit ihren grünen Hügeln, den kleinen Siedlungen auf der rechten Talseite und vereinzelten Bäumen am Straßenrand zwar freundlich, bietet aber ansonsten nichts Nennenswertes und zumindest im Berichtsjahr waren hier auch keine Hinweisschilder für Radler mit den Streckenangaben zu sehen, die einem auf den vorhergehenden Pässen schon eine Hilfe waren.
Die Wiesenflächen werden langsam von Almmatten abgelöst, der Gipfelhang, eher als Hügel zu bezeichnen, wird sichtbar und über drei Kehren mit 9 % Steigung überwunden. Eine letzte Kurve noch, dann ist unvermittelt die Passhöhe (km 14,0) erreicht. ■

	Westseite	Ostseite
Ausgangspunkt	Arreau, 704 m	Bagnères-de-Luchon, 625 m
Anfahrt zum Ausgangspunkt	Autobahn Toulouse Ausfahrt 25/Foix/Tarbes, Ausfahrt 16 Lannemezan/Arreau – La Barthe-de-Neste – Arreau	Autobahn Toulouse Ausfahrt 25/Foix/Tarbes, Ausfahrt 17 Lérida/Bagnères-de-Luchon – bei Labroquère – bei Chaum – Cierp-Gand – Bagnères-de-Luchon
Schwierigkeitsbewertung/Höchststeigung	Mittelschwere Radtour mit 10 % Höchststeigung	Mittelschwere Radtour mit 12 % Höchststeigung
Streckenlänge	18,5 km	14,0 km
Höhendifferenz	865 m	945 m
Durchschnittl. Steigung	4,68 %	6,54 %
Zeit	1 1/2 – 2 Stunden	1 1/2 – 2 Stunden
Übersetzungsvorschlag	39/26	39/26
Streckenverlauf	Arreau – Bordères-Louron – Avajan – Mont – Passhöhe	Bagnères-de-Luchon – Saint-Aventin – Cazeaux-de-Larboust – Garin – Passhöhe
Passöffnungszeiten	01. April bis 31. November	01. April bis 31. November
Karte	Euro Cart Regionalkarte 1:300.000, RV-Verlag Frankreich, Blatt 6, Südfranzösische Atlantikküste/Aquitaine/Pyrénées	Euro Cart Regionalkarte 1:300.000, RV-Verlag Frankreich, Blatt 6, Südfranzösische Atlantikküste/Aquitaine/Pyrénées

68 Superbagnères-Bergstraße 1804 m

Auf der Superbagnères-Bergstraße.

Vielleicht erinnert sich der eine oder andere noch an die Tour de France 1986, die der Amerikaner Greg Le Mond aus Lakewood, Kalifornien, als erster nichteuropäischer Radprofi gewann. Sein größter Widersacher war damals ausgerechnet sein eigener Teamkollege bei La Vie Claire, der Franzose Bernard Hinault. Dieser hätte die Tour gerne zum sechsten Mal gewonnen, war seinem Teamkollegen allerdings verpflichtet, nachdem ihn dieser bei seinem fünften Toursieg im Vorjahr unterstützt und auf eigene Siegeschancen verzichtet hatte. Ganz kampflos wollte sich Bernard Hinault allerdings nicht geschlagen geben und versuchte immer wieder seinem Teamkollegen davonzufahren. Als denkwürdig ging daher die 13. Etappe am 16. Juli 1986 ein, die über 186 km von Pau nach Superbagnères führte. Acht Minuten Vorsprung hatte Hinault auf seinen jungen Widersacher und wollte diesen noch ausbauen, erlitt aber einen Schwächeanfall. Am Anstieg nach Superbagnères holte Le Mond Hinault nicht nur ein, sondern verkürzte seinen Rückstand bis auf 40 Sekunden. Dies führte letztlich dazu, dass er diese Tour

Midi-Pyrénées TOUR 68

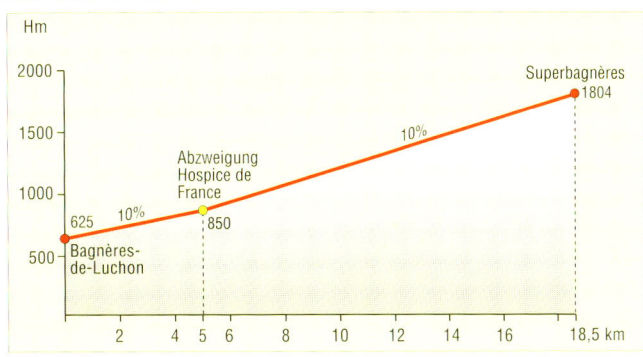

de France dann doch gewann. Diese Auffahrt nach Superbagnères können auch wir unternehmen, wenn wir in Bagnères-de-Luchon stationiert sind, das wir als Etappenort der vorhergehend beschriebenen Tour über den Peyresourdepass kennen. Die Auffahrt hat es mit knapp 1200 Höhenmetern auf 18,5 Streckenkilometern und Steigungen bis 10 % durchaus in sich und da ist es vielleicht ganz gut zu wissen, das Bagnères-de-Luchon auch Gelegenheit zur Erholung bereithält. Im Parc des Quinconces, am Ende der Allées d'Etigny, liegen die Thermen, deren 65 bis 75 Grad heißem und extrem schwefelhaltigem Wasser verschiedene Heilwirkungen zugesagt werden. In der Anlage gibt es aber auch die Grotte Le Vaporarium, mit einer Quelle mit einer konstanten Temperatur von 40 Grad, die sich positiv auf Haut und Muskulatur auswirkt und auch von Touristen aufgesucht werden kann.

Wenn wir Bagnères-de-Luchon (km 0.0) über die Cours de Quinconces verlassen, radeln wir direkt am Park und am Royal Hotel vorbei und die Straße beginnt entlang der rechten Talseite auf 10 % anzusteigen. Bald lässt die Steigung wieder nach und im dicht bewaldeten Tal der Pique geht es nur mäßig ansteigend nach oben. Wir erreichen die Ortschaft Ravi (km 4,5) und folgen an der Abzweigung nach Hospice de France vorbei (km 5,0) der in das Lystal einbiegenden Straße. Mit Steigungen bis 10 %, die aber immer wieder von flacheren Abschnitten abgelöst werden, geht es nun fast stufenartig höher. Der Wald geht zurück und Wiesen geben den Blick auf die Bergkette der Dreitausender im Süden um den Pic des Crabioules frei. Die flacheren Abschnitte werden immer kürzer und fast am Talende angelangt, weicht die Straße über mehrere Kehren mit 8 bis 10 % Steigung auf die kahlen Hänge der rechten Talseite aus. Am Ortsschild von La Carvière (km 13,5), dessen Häuser sich aber etwas abseits der Straße verstecken, vorbei, wird die Trasse nun deutlich breiter und über uns ist das ehemalige Grand Hotel erkennbar, ein klobiger Bau aus dem frühen 20. Jahrhundert, in dem heute ein Club Méditerranée untergebracht ist.

An mehreren Parkplätzen (km 16,5) vorbei, können wir bei guter Thermik Segelflieger und Gleitschirmflieger über uns beobachten, während wir uns bei nicht unter 10 % zurückgehender Steigung hocharbeiten. Endlich ist der Ortsanfang erreicht, dessen Ortsbild von eher modernen Zweckbauten bestimmt wird, und bald können wir unsere Räder auf dem großen Parkplatz vor dem Grand Hotel (km 18,5) abstellen.

Dieser war im Übrigen nochmals Schauplatz einer denkwürdigen Tour de France, an der ebenfalls der Amerikaner Greg Le Mond beteiligt war. Er gewann die Tour 1989 mit dem knappsten Vorsprung aller Zeiten von 8 Sekunden vor seinem französischen Konkurrenten Laurent Fignon. Seinen Vorsprung holte er allerdings erst auf der letzten Etappe, einem Zeitfahren mit Ziel auf der Pariser Avenue des Champs Élysées heraus, vorher lag er noch 50 Sekunden hinter Fignon zurück. Die 10. Etappe dieser Tour führte damals ebenfalls hinauf nach Superbagnères und auf dieser nahm Fignon Le Mond noch 12 Sekunden ab.

Sieger dieser Etappe, die am 11. Juli 1989 über 136 km von Canterets nach Superbagnères führte, war damals der Schotte Robert Millar, auch als fliegender Schotte bekannt, der im Jahre 1984 als bisher einziger Brite in der Geschichte der Tour de France das rotgepunktete Bergtrikot gewann. ■

Ausgangspunkt	Bagnères-de-Luchon, 625 m
Anfahrt zum Ausgangspunkt	Autobahn Toulouse Ausfahrt 25/Foix/Tarbes, Ausfahrt 17 Lérida/Bagnères-de-Luchon – bei Labroquère – bei Chaum – Cierp Gaud – Bagnères-de-Luchon
Schwierigkeitsbewertung/Höchststeigung	Mittelschwere Radtour mit 10 % Höchststeigung
Streckenlänge	18,5 km
Höhendifferenz	1180 m
Durchschnittl. Steigung	6,37 %
Zeit	1 3/4 – 2 1/2 Stunden
Übersetzungsvorschlag	39/26
Streckenverlauf	Bagnères-de-Luchon – Ravi – La Carviere – Passhöhe
Passöffnungszeiten	Ganzjährig befahrbar
Karte	Euro Cart Regionalkarte 1:300.000, RV-Verlag Frankreich, Blatt 6, Südfranzösische Atlantikküste/Aquitaine/Pyrénées

69 Ares- mit Portet-d'Aspet-Päss

Die unspektakuläre Passhöhe.

Fährt man von Bagnères-de-Luchon in Richtung St-Gaudens, erreicht man nach etwa 21 km die kleine Ortschaft Fronsac, in der breiten Schwemmlandebene der Garonne gelegen. Fronsac ist für uns Ausgangspunkt für die Auffahrt zum Portet-d'Aspet-Pass, dem auf der westlichen Auffahrtsseite der Arespass vorgelagert ist und von dieser Seite somit unter der Bezeichnung Ares- mit Portet-d'Aspet-Pässestraße zusammengefasst ist.

Bekannt ist der Portet-d'Aspet-Pass aber leider durch einen anderen, recht traurigen Umstand. Bei der Tour de France 1995 stürzte der Italiener Fabio Casartelli bei der Abfahrt nach Westen, also hinunter nach Fronsac, so schwer, dass er später seinen Verletzungen erlag. Die Etappe, es war die 15. am 18. Juli 1995 und führte über 206 km von Saint Girons nach Crêtes du Lys, gewann damals der französische Bergspezialist Richard Virenque, dem man erst im Ziel vom Unglück seines Kollegen erzählte. Die folgende 16. Etappe wurde zu einer Gedenkfahrt für den Verunglückten und nicht gewertet.

Westseite

In Fronsac (km 0,0) halten wir uns an die Beschilderung »St-Girons« und folgen der Straße, die sich über die Hügel der östlichen Talseite mit Steigungen bis 8 % bergauf zieht. Wir erreichen Antichan-des-Frontignes (km 4,5), die Straße beschreibt eine großzügige Schleife und lässt einen weiten Blick über das Tal zu und eine Tafel des Touring Club de France am Straßenrand informiert über die verstreut liegenden Dörfer und dahinter aufragenden Hügelketten. Bei Steigungen zwischen 6 und 8 % geht es relativ angenehm höher und unvermittelt ist die Arespasshöhe (km 8,5) erreicht.

Dort oben erwartet uns eine kleine Bar und eine lange Abfahrt, die erst kurz vor Juzet-d'Izaut (km 14,5) endet. Wir müssen wieder den Berggang einlegen, aber die Steigung hält sich meist unter 8 %, dann folgt eine kurze Abfahrt, an deren Ende wir scharf abbremsen müssen, um die Abzweigung nach rechts Richtung »Col de Portet/St-Girons« nicht zu übersehen. Kurz geht es noch abwärts, dann beginnt die Trasse langsam anzusteigen, hält sich bis Henne-Morte (km 22,5), einer Ansammlung verlassen wirkender Steinhütten, aber meist noch unter 10 %.

Über die Pont de l'Ole wird das Flüsschen Le Ger überquert, die Straße wird schmaler und die Steigung nimmt auf 12 % zu. Vorbei am Denkmal für Fabio Casartelli und der in einer Mauer eingelassenen Gedenkplatte, die den Sportler bei der Verleihung der olympischen Goldmedaille in Barcelona zeigt, geht es höher und zweimal nimmt die Steigung sogar bis auf 15 % zu.

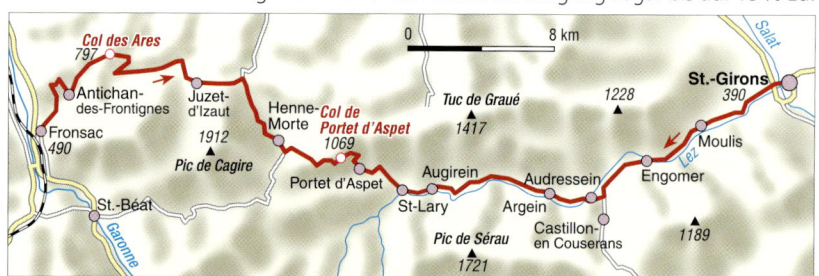

traße 1069 m — Midi-Pyrénées

TOUR 69

Dichter Wald wölbt sich über die Fahrbahn, wir überfahren eine Steinbrücke (km 25,5) und nochmals steilt sich die Trasse auf 15 % auf, bevor sie sich langsam auf 10 % bis zur kleinen Bar auf der Passhöhe (km 27,5) zurücklegt.

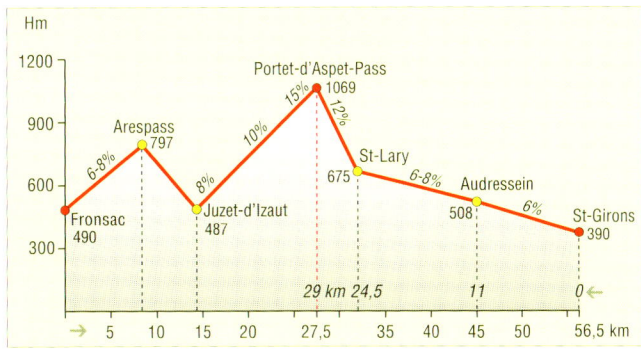

Ostseite

Die Auffahrt über die Ostseite des Portet-d'Aspet-Passes präsentiert sich leichter als von Westen her, was sich bereits zeigt, wenn man in der Kleinstadt St-Girons (km 0,0) der Beschilderung »Col de Portet-d'Aspet« folgt. Man hat anfangs gar nicht den Eindruck, eine Passauffahrt zu beginnen, sondern radelt in eine fruchtbare Landschaft entlang dem Flüsschen Lez ein, durchquert mehrere kleine Ortschaften und gewinnt auf kaum ansteigender Trasse nur wenig an Höhe. Die raue, wenig besiedelte Landschaft des Couserans, in die wir einradeln, ist bekannt für ihre prähistorischen Höhlen und Grotten und wer will, kann eine davon im Dorf Moulis besuchen, in der Wissenschaftler eine Art Laboratorium eingerichtet haben und seismo- und geologische Arbeiten durchführen. Mit verschwitzter Radkleidung ist von diesem Ausflug allerdings abzuraten, denn die Temperatur in der Höhle beträgt nur 11 Grad.

Vor der Ortschaft Audressein (km 11,0) zweigt unser Weiterweg nach rechts ins Tal der Bouigane ab, aber weder im Landschaftsbild noch im Steigungsverhalten der Straße treten Änderungen ein. In kurzer Folge radeln wir durch weitere kleine Ortschaften, aber wenn die Straße einmal kurz auf 6 % ansteigt, wird das Steigungsstück gleich darauf wieder von einem längeren Flachstück abgelöst. Wir kommen also rasch voran, vor Augirein (km 21,5) eine kurze Abfahrt und auch der 10 %ige Anstieg am Ortsende geht wieder in eine kleine Abfahrt über. Hinter dem Kirchdorf St-Lary (km 24,5) überqueren wir die Bouigane, das Tal wird nun schmaler und eine Hinweistafel auf einer weiteren kleinen Brücke weist uns darauf hin, dass wir nunmehr in das Département Haute-Garonne einradeln, das sich flächenmäßig immerhin von der spanischen Grenze bis in den Norden von Toulouse erstreckt.

Für uns von größerer Bedeutung ist allerdings, dass die Steigung nunmehr auf 8 bis 10 % zunimmt und diese auch bis Portet-d'Aspet (km 27,0), der letzten Ortschaft vor der Passhöhe, beibehält. Bis wir diese endgültig erreicht haben, legt sie sich auch nicht mehr zurück, nimmt in den hinaufführenden Kurven und Kehren sogar bis auf 12 % zu und vermittelt uns so bis zur Passhöhe (km 29,0) doch noch den Eindruck einer richtigen Passetappe. ■

	Westseite	**Ostseite**
Ausgangspunkt	Fronsac, 490 m, ca. 20 km nördlich von Bagnères-de-Luchon	St-Girons, 390 m
Anfahrt zum Ausgangspunkt	Autobahn Toulouse Ausfahrt 25/Foix/Tarbes, Ausfahrt 17 Lérida/Montréjau – bei Labroquère – Fronsac	Autobahn Toulouse Ausfahrt 25/Foix/Tarbes, Ausfahrt 8 Dax/Orthez – Richtung Dax/Mont-de-Marsan – Orthez – Saint-Girons
Schwierigkeitsbewertung/Höchststeigung	Mittelschwere Radtour mit 15 % Höchststeigung an drei kurzen Abschnitten	Leichte Radtour mit 12 % Höchststeigung an kurzen Abschnitten in den Kehrenradien
Streckenlänge	27,5 km	29,0 km
Höhendifferenz	890 m	680 m
Durchschnittl. Steigung	4,05 %	2,47 %
Zeit	2 – 2 ¾ Stunden	2 – 2 ¾ Stunden
Übersetzungsvorschlag	39/26–28	39/26
Streckenverlauf	Fronsac – Antichan-des-Frontignes – Arespass – Juzet-d'Izaut – Henne-Mort – Passhöhe	St-Girons – Audressein – Augirein – St-Lary – Portet-d'Aspet – Passhöhe
Passöffnungszeiten	Ganzjährig befahrbar	Ganzjährig befahrbar
Karte	Euro Cart Regionalkarte 1:300.000, RV-Verlag Frankreich, Blatt 6, Südfranzösische Atlantikküste/Aquitaine/Pyrénées	Euro Cart Regionalkarte 1:300.000, RV-Verlag Frankreich, Blatt 6, Südfranzösische Atlantikküste/Aquitaine/Pyrénées

70 TOUR Port-Passstraße 1250 m

Einer der längeren, flachen Abschnitte am Weg zur Passhöhe.

Der Portpass, der von St-Girons im Tal der Salat hinüber nach Tarascon-sur-Ariège im Tal der Ariège zieht, ist mit seiner Höhe von 1250 m über dem Meer der letzte Pyrenäenpass auf unserem Weg zum Mittelmeer, dessen Befahrung als lohnend bezeichnet werden kann. Er liegt bereits außerhalb des zentralen Teils der Pyrenäen, in den östlichen Pyrenäen, auch Midi-Pyrénées genannt. Landschaftlich erwartet uns hier nichts Besonderes, aber es ist doch ein schöner Ausklang oder Einstieg in die Pyrenäen, je nachdem, von welcher Seite man die Tour beginnt.

Westseite

Wir beginnen die Auffahrt über die Westseite, von St-Giron aus, das auch Talort der Fahrt über den Portet-d'Aspet-Pass ist. Der ein oder andere kennt den Namen der Stadt aber vielleicht von einem anderen Umstand her: Sie ist ein Zentrum der Papierindustrie und in ganz Frankreich werden Zigaretten mit Papier aus St-Girons gedreht. Und noch etwas erscheint erwähnenswert. Das Flüsschen Salat, an dem die Stadt liegt, führt Gold mit sich. Zwar ist der Goldgehalt so gering, dass selbst erfahrene Schürfer kaum von ihren Funden leben können, dennoch werden hier auch Einführungskurse in die Kunst des Goldwaschens angeboten, über die das Touristenbüro am Quai du Gravier gerne nähere Auskunft gibt.

Vom Flüsschen l'Arac allerdings, an dem entlang wir die Stadt in südöstlicher Richtung verlassen, ist nicht bekannt, dass es Gold führt. Die Trasse verläuft bis Castet d'Aleu (km 13,5) fast eben danach verengt sich das Tal, wir folgen weiterhin den leichten Biegungen und Windungen des Flüsschens und bemerken auch weiterhin kaum ein Ansteigen der Straße. Über Biert (km 21,5), in einer kleinen Talweitung gelegen, fahren wir nach Lirbat (km 23,5) und langsam nehmen die Steigungsstücke bis Massat (km 24,5) nun schon auf 8 % zu. Kurvenreich geht es mit 8 % höher und etwas verwundert nimmt man das Schild »Col du Four« (km 29,0) am Straßenrand zur Kenntnis, denn ein Col ist hier beim besten Willen nicht zu erkennen.

Bei Eycharts (km 30,0) weist uns dann ein weiteres Schild am Straßenrand auf einen Col de Caougnous hin, der sich ebenfalls nicht als solcher zu erkennen gibt, aber einer anderen Tatsache sollten wir Beachtung schenken: Von hier zweigt eine schmale Straße nach Süden zum 1389 m hohen Col de Péguère ab. 425 Hö-

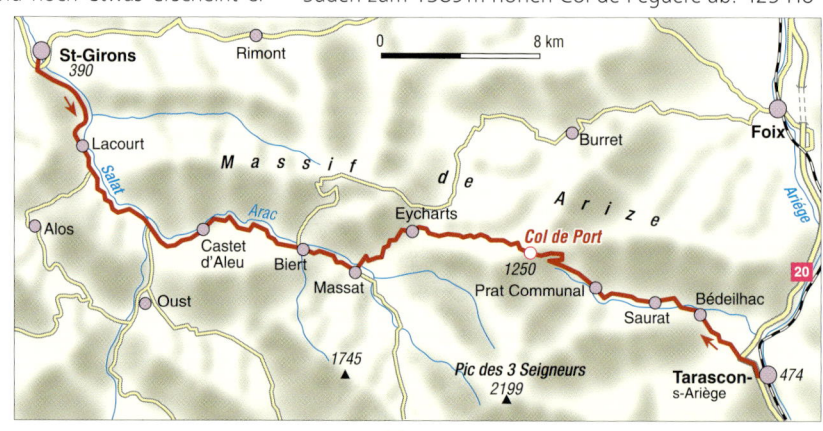

Midi-Pyrénées TOUR 70

henmeter sind auf den 3,6 km dort hinauf zu überwinden, die bei Steigungen bis 18 % nicht jedermanns Sache sein dürften. Dort oben erwartet einen aber eine lohnende Aussicht und zudem eine 3 km lange Weiterfahrt auf einen Bergrücken zum 1465 m hohen Col de Portel, auf dem man entweder umkehren oder nach Westen abfahren kann und wieder in der Ortschaft Biert herauskäme, die wir bereits bei km 21,5 passiert haben. Hinter Eycharts ist der Einschnitt der Passhöhe bereits zu erkennen, mit Steigungen zwischen 6 und 8 % geht es auf der linken Talseite nach oben und wenn auch im weiteren Verlauf immer wieder Ortsschilder am Straßenrand auftauchen, sind doch nur meist halbverfallene Anwesen zu erkennen. Hinter Brusquet (km 34,0) lässt die Steigung auf 6 % nach, auch der Wald geht zurück und bald darauf ist die Passhöhe (km 38,0) erreicht.

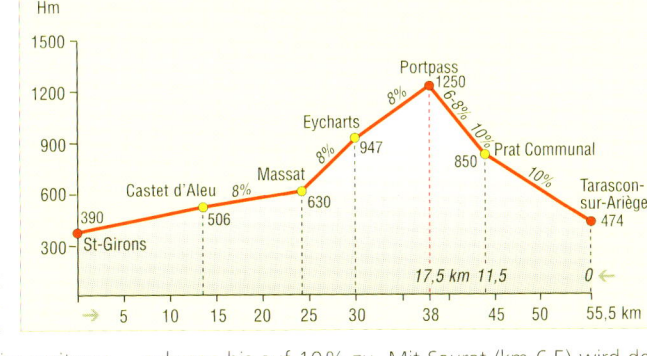

Ostseite

Die Ostseite der Auffahrt zum Portpass nimmt ihren Ausgangspunkt im Städtchen Tarascon-sur-Ariège (km 0,0) und ist mit »St-Girons/Col de Port« gut ausgeschildert. Wir radeln über 8%ige Anstiege, die mit längeren flacheren Abschnitten abwechseln, in das Tal der Saurat ein und erkennen zwischen Wiesen und Wäldern auch einzelne Felsformationen, die auf den Höhlenreichtum der Umgebung hinweisen. An Bergen ist dagegen nur der Pic de la Journalade zu erkennen, ein knapper Zweitausender, der hier die höchste Erhöhung bildet. Wir erreichen Bédeilhac (km 5,0) und die Steigungen nehmen bis auf 10 % zu. Mit Saurat (km 6,5) wird der Hauptort der Talschaft erreicht und weiter geht es mit Steigungen bis 10 %, immer wieder von flacheren Abschnitten abgelöst, taleinwärts. Zwei Kehren eröffnen den Blick zurück und leiten uns in den Ort Prat Communal (km 11,5), durch den sich die Trasse kurvig mit gleich bleibend 10 % Steigung zieht. Nach dem Ort geht die Steigung auf 8 % zurück, dichte Vegetation mit üppigen Farnteppichen, aufgelockert durch einzelne Birken, begleitet uns am Straßenrand und bei km 15,0 sind wieder zwei Kehren zu überwinden. Das Haus auf der Passhöhe ist bereits sichtbar, die Steigung geht auf 6 % zurück und wenig später sind wir bei der Auberge am Scheitelpunkt angelangt (km 17,5).

Die Bergwertung hier gewann zuletzt während der Tour de France 2002 der Franzose Laurent Jalabert auf dem Weg von Lannemezan nach Plateau de Beille. 9 km vor dem Ziel wurde er aber von Lance Armstrong eingeholt, der diese Etappe dann auch gewann. ■

	Westseite	Ostseite
Ausgangspunkt	St-Girons, 390 m	Tarascon-sur-Ariège, 474 m, ca. 100 km südlich von Toulouse
Anfahrt zum Ausgangspunkt	Autobahn Toulouse Ausfahrt 25/Foix/Tarbes, Ausfahrt 8 Dax/Orthez – Richtung Dax/Mont-de-Marsan – Orthez – Saint-Girons	Autobahn Toulouse Ausfahrt 25/Foix/Tarbes, Ausfahrt 22 Foix/Bram – Richtung Foix/Bram – Villerische – Mirepoix – Besset – Verniolle – Tarascon-sur-Ariège
Schwierigkeitsbewertung/Höchststeigung	Leichte Radtour mit 8 % Höchststeigung	Leichte Radtour mit 10 % Höchststeigung
Streckenlänge	38,0 km	17,5 km
Höhendifferenz	860 m	780 m
Durchschnittl. Steigung	2,26 %	4,43 %
Zeit	2 – 2 3/4 Stunden	1 1/4 – 1 3/4 Stunden
Übersetzungsvorschlag	39/23–26	39/26
Streckenverlauf	St-Girons – Castet d'Aleu – Biert – Lirbat – Massat – Fourpass – Eycharts – Brusquet – Passhöhe	Tarascon-sur-Ariège – Bédeilhac – Saurat – Prat Communal – Passhöhe
Passöffnungszeiten	Ganzjährig befahrbar	Ganzjährig befahrbar
Karte	Euro Cart Regionalkarte 1:300.000, RV-Verlag Frankreich, Blatt 6, Südfranzösische Atlantikküste/Aquitaine/Pyrénées	Euro Cart Regionalkarte 1:300.000, RV-Verlag Frankreich, Blatt 6, Südfranzösische Atlantikküste/Aquitaine/Pyrénées

Register

A
Abruzzen 120
Abruzzen-Nationalpark 124
Acqua di San Franco 123
Afers-Palmschoß 73
Affi 86
Agnelpass 30
Agordo 81, 83
Agostinho 63
Ahornbüchsenkopf 47
Aimar, Lucien 60
Aix-les-Bains 60
Albafont 155
Albergo Imperatore 122
Albisano 52
Alès 162
Alleghe 81
Alleghesee 81
Allemont 63
Allospass 66
Alpes Maritimes 22, 66
Altagnana 105
Altig, Rudi 60
Altissimopass 105
Ambert 155, 157
Ampezzaner Tal 79
Ampolapass 93
Andorra 172
Andreas Hofer 40
Antichan-des-Frontignes 180
Antona 105
Anversa degli Abruzzi 125
Apennin 98, 100
Apuanischen Alpen 102, 104
Arc 24, 58
Arco 88
Arctal 32, 59
Ardèche 160
Arespass 180
Ariège 182
Arischia 121
Armstrong, Lance 58, 60, 62, 63, 176, 183
Arno 100
Arreau 175, 176
Arrens 171
Arrens-Marsous 171
Artigues 173
Aspinpass 174
Aternotal 120, 126
Aubisquepass 170
Aucouturier, Hyppolite 142

Audressein 181
Augirein 181
Aure 176
Auvergne 154
Avajan 176
Avezzano 124, 127
Avignon 68
Azette 160

B
Bagnères-de-Luchon 177, 179, 180
Bahamontes 64
Ballonpass 142
Banker Joch 41
Baracuchetpass 154
Barbano 95
Barcellonnette 66, 67
Bardonecchia 20
Barèges 172
Bartali, Gino 60, 64
Basilikata 136
Béalpass 156
Bédeilhac 183
Bédoin 69
Belvédère de la Fauchet 158
Belvédère des Bouzèdes 163
Berchtesgadener Ache 47
Berchtesgadener Alpen 46
Berchtesgadener Land 46
Berner Oberland 54
Besagno 87
Bezzecca 93
Biacesa 92
Biert 182
Bitschwiller-les-Thann 144
Blumau 50
Bobet, Louison 60, 64
Böen 156
Boissièresschlucht 24
Bologna 98, 101
Bölts, Udo 144
Bonettepass 22
Bonneval-sur-Arc 25
Bordères-Louron 176
Boreé 160
Bórmio 27, 34
Botero, Santiago 65
Bouigane 181
Bourbach-le-Haut 145
Bozen 50
Brauliotal 27

Breibach 50
Brennkogel 38
Brentonico 87
Briançon 33, 60, 64
Brie/Breien 50
Brixen 72
Brixener Dolomitenstr. 72
Bruck an der Glocknerstraße 36
Bruneck 72
Brusquet 183
Burg Braufels 77

C
Cadinispitzen 79
Camarda 123
Camellini, Fermo 60
Campavecchia 105
Campo Imperatore 123
Campolongopass 72
Campo nell'Elba 111
Canale d'Agordo 83
Cannes 66
Cantoniera IVa 27, 43
Capannellepass 121
Capovalle 95
Caprile 80
Caprina Veronese 87
Carpentras 68
Carrara 103
Casale 125
Casartelli, Fabio 180
Casse Déserte 64
Castel del Piano 107
Casteldelfino 30
Castelletto 53
Castello 31
Castelnuovo 105
Castelnuovo di Garfagnana 104
Castelpoggio 103
Castet d'Aleu 182
Causses 166
Cavedine 89
Cavo 117
Cavoli 113
Cayollepass 66
Cazeaux-de-Larboust 177
Cencenighe 81, 83
Ceniga 89
Cernay 146
Cerveyette 65

Cervières 65
Cevedalegruppe 26
Cevennen 160
Cevennen-Höhenstraße 166
Cevennen-Nationalpark 165, 166
Chaberton-Bergstraße 20
Chaîne de Belledonne 59
Chalmazel 156
Chambery 58
Champ du Feu 150
Chanéac 160
Charbonnièpass 151
Château-Queyras 31
Chavonay 158
Chianale 31
Chiesa 81
Chiessi 113
Christophe, Eugène 172
Cima del Monte 116
Cima di Focobon 83
Cima di Vezzana 82
Cima Valdritta 86
Cime de la Bonette 22
Cimon della Pala 82
Cismon 82
Civetta 80
Civita di Bagno 126, 127
Civitella Alfedena 124
Climont 151
Col Agnel 30
Col Amic 147
Col dal Ermo 73
Col de Breitfirst 149
Col de Caougnous 182
Col de la Cayolle 67
Col de la Madeleine 25
Col de Péguère 182
Col des Têmpetes 69
Col du Four 182
Col du Télégraphe 32
Col Saint-Pierre 167
Colle dell'Agnelo 30
Collinapass 100
Collio 95
Cologna 91
Coppi, Fausto 62, 63, 64
Cordevole 82
Cordevoletal 80
Corno Grande 122, 127
Cortina d'Ampezzo 78
Costabella-Seilbahn 53

184

Register

Costermano 87
Costigliole Saluzzo 30
Côte d' Azur 22, 66
Couserans 181
Covigiliaio 99
Crêt de la Perdrix 158
Crêtes du Lys 180
Cristallo 79
Croix de Chaubouret 159
Croix-de-Boutieres-Pass 160
Croix-de-Fer-Pass 60, 63
Crone 95
Cúneo 30

D
Dauvillers 149
Davoisenne 156
Deva 90
Diavolopass 125
Doller 145
Dôme du Grand Fond 25
Don di Gosaldo 83
Dore 155
Drei Zinnen 78
Drei-Zinnen-Bergstraße 78
Dreisprachenspitze 26
Drena 89
Dro 89
Durance 64
Duranpass 80

E
Eaux-Bonnes 170
Ebene Reichenau 48
Ecrinmassiv 59
Ecringruppe 33
Edelweißspitze 36
Eisack 50, 72, 74
Eisacktal 50
Elba 110
Elendboden 38
Eno 95
Etschtal 43, 82
Exilpass 167
Eycharts 182

F
Faber, Francois 174
Falcade 83
Falcade Alto 83
Falschauer Bach 77
Falzáregopass 79

Fedáiapass 80
Ferrara di Monte Baldo 87
Fetovaia 113
Fiave 91
Finiels 164
Fiorentinatal 81
Fleimstal 82
Florenz 98, 100, 102
Fontavignone 127
Fontchristianne 65
Fonte Cerreto 123
Forcella Aurine 83
Forchiade 81
Foresta Umbra 134
Franz-Josephs-Höhe 36
Franzenshöhe 27
Freire, Oskar 87
Frejustunnel 20
Friaul 52
Fronsac 180
Fucine-Becken 127
Fusch 36
Fuscher Törl 36
Fuscherkarkopf 37
Fuscher Lacke 38
Futapass 98

G
Gaderbach 73
Gadertal 72
Galibierpass 32
Gard 167
Garda 87
Gardasee 52, 86, 90, 94
Gardesana Occidentale 90
Gardesana Orientale 90
Gardon-de-Saint-Jean 167
Garfagnana 104
Gargano 94, 132
Garin 177
Garonne 180
Garriques 167
Gaulschlucht 77
Gavazzo 91
Gáviapass 34
Geislergruppe 73
Génolhac 162
Gepatschferner 29
Gepatschhaus 29
Gepatschstausees 29
Gimondi 66
Gimondi, Felice 66

Gioia dei Marsi 124
Gioia Vecchio 124
Giromagny 143
Glandonpass 61
Gmünd 48
Gomagoi 26
Gornerengrund 54, 55
Gourette 170
Gragnana 103
Grajische Alpen 24
Gran Sasso 120, 122, 126
Gran-Paradiso-Nationalpark 24
Grand Canyon du Verdon 66
Grand Galibier 32
Grande Motte 24
Grandes Rousses 59
Graubünden 42
Greg Le Mond 178
Grenoble 60
Griesalp 54
Gripp 173
Grödner Joch 72
Grödner Tal 74
Großes Wiesbachhorn 37
Großer Belchen 146
Großglockner-Hochalpenstraße 36
Grotte Trovai 53
Guerini, Giuseppe 60
Guil 64
Guillestre 64, 65
Guiltal 31
Gurktaler Alpen 48

H
Halsljoch 72
Hangabtriebskraft 46
Haute-Garonne 181
Haute-Loire 161
Heiligenblut 39
Henne-Morte 180
Hennenköpf/Roßfeld 46
Hexenküche 37
Hinault, Bernard 60, 178
Hochsölden 21
Hochtor 36
Hochtortunnel 39
Hochzoldanotal 81
Hoher Dachstein 47
Hoher Göll 47
Hohneck 147

Hospice de France 179
Houppach 145
Huez en Oisans 63
Huez Village 63
Hunsruckpass 144

I
Indurain, Miguel 58
Iseran-Passstraße 24
Isère 24
Izoardpass 31, 64

J
Jalabert, Laurent 183
Jaufenpass 40
Jausiers 22
Job 157
Julich, Bobby 58
Juzet-d'Izaut 180

K
Kandertal 54
Karer-Passhöhe 51
Kastelruth 74, 75
Kaunertal 28
Kaunertaler Gletscherstraße 28
Kiental 54
Klagenfurt 48
Kleiner-St.-Bernhard-Pass 24
Klingenthal 151
Königssee 46
Kronplatz 52
Kübler, Ferdi 68
Kuiper 63
Kuiper, Hennie 62
Kunde, Karl-Heinz 60

L
La Carviere 179
La Chambre 59
La Collina 100
La Garda 63
La Mongie 173
La Pila 113, 115
La Spezia 102
La Vacheresse 161
Lac de Chevril 24
Lac de la Lauch 149
Lacona 115
Laghetto d'Ampola 93
Lago Bianco 35
Lago di Campotosto 120

185

Register

Lago di Castello 31
Lago di Cavedine 88
Lago di Tenno 90
Lago di Valvestino 95
Lago d' Idro 94
Lago d'Antorno 79
Lana 76
Lancianopass 129
Languedoc 167
Lannemezan 183
Languedoc-Roussillon 164
Lanslebourg 24
Lapébie, Guy 60
La Pila 111
Laruns 170
Lasino 89
Lauch 149
Laus 22
Lautaretpasses 32
Lautenbach 149
Lazzaro di Savona 98
Le Bessat 159
Le Bleymard 162
Le Bourg-d' Oisans 63
Le Breitfirst 149
Le Ger 180
Le Laus 65
Le Markstein 147
Le Mas-de-la-Barque 163
Le Mazel 165
Le Piastre 101
Le Planet 59
Le Pompidou 167
Le Pont-de-Montvert 162, 164
Le Priel 158
Le Ribaut-d' Huez 63
Le Valentin 170
Le-Bourg-d'Oisans 33
Leblanc, Luc 58
Ledrosee 93
Ledrotal 92
Leigneux 156
Lemond, Greg 60
Lérigneux 154
Les Aqueliers 67
Les Arcs 58
Les Deux Alpes 58
Les Essertines 159
Les Estables 161
Les Seignères 32
Les Verneys 32
Lettomanoppello 129

Leuk 54
Lez 181
Lignon 156
Linthal 149
Lirbat 182
Livegnano 99
Loiano 99
Loire 154
Loiretal 157
Loudenvielle 176
Lourdes 171
Louron 176
Lucca 100, 102
Lucho Herrera 62
Lüsens 73
Luz 172
Lyon 158
Lystal 179
l' Arac 182
l'Adour de Payolle 174
L'Alpe-d' Huez 33, 58, 60, 61, 62, 63
L'Aquila 120, 122, 126
L'Hospitalet 167
L´Epalaud 59

M

Maddalena 31
Madeleinepass 58
Maielletta 128
Maiella 128
Malataverne 167
Malavielle 165
Malga Alpesina 87
Malléjac, Jean 68
Malvaux 143
Marciana 113
Marciana Marina 111, 112
Marina di Campo 113, 115
Marktschellenberg 47
Marniga 53
Marocche 88
Marseilles 68
Masara 81
Masconi 121
Masevaux 145
Massat 182
Mattinata 133
Maulaucene 69
Maurienne 24
Mautstelle Ferleiten 37
Melfi 136

Meran 41, 76
Merckx, Eddy 58, 64, 66, 68, 78
Metzeral 148
Millar, Robert 179
Misurina 78
Mittertörltunnel 38
Moena 83
Molina di Ledro 93
Molino di Pallone 101
Monastier-sur-Gazeille 161
Monghidoro 99
Mont Lozère 164
Mont Mézenc 160
Mont Pourri 24
Mont Serein 69
Mont Ventoux 68
Montblanc 59
Montbrison 154, 156
Monte Altissimo di Nago 87
Monte Amaro 128
Monte Amiata 106
Monte Baldo 52, 86
Monte Brento 89
Monte Cagno 127
Monte Capanne 110, 112
Monte Civetta 80
Monte Civitella 121
Monte Corvo 127
Monte Cristallo 79
Monte Crot 81
Monte di Cavedine 89
Monte Mattone 125
Monte Pelmo 81
Monte Perone 110
Monte Petroso 125
Monte Pietra Lunga 31
Monte Pisanino 102, 106
Monte Prena 127
Monte San Franco 121
Monte Serra 116
Monte Sirente 127
Monte Tambone 114
Monte Tremalzo 92
Monte Velino 126
Monte Vulture 136
Monte Zoncolàn 52
Monte-Baldo-Höhenstraße 86
Monticchio Bagni 137
Monticchio Lago 137
Monts du Forez 156
Monts du Livradois 155

Moos 40, 41
Mori 86
Mortitolopass 52
Moulis 181
Munster 148
Münstertal 42
Muraunza 42

N

Nationalpark Berchtesgaden 46
Nationalpark Mercantour 66
Naturpark Pilat 158
Navazzo 95
Neapel 138
Niederlana 76
Niesen 54
Nigerhütte 51
Nigerpass 50
Nîmes 167
Nizza 22, 66
Nockberge 48
Nonselkopf 148
Nôtre Dame de Briançon 59

O

Oberau 47
Oberes Nassfeld 38
Obernai 150
Obersalzberg 47
Octave Lapize 174
Œillonpass 158
Ofenpass 42
Ombrone 100
Opi 125
Ora/Auer 82
Ortlergruppe 26, 76
Ortlers 26
Ossau 170
Ötztal 40
Ötztaler Alpen 26, 40
Ötztaler Wildspitze 26, 28
Ovindoli 127

P

Palagruppe 82
Paneveggio 82
Panider Sattel 75
Pantani, Marco 58, 62
Passer 40
Passo Erbe 72
Passo del Castello 87

Register

Passo San Ubalrico 88
Passo Valico di Monte Godi 125
Pasterze 29, 39
Patergassen 48
Pau 170, 178
Payolle 174
Peitlerkofel 73
Pélissier, Henri 64
Pélussin 158
Pelvouxgruppe 33
Pescaratal 128
Pescasseroli 125
Peschici 134
Pescina 124
Pescul 81
Petacchi, Alessandro 101
Petit Ballon 148
Petrarca, Francesco 68
Peyresourdepass 176
Pian 81
Pian della Fioba 105
Pianoro 99
Piazza del Duomo 100
Pic de Campana 172
Pic de la Journalade 183
Pic des Crabioules 179
Pic du Midi de Bigorre 173, 175
Pic Perdiguere 175, 176
Piemont 20, 30
Pierre sur Haute 156
Pietramala 99
Pieve di Ledro 93
Piombino 111
Pique 179
Pistoia 100
Pitze 21
Pitztal 21
Plan de Corones 52
Plateau de Beille 183
Plateau von Vaucluse 68
Platzerwaselpass 148
Poggio 111, 113
Poggio Cancelli 121
Pomonte 113
Ponalestraße 92
Pont 81
Pont de l' Ole 180
Pont d'Envalira 172
Ponte Arche 91
Ponte della Venturina 101
Ponte di Legno 34, 35
Pontepetri 101
Pordoijoch 72
Porettapass 100
Portet-d' Aspet-Pass 180
Portoferràio 110, 112, 114, 116
Portpass 182
Pottier, René 142
Pra-Loup 66
Pracchia 101
Prad 43
Prada Alta 52
Pranzo 90
Prat Communal 183
Prato Macinaie 107
Pratolino 99
Pré-de-la-Dame-Bergstraße 162
Predazzo 82
Predlitz im Murtal 49
Predo 81
Procchio 111, 112, 115
Proccio 113
Procher 156
Provence 22, 68
Prutz 28
Punta Sommeiller 20
Puy Gros 156
Puy-de-Dôme 156

R

Rapolla 137
Rasmussen, Michael 143, 159
Raticosapass 98
Ravi 179
Reichenbach 54
Restefond-/Bonettepass 21, 22
Restefondpass 22
Rettenbachferner 21
Rhônetal 158
Richard Virenque 58
Rienz 72
Rieumalat 164
Riis, Bjarne 58
Rio nell' Elba 117
Rio Marina 117
Rionero 137
Riva 90, 92
Riva del Garda 90, 92
Robic, Jean 62
Rocca di Mezzo 127
Rochetaillée 61, 159
Rollepass 82
Romanche 60, 63
Romanchetal 61
Rosengartengruppe 50
Roßfeld-Höhenringstraße 46
Rothlach 151
Rous, Didier 144
Route des Crêtes 146
Route Joffre 145
Rovereto 86

S

Sabbiatal 95
Sabbioni 99
Sailer, Toni 78
Saint Agrève 160
Saint Girons 180
Saint-Aventin 177
Saint-Avre 59
Saint-Etienne 158, 159
Saint-François-Longchamp 59
Sainte-Foy-Tarentaise 24
Salat 182
Salcéepass 151
Saliouse 160
Salò 95
Saltner Schwaige 75
Saluzzo 30
Salzburger Land 46
Sampéire 30
San Carlo Terme 105
San Felice d' Ocre 127
San Giacomo 87, 91
San Gimignano 102
San Nicolò 34
San Valentino 87
San Vittorino 121
San Zeno di Montagna 52
San-Pellegrino-Pass 83
Santa Catarina 34
Santa Maria 42
Santnerspitze 74
Sant'António 34
Sarasin 83
Sarca 89
Sarcatal 88
Saurat 183
Savoureuse 143
Savoyen 24
Scafa 129
Scanno 125
Scharnachtal 55
Schleierwasserfall 37
Schlern 75
Schluchtpass 147
Schneebergbach 41
Schnepfenriedkopf 149
Schotte, Brik 60
Secca 105
Seccheto 113
Séez 24
Seis/Kastelruth 50
Seiser Alm 74
Sellajoch 72
Sellastock 72
Selva di Cadore 81
Serchio 105
Siena 102
Sieve 99
Signorino 100
Silberlochsattel 147
Simoni, Gilberto 52
Simpson, Tom 68
Sölden 21
Söldener Gletscherstraße 20, 22
Solpérièrepass 167
Sommeiller-Bergstraße 20
Sondernach 148
Sorapis 79
Sorbier 79
Soulorpass 171
Spiazzi 87
Spondinig 26, 42
St-Etienne-de-Tinée 22
St-Gaudens 180
St-Georges-en-Couzan 156
St-Girons 182
St-Jean-de-Maurienne 60
St-Jean-du-Gard 166
St-Jean-d'Arves 61
St-Lary 181
St-Laurent-de-Trêves 167
St-Martin-de-Valamas 160
St-Martin-d' Arc 32
St-Martin-sur-la-Chambre 59
St-Maurice-sur-Moselle 142
St-Michel-de-Maurienne 32, 60
St-Pierre-la-Bourlhonne 157
St-Roman-de-Tusque 167
St-Sorlin-d'Arves 61
St. Andrä 73
St. Leonhard in Passeier 40

Register

St. Martin in Thurn 73
St. Nikolaus 77
St. Pankraz 77
St. Ulrich 75
St. Valentin 74, 75
St. Walburg 77
St. Gertraud 77
St. Martin 40
Stangenbach 48
Staulanzapass 80
Ste-Marie-de-Campan 172, 174
Steigepass 151
Stilfser Joch 26
Stilfser Nationalpark 34, 77
Stravino 89
Stubaier Alpen 40
Suldenbach 26
Suldental 26
Super Barèges 172
Superbagnères 178
Supeyrespass 154
Susatales 20

T

Taibon Agordino 81
Tarascon-sur-Ariège 182
Tarentaise 24
Tarn 164
Tarnon 166
Taufers 43
Télégraphepass 32
Tempera 123
Tenno 91
Terranera 127
Teufelsbrücke 48
Thys, Philippe 64
Thévenet, Bernard 66
Thurnerhof 77
Tiarno di sopra 93
Tiarno di sotto 93
Tiefenbachferner 21
Tiers 51
Tierser Tal 50
Tignes 24
Timmelseck 40
Timmelsjoch 40
Tonadico 83
Torbole 90
Törlgrat 37
Tormini 95
Torre del Greco 139
Torri del Benaco 52
Toskanisches Archipel 110
Tourmalet 172
Trafoi 26
Traversa 99
Travignolotal 82
Tre-Croci-Pass 78
Tremalzopass 92
Treviso Bresciano 95
Trostburg 74
Trousselier, Louis 142
Tscheinerhütte 51
Tschingel 55
Tschingelsee 55
Turracher Höhenstraße 48
Turracher See 48

U

Überwasser 75
Uffholtz 146
Ullrich, Jan 58, 62, 65, 144, 176
Ultental 76
Umbrailpass 27, 42
Unterau 47
Untergurgl 40
Untermoi 73
Urbeispass 151
Uzzà 34

V

Vajolettürme 51
Val del Molini 95
Val di Cavedine 88
Val Mustair 42
Valazzabaches 83
Valcivières 155
Vald'Isère 24
Valence 158
Valfurva 34
Valio di Rocca di Cambio 127
Valle della Schinchea 93
Valle delle Messi 34
Valle di Filetto 115
Valle di Ledro 92
Vallespass 83
Valloire 32
Valloirette 32
Van Impe, Lucien 66
Vanoise 22
Vanoise-Nationalpark 24
Varone 91
Varspass 64
Velay 160
Veltlin 26, 42, 52
Venetien 80
Verdon 66
Vesuv 138
Vico del Gargano 135
Vieste 132
Vigo Cavedine 89
Villa Barrea 125
Villagrande 80
Ville del Monte 91
Ville-Vieille 29
Villnößtal 72
Vinschgau 24, 42
Virenque, Richard 144, 180
Vivarais 160
Vobarno 95
Vogesenkammstraße 146
Vogesenstraße 150

W

Waidbruck 74
Wallis 54
Watzmann 46
Weißbrunnsee 76, 77
Weißkugel 24
Weißsee 27
Weißseeferner 26
Weißseespitze 26
Wormser Joch 42
Würzjoch 72

Z

Zentralmassiv 154
Zignano 52
Zoetemelk, Joop 62, 63, 66
Zoggeler Stausee 76, 77
Zoldotal 80

Notizen

Notizen

Notizen

Bildnachweis

Titelfoto:
Steilanstieg in den Bergen der Toskana (Foto: Klaus Tödt-Rübel).
Abbildung Seite 1: Abfahrt vom Stilfser Joch mit Blick auf den Ortler.
Abbildung Seite 2/3: Kurvendorado im Apennin in Mittelitalien.
Abbildung Seite 18/19: Blick auf die Gletscher um den Albaron von der Südseite des Iseranpasses.
Abbildung Seite 44/45: Blick von der Nigerpassstraße auf das Latemar.
Abbildung Seite 56/57: Unterwegs am Croix de Fer in den französischen Alpen.
Abbildung Seite 70/71: Am Pordoijoch in den Dolomiten.
Abbildung Seite 84/85: Das Westufer des Gardasees am frühen Morgen.
Abbildung Seite 96/97: Die klassische Landschaft der Toskana.
Abbildung Seite 108/109: Bade-, Wander- und Radfahreridylle Elba.
Abbildung Seite 118/119: Abruzzen – dort, wo der Apennin am höchsten ist.
Abbildung Seite 130/131: Karge Landschaft im Süden Italiens.
Abbildung Seite 140/141: Gute ausgebaute Straße und freier Blick in den Vogesen.
Abbildung Seite 152/153: Raue Landschaft mit melancholischen Seiten – das Zentralmassiv.
Abbildung Seite 168/169: Bizarre Felslandschaft in den Pyrenäen.
Umschlagrückseite: Unterwegs im Zentralmassiv.

Bildnachweis:
H. Bauregger: S. 52, 70/71, 88, 90, 94, 120, 122, 124, 126, 128; U. Geisler: S. 10 u., 15, 28, 58, 84/85, 86, 92; A. Geser: S. 5 u., 6 (2), 7 u., 9 o., 16, 18/19, 24, 32, 50, 54, 60, 98, 100, 150, 154, 156, 158, 160, 162, 164, 172, 174, 176, 178, 182; F. Heuer: S. 96/97, 104, 114, 118/119, 130/131, 136; G. Jung: S. 7 M., 108/109, 110; B. Lindenburger S. 76; Margreiter-Reisen: S. 2/3, 7 o., 13, 132, 134; W. Rauschel: S. 112, 116; Th. Rettstatt: S. 30; M. Rotter: S. 9 u., 168/169, 170, 180; B. Pollmann: S. 144; K. Tödt-Rübel: Titelfoto, S. 8 u., 14, 68, 102, 140/141, 142, 146, 148, 152/153, 166, Umschlagrückseite; alle übrigen Fotos Robert Dodu.

Vielen Dank auch an die Redaktion der Zeitschrift »TOUR« bei der Beschaffung von aktuellem Bildmaterial.

Hinweis:
Die in diesem Band vorgestellten Touren wurden mit aller Sorgfalt recherchiert, beschrieben und illustriert. Dennoch erfolgen alle Angaben ohne Gewähr, da zwischenzeitliche Änderungen nicht auszuschließen sind. Weder der Autor noch der Verlag können aus daraus resultierenden Nachteilen eine Haftung für Schäden irgendwelcher Art übernehmen.

Impressum

© 2008
Verlag Berg & Tal Heinrich Bauregger, München

Alle Rechte vorbehalten.
Nachdruck – auch auszugsweise –
nur mit Genehmigung des Verlags.

Layout & Gestaltung:
Franz Paula, Eresing

Covergestaltung:
Wolfgang Lauter, München

Kartographie und Höhenprofile:
Achim Norweg, München

Lithographie:
Helio Repro GmbH, München

Druck und Bindung:
Westermann Druck, Zwickau

Printed and bound in Germany

ISBN 978-3-939499-06-0